친절한 파이썬(PYTHON) 프로그래밍

서정만 지음

www.gbbook.com

머리말

이 책은 가장 쉽게 초급 프로그래머가 파이썬(python)언어를 배울수 있는 교재입니다. 파이썬은 오늘날 인공지능, 빅데이터 분야에서 많이 사용하는 언어입니다. 그러므로 이 책을 통하여 기본적인 파이썬의 기초와 응용프로그램 능력을 향상시킬수 있을 것이라 판단됩니다.

대학 수업에서 한 학기 동안 수업할 수 있도록 14주 분량의 내용을 수록하였습니다. 이론과 실습을 겸하여 수업을 할 수 있도록 하였으며, 자주 발생할 수 있는 오류를 수록하여 학생들의 언어에 대한 이해도를 높였으며, 오류 해결 능력을 높여서 프로그램의 실력을 향상시킬 수 있도록 배려하였습니다.

각 장마다 연습문제도 함께 수록하여 자신의 실력을 파악할 수 있도록 하였습니다.

가장 기초적인 프로그램 예제부터 시작하여 프로젝트를 수행하면서 응용 프로그램에 필요한 예제도 함께 수록하여 프로그램의 난이도를 높였습니다.

컴퓨터 관련한과의 학생들이나 프로그램에 관심이 많은 일반학생들에게 예제를 통한 파이썬 언어를 배울수 있는 교재로 생각됩니다.

이 책이 나오기까지 함께 하여 주신 글로벌 출판사 사장님과 직원분들께도 감사드립니다.

서 정 만 저자

목차

제1장 파이썬 시작하기　　　　　　　　　　　　　　　　13

1. 컴퓨터 프로그래밍(Computer Programming)　　　　　15
　　1) 저급 언어(Low-level Language)　　　　　　　　　15
　　2) 고급 언어(High-level Programming Language)　　16
2. 파이썬　　　　　　　　　　　　　　　　　　　　　　18
　　1) 파이썬의 역사　　　　　　　　　　　　　　　　　18
　　2) 파이썬의 특징　　　　　　　　　　　　　　　　　18
　　3) 파이썬으로 할 수 있는 것　　　　　　　　　　　　18
　　4) 파이썬 설치　　　　　　　　　　　　　　　　　　19
　　5) 파이썬 작성을 위한 다른 프로그램들　　　　　　　27
　　6) 간단하게 알아야 할 것들　　　　　　　　　　　　31

제2장 기본자료형과 화면 입출력　　　　　　　　　　　35

1. 리터럴(Literal) 자료형(Data Type)　　　　　　　　　37
　　1) 문자열형(Character Literal)　　　　　　　　　　37
　　2) 숫자 리터럴(Numeric Literal)　　　　　　　　　　39
　　3) 논리 리터럴(Logical Literal)　　　　　　　　　　42
　　4) 컬렉션 리터럴(Collection Literal)　　　　　　　　43
2. 식별자(Identifier)와 예약어(Keyword)　　　　　　　　43
3. 변수(Variable)　　　　　　　　　　　　　　　　　　46
4. 출력 print() 함수　　　　　　　　　　　　　　　　　50
5. 입력문　　　　　　　　　　　　　　　　　　　　　　53

제3장 연산자　　　　　　　　　　　　　　　　63

1. 산술 연산자(Arithmetic Operator)　　　　　　65
2. 복합 대입 연산자(Compound Substitution Operator)　　　69
3. 관계 연산자(Relational Operator)　　　　　　73
4. 논리 연산자(Logical Operator)　　　　　　　74
5. 비트 연산자(Bit Operator)　　　　　　　　　76
6. 연산자 우선순위(Operator Precedence)　　　79

제4장 문자열　　　　　　　　　　　　　　　　83

1. 문자열 만들기　　　　　　　　　　　　　　85
2. 문자열 인덱싱(String Indexing)　　　　　　90
3. 문자열 슬라이싱(String Slicing)　　　　　　93
4. 문자열 연산(String Operator)　　　　　　　95
5. 문자열 formatting　　　　　　　　　　　　96
　　1) f-strings　　　　　　　　　　　　　96
　　2) str.format()　　　　　　　　　　　　98
　　3) %　　　　　　　　　　　　　　　　100
6. 문자열 함수(String Function)　　　　　　104

제5장 조건문　　　　　　　　　　　　　　　　113

1. if문　　　　　　　　　　　　　　　　　　115
2. if ~ else문　　　　　　　　　　　　　　119
3. if ~ elif ~ else문　　　　　　　　　　　122
4. 중첩 if문　　　　　　　　　　　　　　　125
5. match ~ case문　　　　　　　　　　　　130

제6장 반복문 137

1. for문 139
2. 다중 for문 148
3. while문 151
4. break문 153
5. continue문 155
6. for ~ else문 157
7. while ~ else문 158

제7장 컬렉터 165

1. 리스트(list) 167
   1) 리스트 사용 방법 168
   2) 인덱싱(Indexing) 169
   3) 리스트의 수정(List Updating) 170
   4) 슬라이싱(Slicing) 이용하기 171
   5) 리스트 삽입(List Insert) 173
   6) 리스트 삭제(List Delete) 173
   7) 리스트 요소 찾기(Find list elements) 176
   8) 리스트 정렬(List Sort) 176
   9) 리스트 복사(List Copy) 178
   10) 리스트 비교(List Compare) 181
   11) 리스트 연산(List Operation) 182
   12) 리스트 내포(List Comprehension) 183
   13) 2차원 이상 리스트 184
2. 딕셔너리(Dictionary) 187
   1) 딕셔너리 정의와 생성(Dictionary Define and Create) 187
   2) 딕셔너리 접근(Dictionary Approach) 187

3) 딕셔너리 추가와 삭제(Dictionary Append and Delete)　　　188
　　　4) 딕셔너리 활용　　　189

　3. 튜플(Tuple)　　　191
　　　1) 튜플 정의 및 생성(Tuple Define and Create)　　　191
　　　2) 튜플 요소 접근(Tuple Approach)　　　193
　　　3) 튜플 함수(Tuple Function)　　　194
　　　4) 튜플 활용　　　197

제8장 함수(Function)　　　203

　1. 함수 정의(Function Define)　　　206
　2. 매개변수(Parameter)　　　207
　3. 키워드 매개변수(Keyword Parameter)　　　208
　4. 가변 매개변수(Variable Parameter)　　　209
　5. 기본 매개변수(Default Parameter)　　　211
　6. 리턴(Return)　　　213
　7. 변수 유효 범위(Variable Scope)　　　219
　8. 재귀 함수(Recursive Function)　　　225
　9. 람다(Lambda)　　　228

제9장 모듈과 표준함수　　　233

　1. 모듈(Module)　　　235
　　　1) 모듈 정의(Module Define)　　　235
　　　2) 모듈 사용(Using Module)　　　236
　　　3) 모듈 만들기　　　237
　　　4) 엔트리 포인트(Entry Point)　　　239

　2. 패키지(Package)　　　242

3. 표준 라이브러리(Standard Libraries) 245
   1) datetime 모듈 245
   2) random 모듈 251
   3) os 모듈 252
   4) sys 모듈 256

4. 외부 라이브러리(External Libraries) 257
   1) 외부 라이브러리 설치 257
   2) numpy 외부 라이브러리 259

제10장 객체지향 프로그래밍 267

1. 객체지향 프로그래밍 개념 269
2. 클래스 270
3. 생성자 274
4. 인스턴스 변수 277
5. 클래스 변수 278
6. 클래스 상속 279
7. 오버로딩과 오버라이딩 282

제11장 파일처리 295

1. 텍스트 파일 입출력 297
   1) 파일 한줄씩 읽어서 출력중 오류 발생 297
   2) 파일 한줄씩 읽어서 출력하기 298
   3) 반복문을 사용한 파일 읽어서 출력하기 299
   4) 한꺼번에 파일 읽어서 출력하기 300
   5) 실행중에 파일명을 입력 받아서 파일 읽어서 출력하기 301
   6) 존재하지 않는 파일명을 입력 받아서 파일 읽어서 출력하기 302

7) 프로그램 수행중에 파일명을 입력 받아서 출력하기	303
8) 프로그램 수행중에 텍스트 입력 받아서 파일 저장하기	303
9) with 키워드 사용하여 파일 입출력 프로그램	305
10) 파일을 복사하는 프로그램	306
11) 파일을 읽어서 특정 한글 단어가 몇 개 인지 세는 프로그램	307

제12장 시각화   311

1. 기초 시각화   313

    1) 기본 대각선 그래프 그리기   313
    2) 상호 대각선 그래프 그리기   315
    3) 파이(pie) 그래프 그리기   316
    4) 막대(bar) 그래프 그리기   319
    5) 마커(marker) 그래프 그리기   321
    6) 히스토그램 (Histogram) 그리기   321
    7) 히트맵 (Heatmap) 그리기   323

2. 데이터 시각화   325

    1) 데이터 출력   325
    2) 산점도 (Scatter plot) 그리기   326
    3) 에러바(error bar) 그리기   327
    4) 이미지 저장하여 그리기   328

제13장 GUI 프로그램   333

1. tkinter 기본 윈도우창 생성하기   335
2. 위젯(widget)   337

    1) 단순 위젯   337
    2) 컨테이너 위젯   337
    3) tkinter 라이브러리 구조   338

3. 체크버튼 343
4. 라디오버튼 350
5. 메뉴 353
6. 폰트 크기 조절하기 357

제14장 종합프로그램 367

1. 기후 공동 데이터를 확보하기 369
   1) 엑셀 데이터 읽어서 출력 프로그램 370
   2) 충주시의 가장 더웠던 날 구하기 프로그램 371
   3) 충주시의 가장 추웠던 날 구하기 프로그램 372

2. 인구 공공 데이터를 확보하기 373
   1) 광역시와 도의 인구 그래프 프로그램 375
   2) 승차인원이 가장 많은 지하철 역 프로그램 382
   3) 출근시간에 승하차 인원이 가장 많은 지하철 역 프로그램 384
   4) 퇴근시간에 승하차 인원이 가장 많은 지하철 역 프로그램 385

제1장

파이썬 시작하기

1. 컴퓨터 프로그래밍(Computer Programming)
2. 파이썬
연습문제

제1장

파이썬 시작하기

학습목표
- 컴퓨터 프로그래밍의 개념을 알아본다.
- 언어의 종류에 대하여 알아본다.
- 파이썬의 역사와 특징에 대하여 알아본다.
- 파이썬 프로그램을 설치 하여 보자.
- 컴파일러와 인터프리터 언어에 대하여 알아보자.

1 컴퓨터 프로그래밍(Computer Programming)

 컴퓨터 프로그래밍은 프로그래머의 의도대로 원하는 결과를 얻기 위하여 명령어의 조합으로 만들어집니다. 프로그래밍은 코딩(Coding)이라고도 합니다. 컴퓨터는 스스로 생각하지 못하므로 프로그래머가 직접 명령(Instruction)을 차례대로 작성하는 과정이라고 생각하면 됩니다. 그러면 어떤 방법으로 명령을 내릴까요? 사람들이 소통하는 여러 방법 중에서 하나의 언어를 사용하듯이 컴퓨터도 언어(Language)가 존재합니다. 컴퓨터의 언어는 C, C++, Java, Python 등 많은 것이 존재하며, 그들 중 원하는 언어를 선택하여 프로그래밍을 작성하면 됩니다. 사람들이 작성한 언어를 컴퓨터가 직접 이해할 수 있다면 좋겠지만 그것은 가까운 미래의 이야기입니다. 이런 문제를 해결하기 위해서는 컴퓨터가 알아들을 수 있게 번역 과정이 필요합니다.
 우선 컴퓨터의 언어를 크게 나누면 저급 언어와 고급 언어로 나눌 수 있습니다.

1) 저급 언어(Low-level Language)

 프로그램 언어를 쉽게 이해하는 방법은 인간이 접근하기 쉬운가 아니면 어려운가에 따라 저급 언어와 고급 언어로 분류됩니다. 단순하게 우리가 알고 있는 저급과 고급으로 생각하면 안됩니다.

저급 언어는 컴퓨터가 이해하기 쉽고 빠르게 작동할 수 있는 언어입니다. 이 언어는 하드웨어를 직접 제어하는 복잡한 특징을 가지고 있습니다. 저급 언어는 기계어와 어셈블리어로 나눌 수 있으며, 일부는 어셈블리어를 중급 언어로 분류하기도 하지만, 대부분은 저급 언어로 간주합니다.

- 기계어(Machine Language)

기계어는 컴퓨터가 직접 이해할 수 있는 0과 1로 구성된 코드입니다. 중앙처리장치(CPU: Central Process Unit)는 기계어를 직접 제어할 수 있지만, 인간이 이를 이해하고 학습하는 것은 매우 어렵고 많은 시간이 걸립니다. 또한, 시스템마다 기계어의 구조가 다르므로 이해하기가 더욱 복잡합니다. 그러나 기계어는 실행 속도가 매우 빠르다는 장점을 가지고 있습니다. 우리가 작성한 프로그래밍 언어들은 최종으로 기계어로 번역되어 컴퓨터가 작업을 수행하게 됩니다.

- 어셈블리어(Assembly Language)

어셈블리어는 기계어의 명령을 심볼릭(Symbolic) 형태로 표현한 프로그램 언어입니다. 어셈블리어는 어셈블러(assembler)라는 번역기를 통해 기계어로 변환되며, 기계어보다는 이해하기 쉬운 편이지만 여전히 사람에게는 복잡한 언어입니다. 어셈블리어는 고급 언어에 비해 실행 속도가 빠르기에, 성능이 중요한 시스템 프로그래밍이나 임베디드 시스템 개발에 여전히 사용됩니다. 어셈블리어의 주요 특징은 하드웨어와의 밀접한 관계가 있기에 효과적으로 사용할 수 있으며, 메모리를 직접 접근할 수 있으므로 성능 면에서 최적화에 유리합니다. 또한 기계어와 1:1 대응되기에 디버깅하기도 쉽습니다. 운영체제나 임베디드 시스템 등에서는 아직도 어셈블리를 사용하지만 대부분 사용하지 않습니다.

2) 고급 언어 (High-level Programming Language)

고급 언어는 사람의 이해를 기준으로 설계된 프로그래밍 언어로, 기계어와 어셈블리어를 제외한 대부분 언어가 이에 해당합니다. 이러한 언어들은 자연어에 가까운 문법을 가지고 있어, 프로그래머가 코드를 작성하고 이해하기 쉽습니다.

고급 언어는 절차적 프로그래밍, 함수형 프로그래밍, 객체 지향 프로그래밍 등 다양한 방식으로 프로그래밍 패러다임을 지원합니다. 이러한 이유로 고급 언어는 소프트웨어 개발 효율을 높이고, 유지보수를 매우 쉽게 만들어 줍니다. 프로그래머가 문제를 해결하기 위하여 고급 언어는 많은 도움을 주며, 소프트웨어 개발에 도움을 주는 언어는 저급 언어보다 고급 언어가 많은 역할을 합니다.

프로그래머들이 작성한 소스 코드(Source Code)를 번역하는 방법에 따라 크게 컴파일 언어와 인터프리터 언어로 분류할 수 있습니다.

- **컴파일 언어(Compile Language)**

컴파일러(compiler)는 고급 언어로 작성된 프로그램을 저급 언어(기계어, 어셈블리어)로 번역하는 도구입니다. 프로그래머가 작성한 코드를 소스 프로그램(Source Program)이라고 하며, 이 소스 프로그램을 컴파일러를 통해 컴파일하면 기계어 형태의 목적 프로그램 (Object Program)이 생성됩니다. 컴파일러는 선택한 프로그래밍 언어에 따라 다릅니다. 예를 들어 C 언어로 작성된 프로그램은 C 언어 컴파일러를 사용하여 기계어로 변환됩니다.

목적 프로그램을 실행 가능 파일로 만들기 위해서는 링킹(Linking) 과정이 필요합니다. 이 과정에서는 여러 개의 목적 프로그램과 다양한 라이브러리를 연결하여 실행 가능 파일을 생성합니다. 대부분의 실행 파일은 추가적인 프로그램 없이 독립적으로 실행될 수 있습니다. 컴파일 언어는 전체 코드를 한 번에 번역하고, 번역된 파일은 실행 파일로 생성하기 때문에 실행 속도가 빠릅니다. 그러나 단점으로는 틀린 곳을 수정한 후 다시 컴파일해야 하는 불편한 점이 있습니다.

컴파일러 언어들의 표적인 예로 C, C++, Java 등이 있습니다.

- **인터프리터 언어(Interpreter Language)**

인터프리터 언어는 프로그램 전체를 한 번에 번역하는 것이 아니라, 코드를 한 줄씩 번역하여 실행하는 방식의 프로그래밍 언어입니다. 이것은 프로그램의 실행 속도가 상대적으로 느릴 수 있는 단점이 있습니다. 또한, 인터프리터 언어로 작성된 소스 코드를 실행하기 위해서는 해당 인터프리터가 필요하다는 점도 단점으로 지적됩니다.

많은 프로그래밍 언어들이 인터프리터 언어로 분류되며, 대표적인 예로는 Python, Ruby, JavaScript 등이 있습니다.

인터프리터 언어는 개발 과정에서 유연성과 편리성을 제공하는 장점을 가지고 있습니다. 그리고 코드 수정 후에 빨리 실행할 수 있어서 디버깅도 빠릅니다.

개발자는 위의 컴파일러 특징과 인터프리터 특징을 따져서 인터프리터 언어와 컴파일 언어 중 어떤 언어를 선택할지 결정합니다.

2 파이썬

1) 파이썬의 역사

파이썬(Python)은 1991년에 귀도 반 로섬(Guido van Rossum)에 의해 개발된 고급 프로그래밍 언어입니다. 이 언어는 가독성과 간결성을 중시하며, 초보자부터 전문가까지 폭넓은 사용자층을 가지고 있습니다.

파이썬은 웹 개발, 데이터 분석, 인공지능, 과학 계산, 자동화 스크립트 등 다양한 분야에서 활용될 수 있도록 설계되었습니다. 또한, 방대한 라이브러리와 프레임워크를 제공하여 개발자들이 효율적으로 작업할 수 있도록 지원합니다.

파이썬은 플랫폼에 독립적이며, 다양한 운영 체제에서 실행될 수 있는 장점이 있습니다.

2) 파이썬의 특징

(1) 쉬운 문법: 파이썬은 간결하면서도 읽기에 쉬운 코드를 작성할 수 있도록 설계되었습니다. 코드 블록을 구분하기 위해 들여쓰기를 사용하며, 전체적으로 읽기 쉬운 구조를 가지고 있습니다.
(2) 플랫폼 독립성: 여러 운영체제에서 사용할 수 있고 같은 코드를 실행할 수 있습니다.
(3) 동적 타이핑: 파이썬은 동적 타이핑 언어입니다. 당연히 변수의 자료형을 선언할 필요도 없으며 같은 변수에 전혀 다른 내용의 자료형을 대입할 수도 있습니다. 이러함 덕분에 코드가 더 간결하고, 개발 속도가 빠릅니다.
(4) 객체지향 프로그래밍: 클래스와 객체를 활용하여 코드를 구조화하고 모듈화, 재사용하는 언어입니다. 그러므로 유지보수에 편리합니다.
(5) 다양한 라이브러리와 프레임워크: NumPy, Pandas, Matplotlib, TensorFlow, Django 등과 같이 여러 분야를 지원하는 라이브러리와 프레임워크를 제공합니다.

파이썬은 위와 같은 특징 덕에 초보 개발자와 전문 개발자 모두에게 인기가 높으며, 현재 가장 많이 사용되는 프로그래밍 언어 중 하나입니다.

3) 파이썬으로 할 수 있는 것

(1) 데이터 분석 및 과학: Pandas, NumPy, Matplotlib의 라이브러리는 데이터 수집, 분석 및 시각화할 수 있습니다. SciPy은 수학적 계산을 수행할 수 있습니다.

(2) 인공지능: Scikit-learn, TensorFlow, PyTorch와 같은 라이브러리를 사용하여 머신러닝 및 딥러닝 모델을 구축하고 훈련할 수 있습니다.
(3) 웹 개발 : Django, Flask와 같은 프레임워크를 사용하여 웹 애플리케이션을 개발할 수 있습니다.
(4) 자동화 및 웹 스크립팅: 반복적인 작업을 자동화하기 위해 스크립트를 작성하는 데 유용합니다. 또한 Beautiful Soup, Scrapy와 같은 라이브러리를 사용하여 웹사이트에서 데이터를 추출할 수 있습니다.
(5) 게임 개발: Pygame과 Panda3D 등과 같은 라이브러리를 사용하여 게임 개발이 가능합니다.
(6) 사물인터넷(IoT): Raspberry Pi와 같은 하드웨어와 파이썬을 연결하여 IoT 프로젝트를 구현할 수 있습니다.
(7) 데스크톱 애플리케이션: Tkinter, PyQt와 같은 라이브러리를 사용하여 GUI 기반의 데스크톱 애플리케이션과 서버 애플리케이션까지 거의 모든 분야의 소프트웨어를 개발할 수 있습니다.
(8) 교육용 프로그래밍: 파이썬은 배우기 쉬워 처음으로 배우는 프로그래머들에게 많은 도움이 됩니다.

4) 파이썬 설치

파이썬 언어를 코딩하여 실행하기 위해서는 파이썬 싸이트에 접속하여 다운로드합니다. 본인이 사용하는 운영체제를 알고 운영체제에 맞게 다운로드하여 설치합니다. 우리는 윈도우를 기준으로 파이썬을 설치하겠습니다.

(1) 파이썬을 설치하기 위해 http://www.python.org에 접속합니다. Downloads를 클릭합니다.

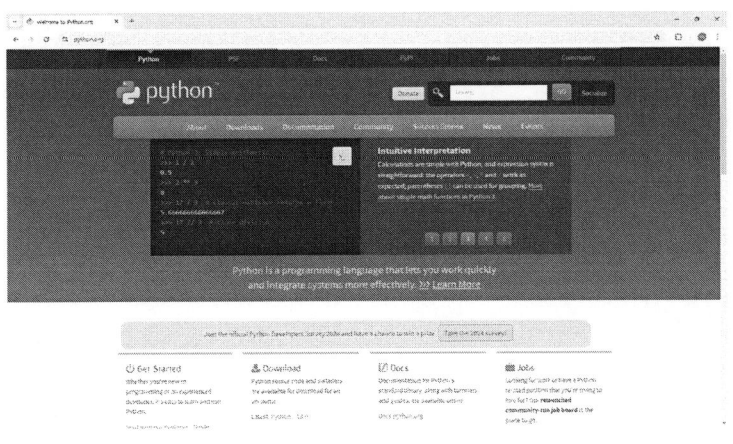

(2) 윈도우용 버전인 Python 3.13.0 버전을 다운로드 합니다. 지금 버전은 Python 3.13.0이지만 후에는 어떤 버전으로 업그레이드될지 모릅니다.

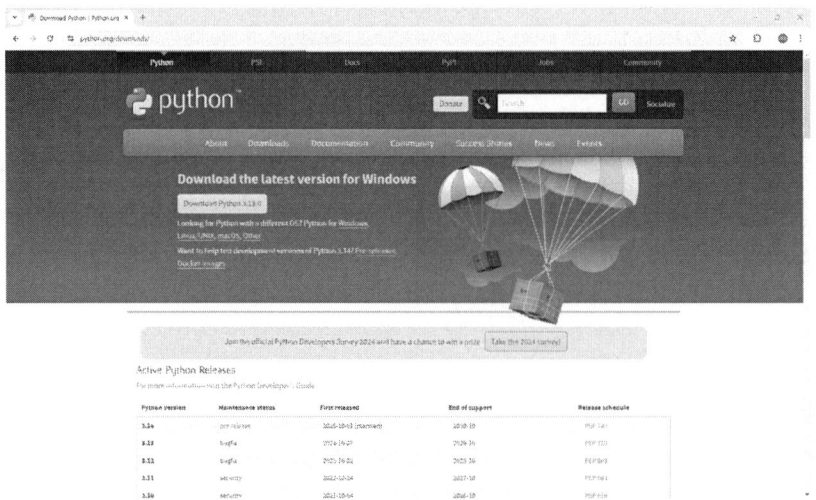

(3) 다운로드한 파이썬 프로그램을 실행합니다. 가장 아래에 있는 체크 박스 2개를 체크하고 Install Now를 클릭하면 프로그램이 설치됩니다. 파이썬 프로그램이 설치되지 않았으면 첫 번째 체크 박스는 "Use admin privileges when installing py.exe"라고 되어 있지만 아래의 환경에서는 설치되었기 때문에 체크 박스가 체크 불능으로 나옵니다. 설치전의 내용은 다음과 같습니다.

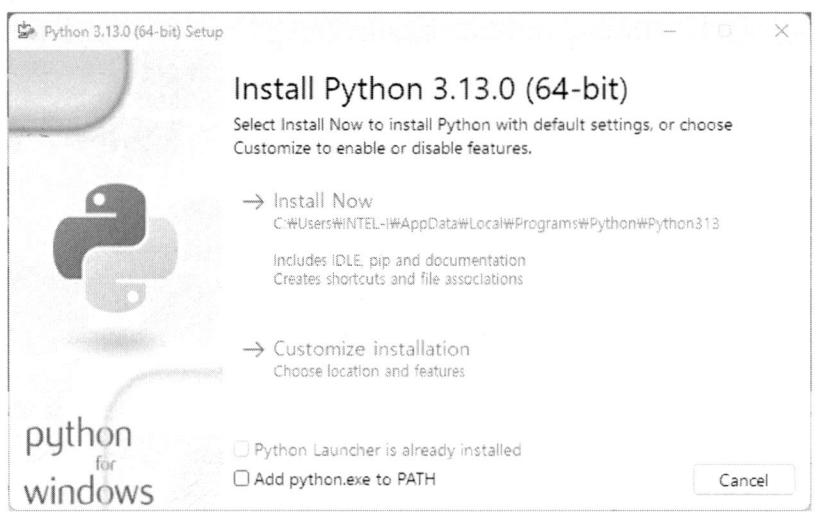

"Add python.exe to PATH"에 체크를 하지 않으면 나중에 본인이 직접 PATH를 선언해야 하므로 반드시 체크해 주시기 바랍니다.

(4) 설치하는 과정입니다.

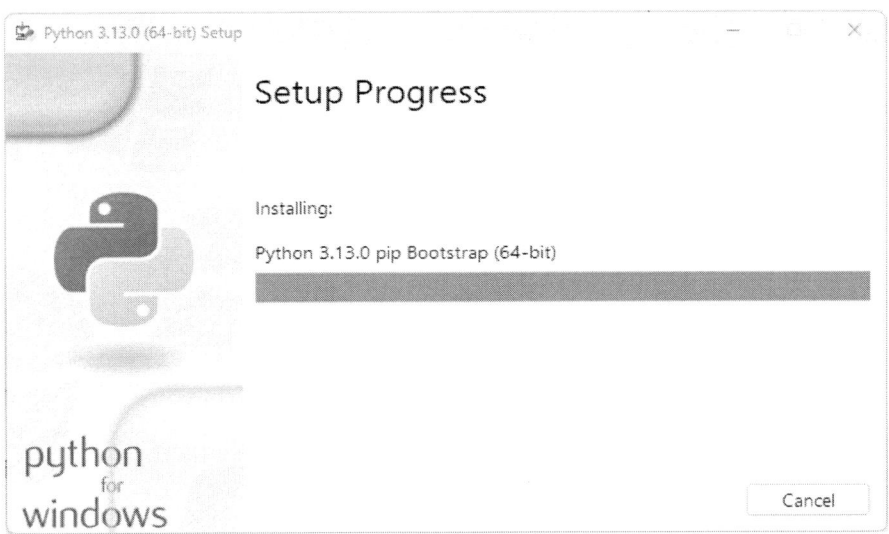

(5) 파이썬 프로그램이 성공적으로 설치되었다는 메시지입니다. "Close"버튼을 누릅니다.

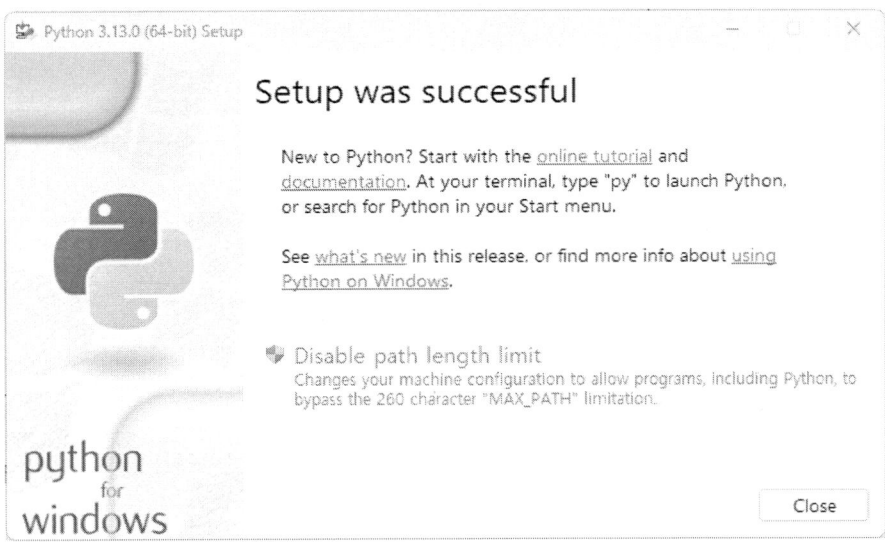

(6) 파이썬 프로그램이 잘 설치되었는지 확인해보기 위해 간단한 프로그램을 작성하겠습니다.

- 첫 파이썬 프로그램 작성하기

　IDLE는 Integrated Development and Learning Environment의 약자로 통합 개발 환경을 말합니다. 파이썬의 배포판에 포함된 통합 개발 환경입니다. 셸 창과 편집기 창이 있으며, 편집창은 여러 개 사용할 수 있습니다.

실습하기 위하여 윈도우의 [모든 프로그램] - [Python 3.13] - [IDLE (Python 3.13 64-bit)]를 클릭합니다.

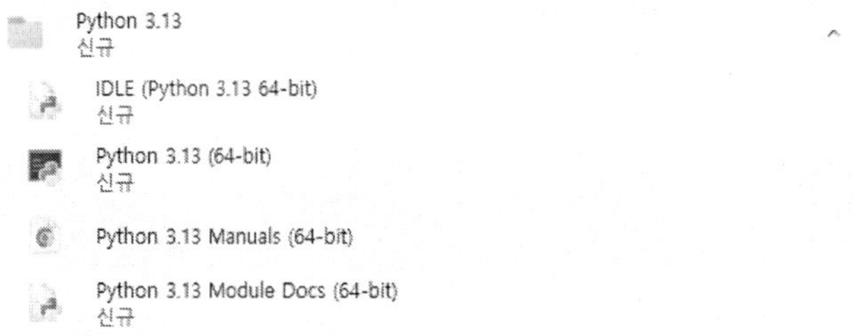

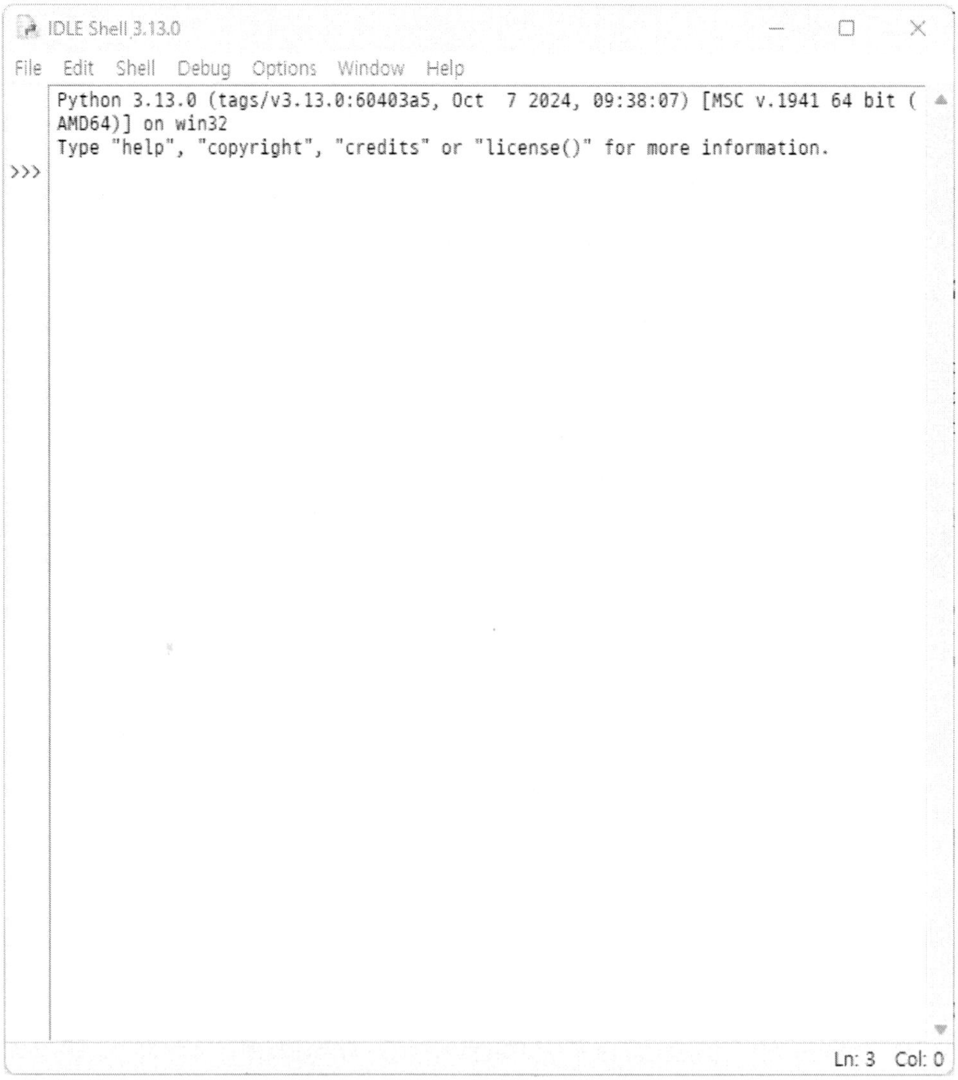

- 파이썬 쉘 환경

위와 같은 화면을 인터랙티브 모드 또는 파이썬 쉘(Python Shell) 모드라고 합니다. 쉘 모드에서는 한 줄씩 명령으로 바로 실행 결과를 얻을 수 있습니다. print() 함수를 이용하여 출력되지만 쉘 모드에서는 print()를 쓰지 않아도 결과가 출력됩니다. ">>>"는 프롬프트(Prompt)라고 하며, 명령어를 받을 준비가 되어 있다는 뜻입니다. 검은색 막대기는 커서(Cursor)라고 하며, 명령어를 입력할 수 있는 위치이며, 준비되었다는 뜻입니다.

파이썬 프로그램이 잘 설치되었는지 확인하기 위해 다음과 같이 명령을 작성해 보겠습니다.

```
IDLE Shell 3.13.0
File  Edit  Shell  Debug  Options  Window  Help
    Python 3.13.0 (tags/v3.13.0:60403a5, Oct  7 2024, 09:38:07) [MSC v.1941 64 bit (AMD64)] on win32
    Type "help", "copyright", "credits" or "license()" for more information.
>>> print('안녕하세요')
    안녕하세요
>>> 3+4
    7
>>> print(10+20)
    30
>>> 
                                                                    Ln: 9  Col: 0
```

결과가 위와 같으면 프로그램은 잘 설치되었습니다.

다음은 스크립트 모드에서 프로그램을 작성해 보겠습니다. 먼저 File 메뉴에서 New File를 클릭합니다.

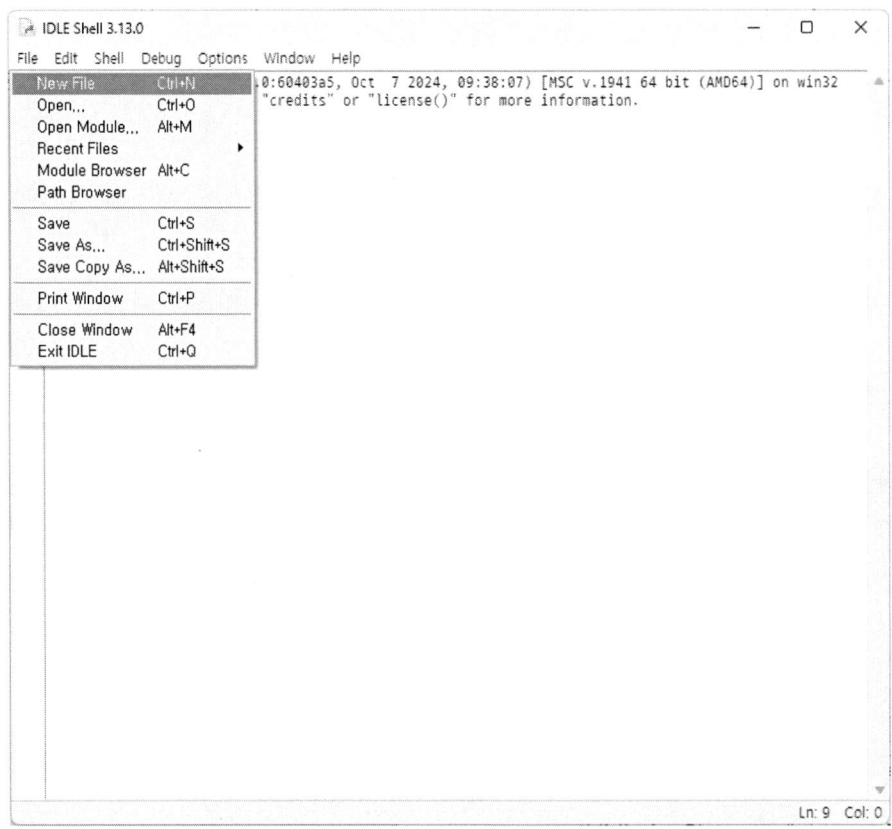

다음과 같은 프로그램을 작성합니다.

작성한 프로그램을 확인하기 위해서는 먼저 저장해야 합니다. File 메뉴를 눌러 직접 저장해도 되지만, Run 메뉴에서 Run Module을 선택합니다.

선택한 다음은 다이얼로그 박스 형태의 메뉴가 나옵니다.

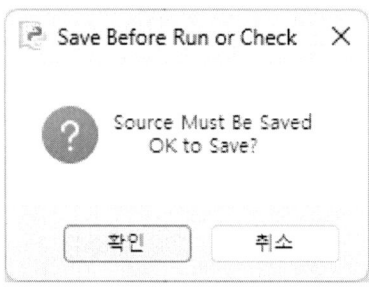

"확인"을 누릅니다. 아래와 같은 창이 나오면 "print1.py"라고 입력합니다. "print1"이라고 입력해도 자동으로 확장자는 ".py"로 저장됩니다. 그리고 저장을 누르면 됩니다.

그러면 결과 화면이 파란색으로 출력됩니다.

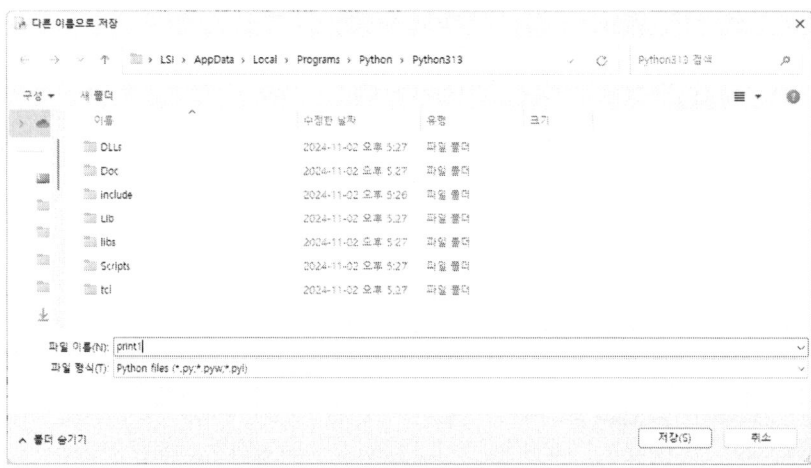

5) 파이썬 작성을 위한 다른 프로그램들

파이썬 프로그램을 실행하기 위해서는 "IDLE Shell" 뿐만 아니라 다양한 프로그램들이 있습니다. 그 프로그램들을 간략하게 소개하겠습니다.

- 파이참(PyCharm)

파이참(PyCharm)은 파이썬 프로그래밍 언어를 위한 통합 개발 환경(IDE)으로, 체코의 JetBrains에서 개발하였습니다. 이 IDE는 스마트 코드 완성, 코드 검사 등의 기능을 제공하여 개발자들을 도우며, 여러 플랫폼에 모두 사용할 수 있습니다. 웹브라우저에서 "Pycharm"을 검색하여 클릭하면 다음과 같은 화면을 볼 수 있습니다.

파이참의 다운로드 주소는 "https://www.jetbrains.com/ko-kr/pycharm/download/" 입니다.

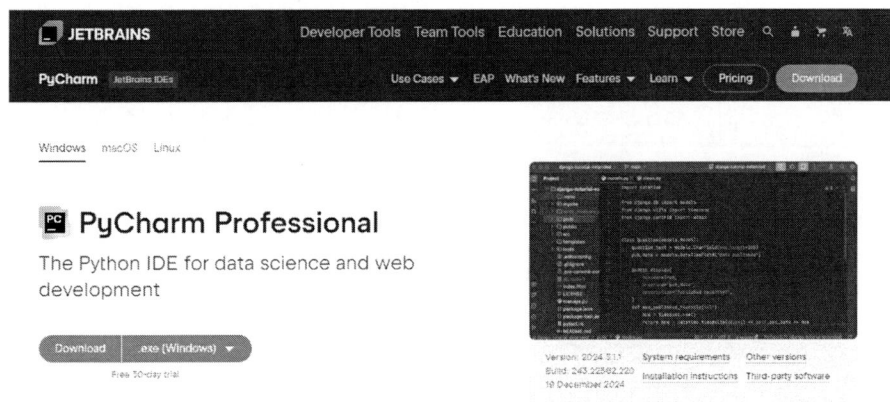

- 비주얼 스튜디오 코드(Visual Studio Code)

마이크로소프트에서 윈도우, macOS 그리고 리눅스용으로 개발한 소스 코드 편집기이다. 디버깅 지원과 구문 강조 기능, Git 제어 등이 포함되어 있습니다. 다른 에디터들도 가능하지만 편집기의 테마와 단축키 등을 수정할 수 있는 능력이 있습니다. 당연히 무료이며 오픈 소스 코드 에디터입니다. 파이썬 뿐만 아니라 다양한 언어들도 지원합니다.

웹 브라우저 주소창에 "https://code.visualstudio.com/download"라고 입력하면 다음과 같은 페이지가 열리며 윈도우용으로 다운받으면 됩니다.

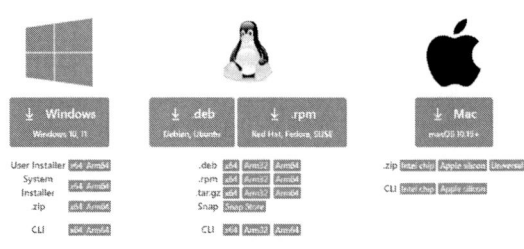

- 주피터 노트북(Jupyter Notebook)

아나콘다(Anaconda)나 미니콘다(Miniconda)를 설치하면 자동으로 설치됩니다.

아나콘다는 통합 배포판으로 다양한 패키지가 설치되어 있습니다. Anaconda Navigator를 제공하여 패키지 관리가 쉬우며, 머신러닝에 필요한 라이브러리를 포함하고 있습니다.

아나콘다의 설치 주소는 "https://www.anaconda.com/download"입니다.

〈아나콘다 다운로드 페이지〉

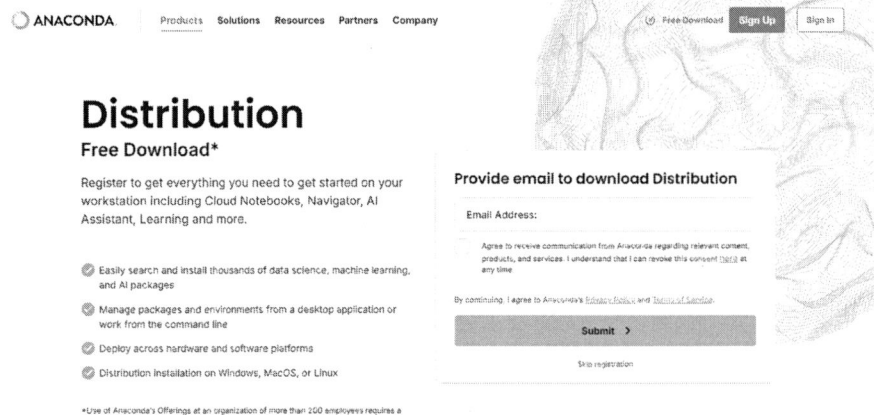

미니콘다는 아나콘다의 축소판으로 생각하면 됩니다.
미니콘다의 설치 주소는 "https://docs.conda.io/en/latest/miniconda.html"입니다.

〈미니콘다 다운로드 페이지〉

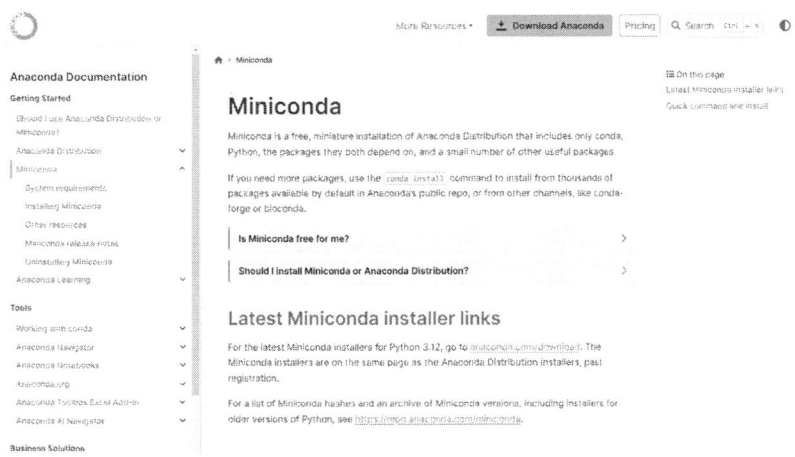

- 코랩(Colab)

코랩은 구글에서 제공하는 클라우드 기반 Jupyter 노트북 환경으로, 사용자가 아이디만 있으면 파이썬 코드를 작성하고 실행할 수 있습니다. 다양한 라이브러리가 기본적으로 제공되어 별도의 설치가 필요 없으며, 데이터 과학, 머신러닝, 딥러닝 프로젝트에 유용하게 활용됩니다. 특히 무료로 GPU를 사용할 수 있는 점이 큰 장점입니다. 웹 브라우저를 통해 간편하게 코드 작성과 저장할 수 있어 별도의 저장도구가 필요 없습니다. 협업 및 파일 공유도 쉽고 데이터 분석 및 모델링 작업을 할 수 있습니다.

코랩의 주소는 "https://colab.research.google.com/"입니다. 아이디와 비밀번호만 있으면 설치할 필요가 없습니다.

코랩을 실행하기 위해서는 아이디와 비밀번호를 입력하고 "드라이브"를 선택합니다.

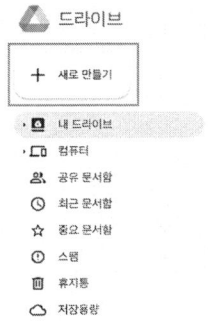

"내 드라이브"에서 오른쪽 마우스 키를 클릭하면 아래와 같은 화면이 출력됩니다.

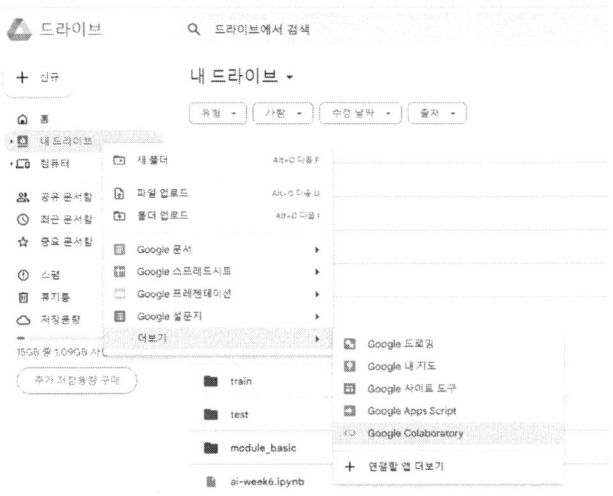

"더보기"를 눌러 Google Colaboratory를 클릭합니다.

간단하게 파이썬 코드를 작성하고 실행하여 보겠습니다.

```
a = 10
b = 20
c = a + b
print(c)

30
```

다음과 같이 작성하고 ▶을 클릭하거나 "Ctrl + Enter"을 누르면 실행됩니다. 하나의 셀에 모든 코드를 작성해도 되지만 하나의 실행문은 하나의 셀대로 각각 실행할 수 있습니다. 다음은 각각의 셀에 코드를 각각 작성하고 실행한 결과입니다. 프로그래머의 편한대로 작성하시면 됩니다.

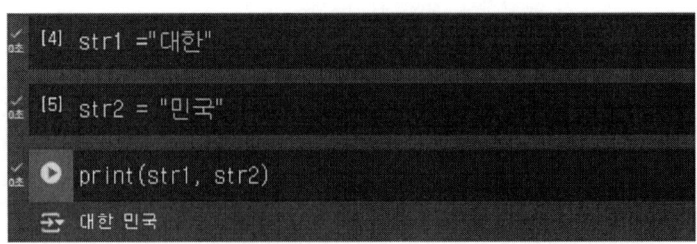

위에서 "텍스트"를 선택하여 다음과 같이 작성도 가능합니다.

이름을 바꿔보겠습니다.

파일의 이름을 바꾸고 싶으면 "Untitled1.ipynb"을 클릭하고 "연습.ipynb"로 저장합니다.

지금까지 간단하게 파이썬 프로그램을 작성해 봤습니다.

6) 간단하게 알아야 할 것들

① 주석(Command)

주석은 컴퓨터 컴파일러의 이해와는 상관없이 사람들의 이해를 돕기 위하여 필요합니다. 대부분의 언어는 주석문을 가지고 있습니다. 파이썬의 경우는 샾("#")을 사용합니다. 문장의 첫 칸이나 마지막 부분의 원하는 위치에 사용할 수 있습니다.

```
#안녕하세요 주석연습입니다.
print(100) #정수 10을 출력합니다.
```

100

원하는 부분 어느 곳에서나 실행해도 문제가 없지만 "#" 표시 이후는 모두 끝가지 주석이 됩니다.

② 스크립트 언어(Script Language)

스크립트 언어는 응용 소프트웨어를 제어하는 프로그래밍 언어로, 일반적으로 응용 프로그램과 독립적으로 사용되며, 최종 사용자가 응용 프로그램의 동작을 조정할 수 있도록 돕습니다.

스크립트 언어는 다른 응용 프로그램에 삽입되어 작동하며, 파이썬, 자바스크립트, JSP, PHP, ASP, 펄, 루비 등이 이에 해당합니다. 반면, C, C++, Java와 같은 비스크립트 언어는 컴파일된 후 독립적으로 작동하는 완전한 응용 프로그램을 생성합니다.

③ 구문 오류(Syntax Error)

보통 문법적인 오류를 말합니다. 이러한 에러는 주로 괄호, 세미콜론 생략, 잘못된 자료형, 오타 등과 같은 문법적인 문제에서 발생합니다. 예기치 않게 발생하는 에러에 대응하기 위해 미리 코드를 작성하여 프로그램의 비정상적인 종료를 방지하고 정상적인 실행 상태를 유지하는 것이 중요합니다.

```
print("korea')
```

SyntaxError: incomplete input

위 프로그램은 따옴표의 종류가 달라서 오류가 발생했습니다.

④ 텍스트 파일

텍스트 파일은 사람이 읽을 수 있는 형식으로 저장된 데이터입니다. 일반적으로 ASCII 또는 UTF-8과 같은 문자 인코딩을 사용합니다. 특징으로는 사람이 쉽게 읽고 편집할 수 있으며, 일반적으로 크기가 작습니다. 텍스트 파일의 확장자는 txt, csv, html 등이 있습니다.

⑤ 바이너리 파일

바이너리 파일은 텍스트 파일과는 반대로 컴퓨터가 직접 읽고 처리할 수 있는 형식입니다. 이진 형식으로 저장되어 있어, 사람이 직접 읽기 어렵습니다. 바이너리의 확장자는 윈도우의 실행 파일(exe), 그림 파일(jpg, .png), 소리 파일(mp3), 기계어로 번역된 파일(obj) 등이 있습니다.

제1장 연습문제

1. 파이썬 프로그램에서 주석처리 하는 방법을 설명하시오.

2. 파이썬 프로그램 확장자가 무엇인지 쓰시오.

3. 다음 실행결과가 출력되도록 프로그램을 작성하시오.
   파이썬 프로그램은 정말로 재미있고, 쉬워요^^

4. 다음 코드의 실행결과를 쓰시오.

   ```
   print("20 + 30 - 10")
   print(반가워요 친구!!)
   ```

5. 파이썬을 실행하는 통합 환경을 부르는 용어는 무엇인지 쓰시오.

6. 파이썬의 특징 5가지를 기술하시오.

7. 컴파일러 언어(Compile Language)에 대하여 기술하시오.

8. 인터프리터 언어(Interpreter Language)에 대하여 기술하시오.

9. 인터프리터 언어에 해당하는 언어가 3개 쓰시오.

10. 파이썬으로 할 수 있는 것에 대하여 5가지만 쓰시오.

제2장

기본자료형과 화면 입출력

1. 리터럴(Literal)과 자료형(Data Type)
2. 식별자(Identifier)와 예약어(keyword)
3. 변수(Variable)
4. 출력 print() 함수
5. 입력문
연습문제

제 2 장

기본 자료형과 화면 입출력

학습목표

- 리터럴(literal)과 자료형(data type)의 개념을 알아보고 응용 프로그램을 작성하여 보자.
- 식별자(identifier)와 키워드(keyword)의 개념과 응용프로그램을 작성하여 보자.
- 변수(variable)의 개념과 응용프로그램을 작성하여 보자.
- 출력(output)의 개념과 응용프로그램을 작성하여 보자.
- 입력(input)의 개념과 응용프로그램을 작성하여 보자.

1 리터럴(Literal)과 자료형(Data Type)

자료형은 프로그래밍에서 변수나 상수에 저장될 수 있는 데이터의 종류를 정의합니다. 자료형은 데이터의 저장 방식과 수행 가능 연산을 결정합니다.

리터럴은 그 자체로 고정된 값을 가지며, 반드시 자료형 중 하나로 표현됩니다. 또한 리터럴의 수정은 불가능한 값으로, 자료형들 중 하나의 구체적인 값으로 나타냅니다.

일반적으로 사용되는 리터럴(자료형) 종류는 다음과 같습니다.

1) 문자열형(Character Literal)

문자 리터럴은 프로그램에서 문자를 작은따옴표(' ')나 큰따옴표(" ")로 묶어서 표현합니다. 두 가지 중 하나를 선택해서 사용하면 됩니다. 프로그램 안에서 프로그래머의 취향에 따라 골라 쓸 수 있습니다, 또한 프로그램에서 마구 섞어서 써도 문제가 되지 않습니다. 따옴표 안의 글자들을 문자 리터럴이라고 합니다.

파이썬에서는 문자 리터럴과 문자열 리터럴을 표현하기 위해 구분하지 않지만 다른 언어들에서는 문자 리터럴와 문자열 리터럴을 구분하여 처리하기도 합니다. 또한 처리 방법도 달라 조심할 필요가 있지만 파이썬 프로그램에서는 그럴 필요는 없습니다. 문자 리터럴은 문자 자체를 말하지 않으며, 따옴표 안에 있는 글자들(숫자나 문자 관계없음)을 말합니다.

다음은 변수에 문자 리터럴을 집어넣는 방법과 의미를 설명하겠습니다. 변수는 리터럴을 담을 수 있는 그릇이라고 생각하시면 됩니다. 구체적인 변수의 이야기는 후에 설명하고 여기서는 간단하게 하겠습니다.

```
ch1 = 'K'
ch2 = "Korea"
num1 = '9'
num2 = "1003"
```

위 변수 ch1과 ch2에 저장된 'K'와 "Korea"는 모두 문자 상수 또는 문자열 상수라 할 수 있습니다. 변수 num1과 num2에 저장된 '9'와 "1003"도 모두 문자 리터럴입니다. 생긴 모양은 숫자이지만 따옴표로 불러 쌓였기 때문에 문자로 알고 있으면 됩니다.

파이썬에서 의미가 있는 키워드들도 따옴표로 묶으면 그 의미는 사라지고 그냥 문자 리터럴이 됩니다.

```
key1 = 'True'
key2 = 'for'
```

변수 key1의 'True'와 key2의 'for'는 파이썬에서 의미있는 키워드이지만 따옴표 안에 있으면 모든 의미는 사라지며 문자 리터럴이 됩니다.

```
var1 = 'Korea'
var2 = var1
```

위 내용은 var1에 있는 변수의 내용을 var2에 저장하라는 의미입니다. 그러나 다음은 전혀 다른 의미가 됩니다.

```
var3 = 'var1'
```

var3에는 var1 변수에 들어있는 내용을 저장하는 것이 아니라 'var1'글자 자체의 문자 리터럴을 var3에 저장합니다. 따옴표가 있고 없고에 따라 전혀 다른 의미가 있으니 주의하시기 바랍니다.

```
uni1 = '\u0061'
uni2 = '\141'
uni3 = '\x61'
uni4 = '\u0061'
uni5 = '\u00000061'
```

또 다른 방법은 이스케이스 시퀀스(Unicode escape sequence)를 이용하여 특별하게 유니코드 문자를 나타낼 수 있다. 그 방법은 백슬래스(\)를 이용한다. 위 프로그램의 결과 값들은 모두 대문자 'A'를 말하며, 같은 의미입니다.

파이썬에서 문자와 문자열은 다양한 연산과 처리 방법을 제공하며, 지금부터는 모두 문자열이라고 하겠습니다. 문자열 상수는 여러 연산에 활용될 수 있으며 인덱싱, 슬라이싱, 연결, 비교 등 다양한 작업을 수행할 수 있습니다.

2) 숫자 리터럴(Numeric Literal)

숫자 리터럴은 다음과 같이 분류할 수 있습니다.

정수형	2진수, 8진수, 10진수, 16진수로 표현합니다.
실수형	소수점을 포함하고 있거나 지수(e)를 포함하여 표현합니다.
복소수형	j를 붙여 허수를 표현합니다.

① 정수형 리터럴(Integer Literal)

정수형은 소수점을 포함하지 않으며 정수 값을 말합니다. 2진수, 8진수, 10진수 그리고 16진수 중 하나로 표현할 수 있습니다. 특별히 언급하지 않으면 파이썬 프로그램에서는 10진수로 인식합니다. 예를 들어 10, 0, -10 등은 모두 정수형 10진수입니다.

```
a = 20
b = 0b00010100
c = 0o24
d = 0x14
e = 0xAB
f = 0XAb
```

위 예제들의 변수 a, b, c, d 모두 다르게 표현되어 있지만 a는 십진수 20, b는 2진수로 20, c는 8진수로 20, d는 16진수로 20을 표현합니다. e와 f는 16진수를 10진수 표현되어

171이 출력됩니다. 대소문자는 구별되지 않습니다. '0'은 숫자 0을 의미하며, 'o'는 영어 o를 의미합니다.

```
print(a, b, c, d, e, f)
```

```
20 20 20 20 171 171
```

print() 함수는 뒤에서 자세히 설명하겠지만 화면에 출력하라는 의미입니다. 위 프로그램의 결과를 보면 a, b, c, d, e, f의 값이 출력된 것을 볼 수 있습니다.

다음은 아주 긴 정수형을 변수 e에 대입하겠습니다.

```
e = 12345678901234567890123456789
print(e)
```

```
12345678901234567890123456789
```

다른 언어와 달리 파이썬의 정수형은 아주 큰 수도 무한대로 표현할 수 있습니다. 프로그래머의 입장에서는 매우 편리하지만, 이러한 이유로 파이썬의 실행 속도는 느려지는 단점이 있습니다. 후에 좀 더 깊게 파이썬을 공부해보면 느낄 수 있습니다.

② 실수형 리터럴(Real Type Literal)

실수형은 다른 말로 부동소수점(float)형이라고도 하며 실수값을 표현합니다.

```
fa = 3.1415926
fb = 3.14159e5
fc = 3.14159E-3
```

변수 fa는 소수점 그대로 읽어서 표현하면 됩니다. 그러나 fb는 소수값에 10을 밑으로 하는 수에 몇 제곱을 할 것이냐를 결정합니다. fc는 소수값에 10을 밑으로 하는 수에 몇으로 나눌까를 결정합니다. 소문자 e와 대문자 E는 같은 의미입니다.

```
print(fa, fb, fc)
```

```
3.1415926 314159.0 0.00314159
```

위 print() 함수의 결과값입니다.

fa는 우리가 알고 있는 실수값의 표현이었고, fb는 3.14159에 105을 곱한 결과값입니다. fc는 3.14159에 10^{-3}을 곱한값입니다.

다음은 fd 변수에 소수 자리에 많은 수를 대입해 보겠습니다.

```
fd = 0.1234567890123456789
print(fd)
```

```
0.12345678901234568
```

파이썬에서는 무한정으로 실수값을 표현하지는 않으며 17자리만 유효 숫자가 가능합니다. 또한 실수의 범위는 10^{-308}~10^{308}까지 표현하며, 부동 소수점 숫자는 소수점 이하 17자리까지만 정확하다고 생각하면 됩니다.

③ 복소수형 리터럴(Complex Number Type Literal)

복소수 리터럴은 파이썬에서 많이 사용하지는 않습니다.

```
x = 10 + 2j
```

10은 실수를 2는 허수를 말합니다. 다음과 같이 함수를 이용하여 복소수를 표현할 수 있습니다.

```
y = complex(100, 50)
```

위 두 변수의 값은 아래와 같이 출력됩니다.

```
print(x, y)
```

```
(10+2j) (100+50j)
```

복소수는 연산도 가능합니다.

```
z = x + y
print(z)
print(z + 1000)
print(z + 10j)
```

```
(110+52j)
(1110+52j)
(110+62j)
```

복소수와 복소수의 연산 그리고 복소수와 실수들은 각각 연산이 가능합니다. 실수부와 허수부를 분리하여 출력할 수도 있습니다.

```
z.real
z.imag
```

```
110.0
52.0
```

실수값과 허수값은 각각 출력할 수 있습니다.

3) 논리 리터럴(Logical Literal)

참(True)과 거짓(False)만으로 이루어졌습니다. True와 False는 약속된 단어(키워드)이므로 첫 자는 꼭 대문자이며 나머지 글자는 소문자이어야 합니다. 불린(Boolean)형 이라고도 합니다. 주로 참과 거짓을 판단하는 제어문에 사용합니다.

```
ta = True
fa = False
print(ta, fa)
```

```
True False
```

print()함수의 출력 결과도 입력값과 같은 값이 출력된다는 것을 알 수 있습니다. 이번에는 소문자로 'true' 값을 대입하겠습니다.

```
tb = true
Traceback (most recent call last):
  File "<pyshell#55>", line 1, in <module>
    tb=true
NameError: name 'true' is not defined. Did you mean: 'True'?
```

true는 파이썬의 약속된 키워드가 아니므로 오류가 발생하니 주의하시기 바랍니다.

4) 컬렉션 리터럴(Collection Literal)

파이썬의 컬렉션 리터럴은 다양한 데이터 구조를 표현하는 데 사용됩니다. 컬렉션 리터럴은 리스트, 튜플, 딕셔너리, 세트와 같은 데이터 구조를 간편하게 생성할 수 있는 방법입니다.

컬렉션 리터럴의 종류는 다음과 같습니다.

종류	의미	예
리스트 리터럴	대괄호([ ])	lst = [1, "K", True, 3]
튜플 리터럴	소괄호(( ))	tup = (1, 2, 3)
딕셔너리 리터럴	중괄호({ }), 키와 값 쌍표현	dic = {0: "Sun", 2: "Mon"}
세트 리터럴	중괄호({ }), 중복 불가	set1 = {1, 2, 3, 4}

2 식별자(Identifier)와 예약어(Keyword)

파이썬에서 식별자는 클래스, 사용자 정의 함수, 변수 등을 식별하며 다른 것들과 구분하는 역할을 합니다.

⟨식별자의 규칙⟩
- 영문자는 어느 곳이나 가능합니다.
- 대문자와 소문자는 전혀 다른 문자입니다.
- 숫자로도 표현할 수 있지만 맨 앞자리는 불가능합니다.
- 특수한 문자들은 사용할 수 없지만, 밑줄(_)은 가능하며 맨 앞에 위치할 수 있습니다.
- 클래스의 선언은 첫 자를 대문자로 시작합니다. 다른 식별자들은 소문자를 사용합니다. 물론 대문자와 소문자를 규칙 없이 사용해도 문제는 없지만, 규칙을 지키는 것이 관례라고 생각하시면 됩니다.
- 키워드는 식별자로 사용할 수 없습니다.
- 길이에는 제한이 없습니다.
- 공백을 사용할 수 없습니다.

옳은 식별자와 옳지 않은 식별자를 표로 정리하면 다음과 같습니다.

옳은 식별자	옳지 않은 식별자	설명
Korea	1_korea	숫자는 처음에 사용 불가
korea_seoul	!korea	특수문자(!) 사용 불가
__aa__	kor-eng	특수문자(-) 사용 불가
AaA	korea seoul	공백 사용 불가
identifier_1	for	예약어 사용 불가

두 개의 단어들을 합성한 식별자는 어떻게 사용하는 것이 좋을까요?

예를 들어 국어 점수의 합계를 변수로 쓰려고 합니다. "tot"나 "s" 등과 같은 변수를 사용해도 프로그램 작성에는 아무런 문제가 없습니다. 그러나 의미 있는 변수를 만들기 위한 두 가지 방법이 있습니다.

첫 번째 방법은 스네이크(snake) 방법으로 언더 바(_)를 이용하는 방법입니다. 예를 들어 국어 점수의 합으로 korea와 sum을 합치고 싶을 경우 korea_sum으로 작성하는 방법입니다.

두 번째 방법은 카멜(camel) 방법으로 합한 두 번째 단어의 시작을 대문자로 표현하는 방법입니다. 위의 예를 변수로 정의하면 "koreaSum"처럼 변수 정의를 합니다.

물론 위 규칙을 모두 지키지 않아도 식별자의 규칙을 어기지 않는 경우 오류 메시지는 출력되지 않습니다. 그러나 프로그램 작성도 관례가 있기에 관례를 따라가면 좋지 않을까요?

키워드는 각각의 특별한 의미가 있으며, 식별자로 사용할 수 없습니다. 이러한 키워드는 프로그래머가 정의할 수 있는 변수, 함수, 클래스 등의 이름으로 사용할 수 없습니다.

〈파이썬의 주요 키워드〉

키워드	내용
and	논리적 AND 연산
as	모듈이나 객체에 별칭 부여
assert	조건/참 확인과 거짓일 경우 예외 발생
async	비동기 함수를 정의
await	비동기 작업이 완료될 때까지 기다림

break	반복문을 종료
class	클래스 정의
continue	현재 반복을 넘어감
def	함수 정의
del	객체 삭제
elif	추가 조건을 설정
else	조건이 거짓일 때 실행 코드 정의
except	예외시 실행 코드 정의
False	거짓
finally	예외 발생 여부와 관계없이 항상 실행
for	반복문
from	특정 모듈에서 특정 항목 가져옴
global	전역 변수 선언
if	조건문
in	시퀀스에 포함 확인
import	모듈 선언
is	두 객체의 메모리 동일한 주소 확인
lambda	익명 함수 정의
None	값이 없음
nonlocal	중첩 함수에서 외부 함수의 변수를 참조
not	논리적 NOT 연산
or	논리적 OR 연산
pass	아무 일도 하지 않음
raise	예외를 강제로 발생
return	함수에서 값 반환
True	불리언 값의 참
try	예외 처리 시작
while	조건이 참인 동안 반복
with	자원 관리를 위한 컨텍스트 매니저를 사용
yield	제너레이터를 생성에 사용

파이썬의 키워드를 확인하기 위하여 다음과 같이 코딩합니다.

```
import keyword
print(keyword.kwlist)
```

```
['False', 'None', 'True', 'and', 'as', 'assert', 'async', 'await', 'break', 'class',
'continue', 'def', 'del', 'elif', 'else', 'except', 'finally', 'for', 'from', 'global', 'if',
'import', 'in', 'is', 'lambda', 'nonlocal', 'not', 'or', 'pass', 'raise', 'return', 'try',
'while', 'with', 'yield']
```

파이썬의 현재 버전에서 사용하고 있는 키워드들입니다.

3 변수(Variable)

변수(variable)란 컴퓨터의 메모리에 데이터(data)를 저장하기 위해 이름을 부여받은 것이라고 할 수 있습니다. 변수명은 파이썬 식별자를 만드는 규칙으로 작성하면 됩니다. 다른 언어들(C, Java, C++ 등)은 변수명을 정의할 때 어떤 자료형인가를 결정하고 변수를 선언합니다. 예를 들어 C언어의 정수형을 선언하는 방법은 "int a"라고 정의합니다. "a라는 기억장소는 정수만 사용할 수 있다"라고 생각하면 됩니다. 그러나 파이썬에서는 변수 앞에 자료형을 쓰지 않고 변수에 원하는 자료형 값을 넣으면 됩니다. 파이썬 프로그램의 인터프리터가 실행 시에 자동으로 형을 변경해 줍니다. 변수 선언 전에 어떤 자료형으로 결정할지 생각하지 않아도 되기 때문에 쉽게 프로그램할 수 있습니다.

다음은 간단한 파이썬 코드로 변수에 값을 대입하고 있습니다.

```
a = 10
b = 3.4
c = "Korea"
d = True
```

"="의 의미는 수학적으로 생각하면 "같다"의 의미이지만 파이썬에서는 "같다"의 의미가 아닙니다. "="를 기준으로 오른쪽에 있는 값이나 변수의 내용을 왼쪽 변수에 대입하겠다는 의미입니다.

예를 들어 a의 변수에 정수 10, b의 변수에 실수 3.4, c의 변수에 문자열 "korea" 그리고 d의 변수에는 논리형인 True를 각각 넣었습니다. 변수명만 가지고는 어떤 자료형인지 알 방법이 없습니다.

print() 함수와 type() 함수를 이용하여 출력해봐야 알 수 있습니다.

```
a = 'Lee'
print(type(a))
```

⟨class 'str'⟩

정수형 변수 a는 문자 'Lee'를 대입하여 문자열 변수가 되었습니다. type() 함수를 이용하여 변수 a의 형을 알아보면 "str"이라고 출력됩니다. 문자열형이라는 의미입니다.

변수 y가 문자형에서 정수형으로 바꿀 수도 있습니다.

```
x = 10
y = "Lee"
y = x
```

y 변수는 문자열 변수이었지만 정수형 변수 x가 대입되어 정수형 변수로 변경되었습니다.

```
vara = 10
vara = 20
vara = vara + 30
```

첫 줄에 나오는 변수 vara에는 10이라는 정수를 대입합니다.

두 번째 줄의 변수 vara는 10을 기억하고 있던 내용을 모두 지우고 새로운 20을 대입하였기 때문에 정수형 20이 저장됩니다.

"="를 기준으로 왼쪽을 L-Value라고 하고, 오른쪽을 R-Value라고 합니다. 일반적으로 L-Value에는 변수가 오고, R-Value에는 리터럴, 변수, 수식, 함수 등이 올 수 있습니다. 그리고 오른쪽에 위치하는 것들은 반드시 값을 가지고 있어야 합니다. 옳지 않은 값을 가지고 있거나 쓰레기값을 가지고 있다면 L-Value에 옳지 않은 값이 들어가게 되어 오류를 발생합니다.

세 번째 줄의 의미는 R-Value의 vara 값 20과 숫자 30을 더하여 L-Value의 위치에 있는 vara에 50을 대입합니다. 수학적으로 생각하면 이해할 수 없습니다. 그러므로 "="의 의미는 "같다"의 의미가 아니고 "대입한다"의 의미로 생각하면 이해하기 쉽습니다.

그리고 반드시 기억할 것이 있습니다. 아래 문장을 보면서 설명하겠습니다.

```
varx = varx + 30
```

위 문장에서 변수 varx가 프로그램의 처음 코딩이라고 생각하겠습니다. R-Value의 varx의 값이 앞쪽에서 정의되지 않았기 때문에 다음과 같은 오류를 발생합니다.

```
Traceback (most recent call last):
  File "<pyshell#5>", line 1, in <module>
    varx = varx + 30
NameError: name 'varx' is not defined. Did you mean: 'vars'?
```

"varx가 정의되지 않았다"는 뜻의 의미는 R-Value의 varx가 정의되지 않았다는 뜻이 됩니다. L-Value의 varx는 전혀 문제가 없습니다. 그러므로 R-Value의 변수를 사용하려면 현재의 문장보다 앞쪽에 반드시 변수의 값을 정의해야 합니다.

```
var1 = 10
var2 = 20
print(var1 + var2)
var1 = var1 + var2
print(var1)
```

```
30
30
```

위 프로그램의 결과는 각각 30이 출력됩니다. 위의 print(var1 + var2)는 var1과 var2의 변수값이 변경되지 않지만, print(var1)는 var1에 새로운 값 30이 대입되어 출력되었습니다. 당연히 var1의 내용이 변경된 것을 알 수 있습니다.

이번에는 사용하지 않는 변수들을 삭제해 보겠습니다. 이제 더 이상 사용하지 않을 변수들은 메모리의 절약을 위해 삭제하면 됩니다.

변수 varx를 삭제해 보겠습니다.

```
varx = 100
print(varx)
```

```
100
```

varx에 100을 대입하고 출력하므로 당연히 100을 출력합니다. varx를 모두 사용하고 이제 쓸모가 없어 메모리에서 지우고 싶을 때가 있을지 모릅니다. 프로그램의 길이가 짧은 경우 문제가 되지 않지만, 프로그램 실력이 늘어서 조금의 메모리라고 아끼고 싶을 때가 있을지 모릅니다. 그럴 때는 다음과 같이 del이라는 키워드를 사용하여 varx를 메모리에서 지웁니다.

```
del varx
print(varx)
```

varx를 지우고 화면 출력하면 다음과 같은 오류가 발생합니다.

```
Traceback (most recent call last):
  File "<pyshell#9>", line 1, in <module>
    print(varx)
NameError: name 'varx' is not defined. Did you mean: 'vars'?
```

위의 오류는 R-Value의 값이 존재하지 않았을 때 발생한 오류와 같습니다. 즉, 변수의 내용이 정의되지 않았다는 뜻이 됩니다. 그러므로 varx은 메모리에서 사라졌다고 생각하시면 됩니다.

다음 프로그램은 같은 내용을 여러 변수에 저장하는 방법입니다.

```
a = b = c = "Korea"
print(a)
print(b)
print(c)
```

```
Korea
Korea
Korea
```

"Korea"의 문자열을 변수 c, b, a에 각각 저장되었습니다. 그러므로 어떤 변수의 내용을 출력해도 같은 결과가 출력되는 것을 알 수 있습니다.

다음 프로그램은 각각의 내용을 각각의 변수에 저장하는 방법입니다.

```
k, j, c = "Korea", "Japan", "China"
print(k)
print(j)
print(c)
```

```
Korea
Japan
China
```

변수 k, j 그리고 c에는 각각의 문자들이 차례대로 대입됩니다.

```
k = "Korea"
j = "Japan"
c = "China"
print(k)
print(j)
print(c)
```

바로 위와 같이 저장해도 되며, 이것이 일반적인 방법이지만, 한 줄로도 사용할 수 있는 방법도 있다는 것을 기억하기 바랍니다.

4 출력 print() 함수

화면에 어떤 내용을 출력하기 위해 꼭 필요한 함수입니다. 함수의 의미는 뒤에서 배우겠지만 단어 뒤에 소괄호를 열고 닫으면 대부분 함수라고 생각하시면 됩니다.

print() 함수의 형식은 다음과 같습니다.

```
print(*variables, sep=' ', end='\n')
```

print( ) 함수를 이해하기 위해 간단한 코드를 작성하겠습니다.

```
a = 10
b = 'korea'
c = True
print(a, b, c)
```

```
10 korea True
```

print() 함수는 여러 개의 값을 출력할 수 있습니다. 이 경우 처음 변수 a의 값을 출력하고, 한 줄 띄운 후 다음 값을 출력합니다. print() 함수의 기본적인 출력 형식은 출력값과 출력값 사이를 한 칸 띄우고, 마지막 출력 후 줄 바꿈을 합니다.

이번에는 띄어쓰기하지 않고 출력해 보겠습니다.

```
a = 10
b = 'korea'
c = True
print(a, b, c, sep="")
```

```
10koreaTrue
```

출력 결과를 보면 띄어쓰기 없이 모두 붙어 출력되었습니다. "sep"의 값에 아무것도 넣지 않았습니다. "sep"는 키워드 매개변수라고 하고, 출력과 출력 사이를 한 칸 띄우는 것이 기본으로 정의되어 있습니다. 기본값을 변경하여 "sep" 변수를 공백(' ')으로 정의하였습니다.

다른 예를 들어 "sep"의 값을 다음과 같이 변경하여 출력해 보겠습니다.

```
print(a, b, c, sep="-")
```

```
10-korea-True
```

결과를 보시면 공백 자리에 "-"를 출력하는 것을 볼 수 있습니다.

다음 프로그램을 출력하겠습니다.

```
print("우리나라의")
print("수도는")
print("서울입니다.")
```

```
우리나라의
수도는
서울입니다.
```

print() 함수를 세 번 사용했으므로 출력 결과도 세줄 출력되는 것이 당연합니다.

이번에는 print() 함수를 세 번 써서 한 줄에 인쇄하고 싶으면 어떻게 해야 할까요?

```
print("우리나라의", end = "")
print("수도는", end = "")
print("서울입니다.")
```

```
우리나라의수도는서울입니다.
```

end 키워드는 기본적으로 "\n"라는 기본값을 가지고 있습니다. 이 뜻은 print() 함수가 끝나는 마지막에 줄 바꿈을 하라는 의미입니다.

end 키워드의 값을 "\n" 대신에 아무것도 하지 말라는 명령으로 바꾸고 출력하니 결과는 출력됐지만 보기에 좋지 않습니다. print() 함수가 끝나면 띄어쓰기를 위해 end = " "로 바꾸겠습니다.

```
print("우리나라의", end = " ")
print("수도는", end = " ")
print("서울입니다.")
```

```
우리나라의 수도는 서울입니다.
```

결과는 다음과 같이 띄어쓰기 후 출력되었습니다. 키워드 매개변수 end는 마지막 값을 출력하고 어떤 액션을 할 것인가를 결정합니다. 기본값은 "\n"을 가지고 있으며, 언제든지 다른 내용으로 변경할 수 있습니다.

다음 프로그램은 print() 함수에서 sep 키워드 매개변수를 사용하여 3줄의 print() 효과를 내보겠습니다.

```
print("우리나라의", "수도는", "서울입니다.", sep = "\n")
```

```
우리나라의
수도는
서울입니다.
```

sep 키워드는 print() 함수에서 콤마(')의 명령을 내리면 자동으로 실행되는 키워드입니다. sep 키워드의 기본값은 " "(한 칸의 공백)으로 채워져 있습니다. 그래서 sep의 기본값을 "\n"으로 변경하니 여러 줄의 효과를 가집니다.

print() 함수을 한 번만 사용했지만 sep를 이용하여 세 줄의 효과를 낼 수 있었습니다.

5 입력문

입력문은 키보드나 기타 입력장치를 이용하여 사용자로부터 직접 입력받을 수 있습니다. 바로 input() 함수입니다. 프로그램을 작성하고 실행하기 위해서는 종종 사용자의 입력데이터가 필요한 경우가 발생합니다. 그때 이 함수를 사용하면 됩니다.

다음은 input() 함수의 형식입니다.

```
변수 = input("프롬프트")
```

키보드로부터 자료를 입력받아 프로그램 안으로 가져와 변수에 저장하거나 활용할 수 있는 함수입니다. 물론 입력받은 자료가 어떤 자료형이라도 결과는 문자형이 됩니다.

예를 들어 a의 변수에 키보드로부터 값을 입력받아 보겠습니다.

```
a = input()
```

프로그램을 진행하다가 input()을 만나면 커서가 깜박이고 있으며, 우리는 입력하고 싶은 글자들을 입력하면 됩니다. 그 값은 a 변수에 문자형으로 저장됩니다. 10을 입력하고 a 변수의 형을 확인해 보겠습니다.

```
print(type(a))
```

```
<class 'str'>
```

type() 함수는 변수나 리터럴의 자료형을 알려주는 함수입니다.
입력값에 10이라는 숫자를 입력해도 결과는 문자열인 것을 알 수 있습니다.

입력받는 방법에는 input() 함수의 인자에 문자를 입력하여 사용자에게 어떤 입력값을 넣으면 좋은가를 알려줄 수도 있고, 아무것도 넣지 않을 수도 있습니다. 예를 들어 두 개의 입력을 받아 보겠습니다.

```
x = input()                    # 1번
y = input("숫자만 가능: ")   # 2번
```

1번은 아무 메시지도 출력되지 않고 커서만 깜박이고 있습니다. 문자를 입력하는 사용자의 입장으로 보면 좋지는 않습니다. 2번은 "숫자만 가능: "이라는 문자를 화면에 출력하고, 사용자로부터 입력값을 받을 수 있으므로 도움이 됩니다.

위 코드의 결과값은 다음과 같이 출력됩니다. 1번은 입력은 "아름답다"라고 입력했고, 2번 입력은 "100"으로 입력했습니다.

```
아름답다
숫자만 가능: 100
```

그러면 숫자를 입력해서 숫자 연산을 하려면 어떻게 해야 할까요? 바로 함수를 이용하면 됩니다. 정수형으로 변경하고 싶으면 int() 함수를 사용하고, 실수형으로 사용하고 싶으면 float() 함수를 사용하면 됩니다. 이렇게 변경하는 것을 캐스트(cast)라고 합니다.

```
a = input("첫 번째 숫자: ")
b = input("두 번째 숫자: ")
c = a + b
print(c)
```

```
첫 번째 숫자: 10
두 번째 숫자: 20
1020
```

input() 함수의 인자에 "첫 번째 숫자: "라는 문자들을 적었습니다. 위에서도 말했듯이 이것을 우리는 프롬프트라고 부르며, 사용자들로부터 여기에 입력하라는 가이드 역할을 합니다.

위 프로그램은 a의 값과 b의 값을 키보드로 입력받아 더하기를 하는 프로그램입니다. 결과값은 당연히 30을 생각했지만 1020이 출력되었습니다. 이유는 문자열과 문자열을 더하면 결과도 문자열이 되기 때문입니다.

이번에는 코드를 간단하게 수정하여 다시 작성하겠습니다.

```
a = int(input("첫 번째 숫자: "))
b = input("두 번째 숫자: ")
c = a + int(b)
print(c)
```

```
첫 번째 숫자: 10
두 번째 숫자: 20
30
```

첫 번째 숫자를 입력받고, 그 값을 int() 함수를 이용하여 정수로 바꾼 후 a 변수에 저장합니다. 변수 b의 값은 문자이므로 연산을 위하여 int() 함수를 사용하여 정수로 캐스팅한 후 두 변수의 값을 연산합니다. 결과는 우리가 원하는 대로 30이 출력되었습니다.

input()은 띄어쓰기 입력도 가능합니다.

```
d = input("원하는 문자를 입력하세요: ")
print(d)
```

```
원하는 문자를 입력하세요: 1 2 3 4
1 2 3 4
```

위 코드의 결과와 같이 입력받은 문자들이 띄어쓰기도 가능합니다.

앞에서도 말했듯이 입력 프롬프트는 사용자에게 준비되었다는 신호를 알리고 입력하라는 의미라고 생각하면 됩니다.

새로운 프로그램을 작성하여 예를 들어 보겠습니다.

```
name = input("이름 : ")
age = input("나이: ")
sex = input("성별 : ")
print("당신의 이름은 ", name, "이며, 나이는 ", age, "입니다. 그리고 ", sex, "입니다.",
      sep = " ")
```

```
이름 : 홍길동
나이: 22
성별 : 남자
당신의 이름은 홍길동이며, 나이는 22입니다. 그리고 남자입니다.
```

프로그램을 작성하고 실행하면 "이름 : "이후 커서가 멈추고 깜박이며 입력을 기다립니다. 키보드로 무엇을 입력해야 할지 도와주는 문장을 프롬프트라고 했습니다. 여기서는 "이름 : "이 프롬프트가 됩니다. 그리고 "나이 :"와 "성별 :"도 프롬프트입니다. 입력하는 사람은 어떤 값을 입력할지 알 수 없기에 프롬프트를 사용하면 많은 도움이 됩니다.

〈프로그램: chap2_age.py〉

태어난 연도를 입력하면 나이를 구하는 프로그램을 작성하시오.

```
year = input("태어난 년도: ")
# 2025는 함수를 배우면 자동으로 년도를 구할 수 있음
age = 2025 - int(year)
print("당신의 나이는", age, "입니다")
```

```
태어난 년도: 1998
당신의 나이는 27입니다
```

〈프로그램: chap2_money.py〉

각각의 동전과 지폐의 개수를 입력하여 합계를 구하는 프로그램을 작성하시오.

```
1 man5 = int(input("5만원 권: "))
2 man1 = int(input("1만원 권: "))
3 chun5 = int(input("5천원 권: "))
4 chun1 = int(input("1천원 권: "))
5 bak5 = int(input("5백원 권: "))
```

```
 6  bak1 = int(input("1백원 권: "))
 7  sip5 = int(input("5십원 권: "))
 8  sip1 = int(input("1십원 권: "))
 9
10  money = man5*50000 + man1*10000 + chun5*5000 + chun1*1000 + bak5*500 + bak1*100
    + sip5*50 + sip1*10
11
12  print("------------------")
13  print("5만원 권:", man5,"장")
14  print("1만원 권:", man1,"장")
15  print("5천원 권:", chun5,"장")
16  print("1천원 권:", chun1,"장")
17  print("5백원 권:", bak5,"장")
18  print("1백원 권:", bak1,"장")
19  print("5십원 권:", sip5,"장")
20  print("1십원 권:", sip1,"장")
21  print("전체 금액:", money,"원")
```

1행~8행은 50000원권부터 10원까지 지폐의 개수를 입력받습니다.
10행은 각각의 지폐를 곱하고 더하여 전체 금액을 저장합니다.
12행~20행은 입력받은 지폐의 개수를 각각 출력합니다.
21행은 지폐의 전체 금액을 출력합니다.

```
5만원 권: 5
1만원 권: 3
5천원 권: 4
1천원 권: 5
5백원 권: 2
1백원 권: 1
5십원 권: 5
1십원 권: 1
------------------
5만원 권: 5 장
1만원 권: 3 장
```

```
5천원 권: 4 장
1천원 권: 5 장
5백원 권: 2 장
1백원 권: 1 장
5십원 권: 5 장
1십원 권: 1 장
전체 금액: 306360 원
```

〈프로그램: chap2_diamonds.py〉

print() 함수와 "*"를 이용하여 다음 그림과 같이 마름모 모양을 작성하세요.

```
      *
     * *
    *   *
   *     *
    *   *
     * *
      *
```

```
1 print("    *    ")
2 print("   * *   ")
3 print("  *   *  ")
4 print(" *     * ")
5 print("  *   *  ")
6 print("   * *   ")
7 print("    *    ")
8 print("    *    ")
```

1행~8행은 print() 함수와 따옴표(" ")를 이용하여 마름모를 출력합니다.

〈프로그램: chap2_box.py〉

유니코드를 이용하여 다음과 같은 방법으로 box 모양을 만들어보세요. 유니코드를 참조하세요.

```
1 print("\u250f\u2501\u2501\u2501\u2501\u2501\u2513")
2 print("\u2503     \u2503")
3 print("\u2503     \u2503")
4 print("\u2503     \u2503")
5 print("\u2503     \u2503")
6 print("\u2517\u2501\u2501\u2501\u2501\u2501\u251b")
```

위 코드를 보고 정리하면 다음과 같습니다.

한글 프로그램에서 "Ctrl + F10"을 누르고, "유니코드 문자표" 탭을 누른 후에, "상자 그리기 기호"를 선택하면 유니코드를 쉽게 찾을 수 있습니다.

- \u250f(┏), \u2501(━), \u2513(┓)
- \u2503(┃)
- \u2517(┗), \u2501(━), \u2513(┛)

〈프로그램: chap2_other.py〉

유니코드를 이용하여 키보드 모양을 만들어보세요. 한글 프로그램에서 "Ctrl + F10"을 누르고, "흔글(HNC) 문자표" 탭을 선택하고, "키 캡"을 선택하면 됩니다.

〈프로그램 정답〉

너무 복잡하여 생략하겠습니다. 직접 작성해 보시기 바랍니다.

제2장 　　 연습문제

1. 리터럴(literal)과 자료형(data type)에 대하여 기술하시오.

2. 변수에 대하여 기술하시오.

3. 다음 프로그램의 의미를 기술하시오.

```
var1 = 'Korea'
var2 = var1
```

4. 다음 프로그램의 결과값을 쓰시오.

```
a = 20
b = 0b00010100
c = 0o24
d = 0x14
e = oxAB
f = oXAb
print(a, b, c, d, e, f)
```

5. 다음 프로그램의 결과값을 쓰시오.

```
fa = 3.1415926
fb = 3.14159e5
fc = 3.14159E-3
print(fa, fb, fc)
```

6. 다음 프로그램의 결과값을 쓰시오.

```
x = 10 + 2j
y = complex(100, 50)
print(x, y)
```

7. 다음의 키워드에 대하여 내용란에 기술하시오.

키워드	내용
as	
assert	
async	
await	
break	
class	
continue	
except	
False	
finally	

import	
return	
True	
try	
while	
with	
yield	

8. 키보드로부터 2개의 정수값을 입력받아서 합계를 출력하는 프로그램을 작성하시오.

9. 키보드로부터 자신을 소개하는 내용을 입력받아서 출력하는 프로그램을 작성하시오.
   (이름, 나이, 성별, 전화번호, 이메일, 전공학과 등)

10. 키보드로부터 태어난 연도를 입력받으면 나이를 계산하여 출력하는 프로그램을 작성하시오.

제3장

연산자

1. 산술 연산자(Arithmetic Operator)
2. 복합 대입 연산자(Compound Substitution Operator)
3. 관계 연산자(Relational Operator)
4. 논리 연산자(Logical Operator)
5. 비트 연산자(Bit Operator)
6. 연산자 우선순위(Operator Precedence)
   연습문제

제 3 장

연산자

학습목표

- 연산자의 개념을 알아보고 응용 프로그램을 작성하여 보자.
- 산술연산자의 개념과 응용프로그램을 작성하여 보자.
- 복합 대입 연산자의 개념과 응용프로그램을 작성하여 보자.
- 관계 연산자의 개념과 응용프로그램을 작성하여 보자.
- 논리 연산자의 개념과 응용프로그램을 작성하여 보자.
- 비트 연산자의 개념과 응용프로그램을 작성하여 보자.

연산자는 문자나 숫자 등에 사용되며 다양한 방법이 있습니다. 컴퓨터인터넷IT용어대사전에서는 "실행해야 하는 행동을 지정하는 것이라고 하며, 일반적으로 오퍼랜드(operand)에 실행해야 하는 오퍼레이션(operation)을 지정하는 것"이라고 정의되어 있습니다. 오퍼랜드는 변수나 숫자라고 생각하면 이해하기 쉽고, 오퍼레이션은 +, -, *, / 등으로 생각하면 됩니다.

변수(숫자)의 개수에 따라 단항 연산자, 이항 연산자 또는 삼항 연산자로 구분할 수 있습니다. 가장 많이 사용하는 연산자는 이항 연산자이며, 흔히 알고 있는 가감승제 연산자들을 생각하시면 됩니다.

1 산술 연산자(Arithmetic Operator)

파이썬 연산의 가장 기본이 되는 연산자이며, 다른 연산자보다 이해하기 쉽습니다. 연산자(operator)와 피연산자(operand)로 나눌 수 있습니다.

연산자의 의미는 실행하는 것을 말하며, 실행에 참여하는 값이나 변수들을 말합니다. 산술 연산자의 종류는 아래 표와 같습니다.

종류	표현식	결과값	결합 방향	설명
+	10 + 2	12	→	10 더하기 2
-	10 - 2	8	→	10 빼기 2
*	10 * 2	20	→	10 곱하기 2
/	10 / 4	2.5	→	10 나누기 4
//	10 // 3	3	→	10을 3으로 나눈 몫
%	10 % 3	1	→	10을 3으로 나눈 나머지
**	10 ** 2	100	←	10의 2제곱

〈프로그램: chap3_operation.py〉

산술 연산자를 사용하여 프로그램하시오.

```
1  a = 30
2  b = 4
3  add = a + b
4  sub = a - b
5  mul = a * b
6  div = a / b
7  qutient = a // b
8  remainder = a % b
9  power = 10 ** 3
10 print(a, "+", b, "=", add)
11 print(a, "-", b, "=", sub)
12 print(a, "*", b, "=", mul)
13 print(a, "/", b, "=", div)
14 print(a, "//", b, "=", qutient)
15 print(a, "%", b, "=", remainder)
16 print(a, "**", b, "=", power)
```

1행과 2행은 a, b 변수에 30과 4를 대입합니다.

3행~6행은 가감승제(+, -, *, /) 연산을 합니다.

7행은 몫을 연산합니다.

8행은 나머지를 연산합니다.

9행은 10의 지수승을 연산합니다.

10행~16행은 연산된 결과를 출력합니다.

```
30 + 4 = 34
30 - 4 = 26
30 * 4 = 120
30 / 4 = 7.5
30 // 4 = 7
30 % 4 = 2
30 ** 4 = 810000
```

〈프로그램: chap3_temperature.py〉

섭씨와 화씨를 변환하는 입력 받아서 변환하는 프로그램을 작성하시오.

```
1  #입력 받은 문자를 실수형(부동소수점형)으로 변환
2  tempC = float(input("원하는 섭씨 온도를 입력하세요: "))
3  tempF = float(input("원하는 화씨 온도를 입력하세요: "))
4
5  fahrenheit = tempC * 9/5 + 32
6  celsius = (tempF - 32) * 5/9
7
8  print("입력한 섭씨 5온도는 ", tempC, "이며, 화씨로 변경한 화씨 온도는",
9  fahrenheit, "입니다.", sep=" ")
10 print("입력한 화씨 온도는 ", tempF, "이며, 화씨로 변경한 섭씨 온도는",
11 celsius, "입니다.", sep=" ")
```

5행은 공식을 이용하여 화씨를 구합니다.

6행은 공식을 이용하여 섭씨를 구합니다.

```
원하는 섭씨 온도를 입력하세요: 33
원하는 화씨 온도를 입력하세요: 91.4
입력한 섭씨 온도는 33.0이며, 화씨로 변경한 화씨 온도는91.4입니다.
입력한 화씨 온도는 91.4이며, 화씨로 변경한 섭씨 온도는33.0입니다.
```

〈프로그램: chap3_money.py〉

금액을 입력하면 50,000원부터 100원까지 화폐의 개수를 각각 구하는 프로그램을 완성하시오.

```
1  money = int(input("금액을 입력하세요: "))
2  backmoney = money
3  oman = money//50000
```

```
 4  money = money - oman * 50000
 5
 6  man = money // 10000
 7  money = money - man * 10000
 8
 9  ochun = money // 5000
10  money = money - ochun * 5000
11
12  chun = money // 1000
13  money = money - chun * 1000
14
15  obak = money // 500
16  money = money - obak * 500
17
18  bak = money // 100
19  money = money - bak * 100
20
21  print("입력한 금액은", backmoney, "입니다.")
22  print("50000원 금액권: ", oman, "장")
23  print("10000원 금액권: ", man, "장")
24  print("5000원 금액권: ", ochun, "장")
25  print("1000원 금액권: ", chun, "장")
26  print("500원 금액권: ", obak, "개")
27  print("100원 금액권: ", bak, "개")
28  print("나머지 액수는 ", money, "입니다.")
```

2행은 입력된 원금을 다른 변수에 저장합니다. 원금의 내용이 변경되는 경우 처음 입력받은 원금을 출력하기 위해서입니다.

oman = money//50000

money = money - oman * 50000

3행은 50000원의 몫을 구합니다.

4행은 원금에서 50000원과 위에서 구한 몫을 뺀 값입니다. 예를 들어 261000일 경우 oman은 5가 되고, money의 값은 261000 - 5 * 50000이므로 11000이 됩니다.

6행~19행은 3행과 4행의 방법을 액수만 다르게 되풀이합니다.

21행은 원금을 출력합니다.

22행~28행은 각각의 금액권을 출력합니다.

```
금액을 입력하세요: 25431561
입력한 금액은 25431561 입니다.
50000원 금액권:    {508} 장
10000원 금액권:    {3} 장
5000원 금액권:    {0} 장
1000원 금액권:    {1} 장
500원 금액권:    {1} 개
100원 금액권:    {0} 개
나머지 액수는    {61} 입니다.
```

2 복합 대입 연산자(Compound Substitution Operator)

복합 대입 연산자에서 가장 많이 사용하는 연산자는 "="이 있습니다. "="의 의미는 "="을 기준으로 오른쪽의 내용을 왼쪽에 대입하라는 의미입니다. 그 외에 다양한 연산자는 아래 표에 정의되어 있습니다.

종류	표현식	설명
=	a = b	b의 내용을 a에 대입
+=	a += b	a와 b의 내용을 더해서 a에 대입
-=	a -= b	a와 b의 내용을 빼기하여 a에 대입
*=	a *= b	a와 b의 내용을 곱해서 a에 대입
/=	a /= b	a와 b의 내용을 나눈 몫 a에 대입
//=	a //= b	a와 b의 내용을 나눈 몫에서 소수 버리고 정수 값만 a에 대입
%=	a %= b	a와 b의 내용을 나눈 나머지 값을 a에 대입
**=	a **= b	a와 b의 내용을 제곱한 값을 a에 대입

복합 대입 연산자를 사용할 때 몇 가지 주의해야 할 것이 있습니다. 반드시 변수는 초기화되어 있어야 합니다. 초기화되지 않으면 에러를 발생합니다. 초기화하지 않은 예를 들어 보겠습니다.

```
a += 10
```

a값은 초기화하지 않아 다음과 같은 오류를 발생합니다.

```
Traceback (most recent call last):
  File "<pyshell#13>", line 1, in <module>
    a += 10
NameError: name 'a' is not defined
```

다음은 당연한 말이지만 자료형이 일치하여야 합니다. 다음은 문자에 숫자를 더하는 프로그램을 작성하겠습니다.

```
b = "korea"
b += 10
```

초기에 b의 값을 문자열로 저장하고, 그 변수에 10을 더하면 다음과 같은 에러가 발생합니다.

```
Traceback (most recent call last):
  File "<pyshell#16>", line 1, in <module>
    b += 10
TypeError: can only concatenate str (not "int") to str
```

그러나 정수와 실수는 자료형이 다르지만, 연산이 가능하며 결과는 실수가 됩니다.

```
a = 10
a += 5.0
print(a)
```

```
15.0
```

```
a = 10.0
a += 5
print(a)
```

```
15.0
```

위 프로그램의 결과는 모두 15.0이 됩니다.

〈프로그램: chap3_substitute.py〉

복합 대입 연산자들을 사용하여 프로그램하시오.

```
1  a = 100
2  b = a
3  print("b =", b)
4
5  c = 10
6  d = 100
7  d += c
8  print("d + c = ", d)
9
10 e = 10
11 f = 100
12 f -= e
13 print("f - e = ", f)
14
15 g = 10
16 h = 100
17 h *= g
18 print("h * g = ", h)
19
20 i = 10
21 j = 100
22 i /= j
23 print("i / j = ", i)
24
25 k = 10
26 l = 100
27 l //= k
28 print("l // k = ", l)
29
30 m = 10
31 n = 100
32 n %= m
33 print("n % m = ", n)
34
35 o = 3
36 p = 100
```

```
37 p **= o
38 print("p ** o = ", p)
```

2행은 a의 값을 b 변수에 대입합니다.

7행은 d의 값과 c의 값을 더하여 d에 대입합니다.

```
b = 100
d + c =  110
f - e =  90
h * g =  1000
i / j =  0.1
l // k =  10
n % m =  0
p ** o =  1000000
```

〈프로그램: chap3_day.py〉

2024년 11월 12일은 2024년 1월 1일부터 몇 번째 되는 날인가요? 힌트, 2024년은 윤년으로 2월은 29일까지 있습니다.

```
1  # 1월부터 10월까지 마지막 날짜를 저장
2  month1 = 31
3  month2 = 29
4  month3 = 31
5  month4 = 30
6  month5 = 31
7  month6 = 30
8  month7 = 31
9  month8 = 31
10 month9 = 30
11 month10 = 31
12
13 # 1월부터 10월까지 마지막 날짜 모두 더함
14 day = month1 + month2 + month3 + month4 + month5 + month6 + month7 + month8
       + month9 + month10
15 # 11월의 날짜 12를 더함
16 day += 12
17
18 # 띄어쓰기하지 않기 위해 sep에 공백 사용
19 print("2024년 11월 12일은 2024년의 ", day, "번째 되는 날입니다", sep = ""“")
```

```
2024년 11월 12일은 2024년의 316번째 되는 날입니다
```

3 관계 연산자(Relational Operator)

관계 연산자는 피연산자(왼쪽의 내용과 오른쪽의 내용)를 비교하여 참(True)와 거짓(False)의 결과만 나올 수 있는 연산자입니다. 관계 연산자의 결과를 가지고 참과 거짓을 판단하는 문장은 제어문에서 많이 사용합니다.

종류	표현식	설명
>	a > b	a가 b보다 크면 True 그렇지 않으면 False
>=	a >= b	a가 b보다 크거나 같으면 True 그렇지 않으면 False
<	a < b	a가 b보다 작으면 True 그렇지 않으면 False
<=	a <= b	a가 b보다 작거나 같으면 True 그렇지 않으면 False
==	a == b	a가 b와 같으면 True 그렇지 않으면 False
!=	a != b	a가 b보다 같지 않으면 True 그렇지 않으면 False

〈프로그램: chap3_relation.py〉
관계 연산자를 사용하여 프로그램하세요.

```
1  a = input("문자 1: ")
2  b = input("문자 2: ")
3
4  c = a > b
5  d = a >= b
6  e = a < b
7  f = a <=b
8  g = a == b
9  h = a != b
10
11 print("a > b =", c)
12 print("a >= b =", d)
13 print("a < b =", e)
14 print("a <= b =", f)
15 print("a == b =", g)
16 print("a != b =", h)
```

4행~9행은 각각의 변수에 관계연산의 값을 대입합니다.

```
문자 1: 10
문자 2: 30
a > b = False
a >= b = False
a < b = True
a <= b = True
a == b = False
a != b = True
```

```
문자 1: Korea
문자 2: korea
a > b = False
a >= b = False
a < b = True
a <= b = True
a == b = False
a != b = True
```

4 논리 연산자(Logical Operator)

논리 연산자는 논리 자료(True/False)를 가지고 참과 거짓을 판단하는 연산자입니다. 이 연산자는 관계 연산자와 함께 제어문에서 많이 사용하고 있습니다.

논리 연산자는 아래의 표에 정의되어 있습니다. a와 b는 True와 False의 결과를 가지는 변수나 표현식으로 생각하면 됩니다.

종류	표현식	설명
and	a and b	a와 b의 값이 모두 True일 경우에만 True이고 나머지는 모두 False
or	a or b	a와 b의 값이 하나라도 True일 경우 결과는 True이고 모두 거짓일 경우만 False
not	not a	a가 가지고 있는 논리값을 반대의 값을 가짐

〈프로그램: chap3_logical.py〉
논리 연산자를 이용하여 프로그램하세요.

```
1  a = int(input("숫자 1: "))
2  b = int(input("숫자 2: "))
```

```
 3  c = int(input("숫자 3: "))
 4  d = int(input("숫자 4: "))
 5
 6  e = a > b
 7  f = c > d
 8
 9  logical1 = e and f
10  logical2 = e or f
11
12  print(a, ">", b, " and ", c, ">", d, " = ", logical1)
13  print(a, ">", b, " or ", c, ">", d, " = ", logical2)
14  print("not logical1 =", not logical1)
```

```
숫자 1: 10
숫자 2: 20
숫자 3: 200
숫자 4: 10
10 > 20  and  200 > 10  =  False
10 > 20  or   200 > 10  =  True
not logical1 = True
```

위의 입력값을 가지고 True와 False를 판단해 보겠습니다.

6행의 e는 a가 b보다 크지 않으므로 False입니다.

7행의 f는 c가 d보다 크므로 True입니다.

9행의 logical1은 e가 False이고 f는 True이므로 and 연산을 하면 False입니다.

10행의 logica2는 e(False)와 f(True) 중 하나만 True이어도 or 연산은 True입니다.

이번에는 다른 숫자를 입력하고 결과를 확인해 보겠습니다.

```
숫자 1: 100
숫자 2: 10
숫자 3: 20
숫자 4: 10
100 > 10  and  20 > 10  =  True
100 > 10  or   20 > 10  =  True
not logical1 = False
```

6행의 e는 a가 b보다 크므로 True입니다.

7행의 f는 c가 d보다 크므로 True입니다.

9행의 logical1은 e와 f 모두 True이므로 and 연산을 하면 True입니다.

10행의 logica2는 e와 f 모두 True이므로 or 연산은 True입니다.

5 비트 연산자(Bit Operator)

비트 연산자는 정수값을 비트(2진수)로 연산을 수행하는 연산자입니다.

아래는 비트 연산자 목록입니다.

종류	표현식	설명
&	a & b	a의 비트값과 b의 비트값의 and 연산
|	a | b	a의 비트값과 b의 비트값의 or 연산
~	~ a	a의 비트값의 보수(1은 0, 0은 1로 변환)
^	a ^ b	a의 비트값과 b의 비트값의 xor 연산(서로 다르면 True)
<<	a << 2	a의 비트값을 왼쪽으로 두 번 이동(곱하기 4의 의미)
>>	a >> 2	a의 비트값을 오른쪽으로 두 번 이동(나누기 4의 의미)

〈프로그램: chap3_bit.py〉

비트 연산자를 이용하여 프로그램하세요.

```
1  digitA = 10
2  digitB = 12
3
4  c = digitA & digitB
5  d = digitA | digitB
6  e = ~ digitA
7  f = digitA ^ digitB
8  g = digitA << 2
9  h = digitB >> 2
10
11 print('digitA & digitB =', c)
12 print('digitA | digitB =', d)
13 print('~ digitA =', e)
14 print('digitA ^ digitB =', f)
15 print('digitA << 2 =', g)
16 print('digitB >> 2 =', h)
```

digitA와 digitB을 8비트(더 길다고 관계없음)라고 가정하고 풀어보겠습니다.

1행의 digitA는 십진 정수 10이므로 이진수로 바꾸면 00001010입니다. MSB(Most Significant Bit)는 가장 왼쪽의 비트로 부호를 결정합니다. 0이면 +이고 1이면 -입니다. LSB(Least Significant Bit)는 가장 오른쪽에 위치하는 비트이며, 숫자로 이야기하면 1의 자리를 의미합니다.

MSB							LSB
0	0	0	0	1	0	1	0
양수(+)	2^6	2^5	2^4	2^3	2^2	2^1	2^0

위의 표에서 이진수의 값이 1인 값의 절대값을 계산하면, "$1*2^3 + 1*2^1 = 8 + 2$"하여 10이 됩니다.

digitB는 십진 정수 12이므로, 이진수로 바꾸면 00001100입니다.

MSB							LSB
0	0	0	0	1	1	0	0
양수(+)	2^6	2^5	2^4	2^3	2^2	2^1	2^0

위의 표에서 이진수의 값이 1인 값의 절대값을 계산하면, "$1*2^3 + 1*2^2 = 8 + 4$"하여 12가 됩니다.

digitA와 digitB의 비트 값을 논리 연산하겠습니다.

4행~7행은 digitA와 digitB의 비트 값을 논리 연산하겠습니다.

```
              &(and)    |(or)      ^(xor)     ~a
digitA(10)  00001010  00001010   00001010   00001010
digitB(12)  00001100  00001100   00001100
-----------------------------------------------------
            00001000  00001110   00000110   11110101
                 8        14          6        -11
```

&, | 그리고 ^변환은 쉽게 이해되고 십진수로 바꿔도 이해하기 쉽습니다. ~a는 어떻게 부호의 값이 음수가 되었을까요? 우선 CPU에서 연산할 수 있는 레지스터(Register)는 가산기(Adder)만 존재합니다. 그렇기에 빼기 연산은 보수를 구하고 그 값을 더해서 결과를 보냅니다. ~a의 값을 순서대로 정리하겠습니다.

① 11110101은 첫 비트(MSB)의 값이 1이기 때문에 음수입니다.
② 음수를 구하는 방법은 3가지 존재합니다.
- 부호화 절대치 방법(Sign-Magnitude): 가장 왼쪽 비트를 부호 비트로 사용하고, 0은 양수고 1은 음수를 의미합니다.
- 1의 보수 방법(One's Complement): 0은 1로 변경하고 1은 0으로 변경합니다.
- 2의 보수 방법(Two's Complement): 1의 보수에 1을 더하면 2의 보수가 됩니다. 그리고 가장 많이 사용한 방법입니다.

3가지 방법 중 컴퓨터의 연산은 주로 2의 보수를 사용합니다. 그래서 우리도 2의 보수를 구하겠습니다.
③ 11110101의 MSB를 제외하고 2의 보수로 바꿉니다. 그러면 부호 비트를 제외하고 1의 보수(0001010) + 1을 하면, 2의 보수로 바꾼 0001011(11)이 됩니다.
④ 앞에서 MSB의 값이 1이므로 음수입니다. 그래서 -11이 됩니다.

8행과 9행은 shift 연산은 왼쪽 shift와 오른쪽 shift가 있으며, 왼쪽 shift를 사용하면 곱하기 연산과 같은 결과이고 오른쪽 shift 연산은 나누기 연산과 같은 결과가 출력됩니다. digitA(10)은 2진수로 00001010입니다. 이것을 왼쪽으로 2번 shift하면 00101000이 되며, 10진수로 40이 됩니다. 실제의 비트 수는 매우 크기 때문에 8비트가 아닙니다. digitB의 값 00001100을 오른쪽으로 2번 shift하면 00000011이 되며, 10진수로 3이 됩니다. 오른쪽으로 shift를 더 하면 1이 잘려 나갈 수 있습니다. shift 연산을 왼쪽으로 3번 shift하면 2^3만큼 곱한 값이 되고, 오른쪽으로 4번 shift하면 2^4로 나눈 값이 되는 것입니다.

```
digitA & digitB = 8
digitA | digitB = 14
~ digitA = -11
digitA ^ digitB = 6
digitA << 2 = 40
digitB >> 2 = 3
```

6 연산자 우선순위(Operator Precedence)

연산자 우선순위를 표로 정리하면 다음과 같습니다.

순위	연산자	내용
1	{ }, [ ], ( )	리스트, 딕셔너리, 튜플, 세트
2	[ ], ( )	인덱스, 속성 접근
3	**	거듭제곱
4	+, -, ~	단항 연산
5	*, %, /, //	곱하기, 나누기, 나머지, 몫
6	+, -	더하기, 빼기
7	<<, >>	왼쪽 shift, 오른쪽 shift
8	&	비트 and
9	^	비트 xor
10	|	비트 or
11	<, <=, >, >=, ==, !=, in, not in, is, is not	비교 연산, 포함
12	not	논리 not
13	and	논리 and
14	or	논리 or
15	=, +=, -=, *=, /=, //=, %=, **=	대입 연산자, 복합 대입 연산자
16	lambda	식 평가 연산

제3장 연습문제

1. 산술연산자에 대한 프로그램으로 키보드에서 두수와 연산자(+, -, *, /)를 입력받아서 결과를 출력하는 프로그램을 작성하시오.

2. 키보드에서 섭치 온도를 입력하면 화씨로 변경하여 온도를 출력하는 프로그램을 작성하시오.

3. 키보드에서 24750원을 입력하면 개수(50000원, 10000원, 5000원, 1000원, 500원, 100원, 나머지 금액)을 출력하는 프로그램을 작성하시오.

4. 오늘의 날짜를 입력하면 금년도 1월1일부터 몇 번째 되는 날인지를 계산하여 출력하는 프로그램을 작성하시오.

5. 키보드에서 정수값을 1개 입력받아서 좌로 2비트 시프트하면 얼마가 되는지 결과값을 출력하는 프로그램을 작성하시오.

6. 연산자의 종류 5가지 쓰시오.

7. 다음의 프로그램의 결과는 무엇이며, 소스코드는 어느 연산자에 해당하는지 쓰시오.

```
x = 6
y = 10

if (x < y) and (x % 2 == 0):
    print("x는 y보다 작고 짝수입니다.")
```

8. 다음의 프로그램에서 소스코드는 어느 연산자에 해당하는지 쓰시오.

```
x = 10
y = 2
print("덧셈:", x + y)   ## 결과 : 12
print("뺄셈:", x - y)   ## 결과 : 8
print("곱셈:", x * y)   ## 결과 : 20
print("나눗셈:", x / y) ## 결과 : 5.0
print("몫:", x // y) ## 결과 : 5
print("나머지:", x % y) ## 결과 : 0
print("거듭제곱:", x ** y) ## 결과 : 100
```

9. 다음 프로그램에서 입력값이 10, 20일 경우의 결과값을 쓰시오.

```
a = input("문자 1: ")
b = input("문자 2: ")

c = a > b
d = a >= b
e = a < b
f = a <=b
g = a == b
h = a != b

print("a > b =", c)
print("a >= b =", d)
print("a < b =", e)
print("a <= b =", f)
print("a == b =", g)
print("a != b =", h)
```

10. 다음 프로그램에서 입력값이 1, 2, 3, 4일 경우에 결과값을 쓰시오.

```
a = int(input("숫자 1: "))
b = int(input("숫자 2: "))
c = int(input("숫자 3: "))
d = int(input("숫자 4: "))

e = a > b
f = c > d

logical1 = e and f
logical2 = e or f

print(a, ">", b, " and ", c, ">", d, " = ", logical1)
print(a, ">", b, " or ", c, ">", d, " = ", logical2)
print("not logical1 =", not logical1)
```

제4장

문자열

1. 문자열 만들기
2. 문자열 인덱싱(String Indexing)
3. 문자열 슬라이싱(String Slicing)
4. 문자열 연산(String Operator)
5. 문자열 formatting
6. 문자열 함수(String Function)
   연습문제

제4장

문자열

학습목표

- 문자열의 개념을 알아보고 응용 프로그램을 작성하여 보자.
- 문자열 인덱싱(Indexing)의 개념과 응용프로그램을 작성하여 보자.
- 문자열 슬라이싱의 개념과 응용프로그램을 작성하여 보자.
- 문자열 연산의 개념과 응용프로그램을 작성하여 보자.
- 문자열 formatting 의 개념과 응용프로그램을 작성하여 보자.

문자(Character)는 일반적으로 한 글자를 말하며, 문자열(String)은 문자들이 연결된 것을 말합니다. 프로그램 언어 중 문자와 문자열을 구분하는 언어 그렇지 않은 언어로 나눌 수 있습니다. 파이썬에서는 문자와 문자열을 구분하여 사용하지는 않습니다. 문자열은 숫자(정수, 실수, 복소수) 타입과 불린 타입을 제외한 대부분에서 사용합니다. 예를 들어 이름, 주소 등을 들 수 있습니다.

1 문자열 만들기

문자열을 만드는 방법에는 ' '(작은 따옴표), " "(큰 따옴표), ' ' ' ' ' ' (작은 따옴표 연속 3개), " " " " " "(큰 따옴표 연속 3개)로 문자열을 만들 수 있습니다. ' '(작은 따옴표)와 " "(큰 따옴표의 묶음은 큰 차이가 없습니다. 단지 큰 따옴표 안에 작은 따옴표를 표현하고자 할 때 사용하며 반대일 경우도 사용합니다.

예시로 프로그램 작성하고 출력 결과를 보겠습니다.

〈프로그램: chap4_string1.py〉

```
1  str1 = "Korea"
2  print(str1)
3  print()
4
5  str2 = "12345"
6  print(str2)
7  print()
8
9  str3 = "이 곳을 '주목'해 주세요"
10 print(str3)
11 print()
12
13 str4 = '우리나라의 수도는 "서울"입니다'
14 print(str4)
15 print()
16
17 str5 = '''동해물과 백두산이 마르고 닳도록'''
18 print(str5)
19 print()
20
21 str6 = """하느님이 보우하사 우리나라 만세"""
22 print(str6)
23 print()
24
25 str7 = """"I'm a "boy"."""
26 print(str7)
```

9행은 작은따옴표를 이용하여 '주목'을 강조하고 싶으면 전체 문자를 감싸는 따옴표의 반대 따옴표를 사용하면 됩니다. 전체 문자를 묶은 따옴표는 큰따옴표(" ")이므로 '주목' 글자는 작은따옴표(' ')를 쓰면 됩니다.

13행은 9행과 반대로 생각하면 됩니다.

17행은 작은따옴표(' ') 세 개로 문자를 묶을 수 있습니다.

18행은 큰따옴표(" ") 세 개로 문자를 묶을 수 있습니다.

```
Korea
12345
이 곳을 '주목'해 주세요
우리나라의 수도는 "서울"입니다
동해물과 백두산이 마르고 닳도록
하느님이 보우하사 우리나라 만세
I'm a "boy".
```

다음의 프로그램은 여러 문장을 화면에 출력합니다.

〈프로그램: chap4_string2.py〉

```
1  song1 = '''남산 위에 저 소나무 철갑을 두른 듯
2  바람 서리 불변함은 우리 기상일세
3  무궁화 삼천리 화려강산
4  대한 사람 대한으로 길이 보전하세'''
5  print(song1)
6  print("----------------------------------")
7
8  song2 = '''남산 위에 저 소나무 철갑을 두른 듯
9  바람 서리 불변함은 우리 기상일세
10 무궁화 삼천리 화려강산
11 대한 사람 대한으로 길이 보전하세'''
12 print(song2)
13 print("----------------------------------")
14
15 song3 = '''
16 남산 위에 저 소나무 철갑을 두른 듯
17 바람 서리 불변함은 우리 기상일세
18 무궁화 삼천리 화려강산
19 대한 사람 대한으로 길이 보전하세
20 '''
21 print(song3)
22 print("----------------------------------")
23
```

```
24 song4 = '''\
25 남산 위에 저 소나무 철갑을 두른 듯
26 바람 서리 불변함은 우리 기상일세
27 무궁화 삼천리 화려강산
28 대한 사람 대한으로 길이 보전하세\
29 '''
30 print(song4)
31 print("----------------------------------")
32
33 song5 = "남산 위에 저 소나무\n철갑을 두른 듯\n바람 서리 불변함은\n우리 기상일세"
34 print(song5)
```

1행~4행은 여러 문장을 저장합니다.

8행~11행은 좀 더 이쁜 모양으로 문자들을 저장하지만 출력이 원하는 결과가 아닙니다.

15행~20행은 따옴표와 다른 줄에 문자들을 저장하지만, 위와 아래에 각각 빈 줄이 출력됩니다.

24행~29행은 문자열 앞과 뒤에 역슬래쉬(\)를 추가합니다.

33행은 '\n'을 이용하여 여러 줄에 출력할 수 있습니다.

```
남산 위에 저 소나무 철갑을 두른 듯
바람 서리 불변함은 우리 기상일세
무궁화 삼천리 화려강산
대한 사람 대한으로 길이 보전하세
----------------------------------
남산 위에 저 소나무 철갑을 두른 듯
        바람 서리 불변함은 우리 기상일세
        무궁화 삼천리 화려강산
        대한 사람 대한으로 길이 보전하세
----------------------------------

남산 위에 저 소나무 철갑을 두른 듯
바람 서리 불변함은 우리 기상일세
무궁화 삼천리 화려강산
대한 사람 대한으로 길이 보전하세

----------------------------------
남산 위에 저 소나무 철갑을 두른 듯
바람 서리 불변함은 우리 기상일세
무궁화 삼천리 화려강산
대한 사람 대한으로 길이 보전하세
----------------------------------
남산 위에 저 소나무
철갑을 두른 듯
바람 서리 불변함은
우리 기상일세
```

이스케이프 시퀀스(Escape Sequences)

이스케이프 시퀀스를 사용하면 직접 표현하기 어렵거나 불가능한 문자열에 특수문자를 포함할 수 있습니다. 이스케이프 시퀀스는 백슬래시(\) 뒤에 특수문자나 특정 작업을 나타내는 문자를 사용하여 구성됩니다. 각 이스케이프 시퀀스에 대한 자세한 설명은 아래 표를 참고하시기 바랍니다.

Escape Sequences	설명
\n	문자열 안에서 줄을 바꿀 때 사용
\r	캐리지 리턴(줄 바꿈 문자, 커서를 현재 줄의 가장 앞으로 이동)
\f	폼 피드(줄 바꿈 문자, 커서를 현재 줄의 다음 줄로 이동)
\a	벨 소리(출력할 때 PC 스피커에서 '삑' 소리가 난다)
\b	백 스페이스
\t	문자열 사이에 탭 간격을 줄 때 사용
\\	\를 그대로 표현할 때 사용
\'	작은따옴표(')를 그대로 표현할 때 사용
\"	큰따옴표(")를 그대로 표현할 때 사용
\000	널 문자

〈프로그램: chap4_escape.py〉

```
1  print("안녕하세요\n")
2  print("채소의 개수와 가격을 정리하겠습니다\n")
3  print("종류\t\t개수\t\t가격")
4  print("======================================")
5  print("당근\t\t5\t\t3000원")
6  print("오이\t\t4\t\t4000원")
7  print("시금치\t\t1\t\t2500원")
8  print("무\t\t1\t\t1500원")
9  print("배추\t\t1\t\t5000원\n")
10 print("감사합니다\n")
11 print("위 내용보다 더 많은 정보는 \'C:\\Vegetable\\MainScreen\'에서 보실
      수 있습니다")
```

3행의 \t는 다음 문자를 탭(Tab) 간격만큼 이동하여 출력합니다. \t를 사용하면 출력을 맞추는데 많은 도움을 줍니다.

11행은 역슬래쉬(\)나 작은따옴표(') 자체를 출력하는 경우 역슬래쉬(\)를 앞에 붙여주면 됩니다.

```
안녕하세요

채소의 개수와 가격을 정리하겠습니다

    종류        개수         가격
==========================================
    당근         5          3000원
    오이         4          4000원
    시금치       1          2500원
    무           1          1500원
    배추         1          5000원

감사합니다

위 내용보다 더 많은 정보는 'C:\Vegetable\MainScreen'에서 보실 수 있습니다.
```

2 문자열 인덱싱(String Indexing)

문자열 인덱싱은 문자열의 각각 위치하는 문자 접근 방법입니다. 문자열의 특별한 위치에 있는 문자를 바꾸거나 추출하려면 인덱싱을 사용해야 합니다. 원하는 위치의 문자를 추출하려면 "["와"]" 사이에 원하는 위치의 숫자를 넣어주면 됩니다. 인덱스의 시작은 0부터 시작하며 "문자길이-1"까지입니다.

| K | o | r | e | a | | S | e | o | u | l |

문자 'K'는 0번째 위치하며, 인덱스는 0이 됩니다. 마지막 'l'은 공백을 포함하여 문자의 길이는 11이므로 인덱스는 10이 됩니다.

〈프로그램: chap4_string3.py〉

```
1 index1 = "String and Character"
2 print(index1)
3 print(index1[0])
4 print(index1[19])
5
6 index2 = "가을 하늘 공활한데 높고 구름 없이"
7 print(index2[0])
8 print(index2[1])
9 print(index2[2])
10 print(index2[3])
```

6행은 한글도 한 글자로 인식합니다.

```
String and Character
S
r
가
을

하
```

다음 프로그램은 원하는 위치의 값을 변경해 보겠습니다.

〈프로그램: chap4_string4.py〉

```
index5 = "korea"
print(index5)

index5[0] = 'K'
print(index5)
```

```
korea
Traceback (most recent call last):
  File "C:/Users/INTEL-I/AppData/Local/Programs/Python/Python313/string4.py", line 4, in <module>
    index5[0] = 'K'
TypeError: 'str' object does not support item assignment
```

파이썬에서는 문자열의 일부를 수정할 수 없습니다. 또한 인덱스값이 범위를 벗어나도 오류가 발생합니다. 위 프로그램의 index5에 10번째 인덱스값을 프린트하면 다음과 같은 오류가 발생합니다.

```
Traceback (most recent call last):
  File "<pyshell#6>", line 1, in <module>
    print(index5[10])
IndexError: string index out of range
```

문자열의 인덱스 값은 앞에서부터 부여하지만, 문자열의 뒤에서부터 부여할 수도 있습니다. 뒷부분의 처음 문자는 -1부터 -2 이런 식으로 문자열의 인덱스값을 부여합니다.

F	r	i	d	a	y
-6	-5	-4	-3	-2	-1

문자열의 길이를 모를 경우에도 가장 뒷부분 문자의 인덱스값은 -1부터 시작합니다. 그래서 맨 뒤의 문자를 출력하는 경우 어렵지 않습니다.

〈프로그램: chap4_string5.py〉

```
1  index6 = "HANKYONG"
2  print(index6)
3  print(index6[0], index6[1], index6[2], " ", index6[3], index6[4], index6[5],
   index6[6], index6[7])
4  print("----------------")
5  print(index6[-1],   index6[-2],   index6[-3],   index6[-4],   index6[-5],
   index6[-6], index6[-7], index6[-8])
```

3행과 5행은 index6 변수의 각각 인덱스값을 출력합니다.

```
HANKYONG
H A N  K Y O N G
----------------
G N O Y K N A H
```

3 문자열 슬라이싱(String Slicing)

문자열 슬라이싱은 인덱스를 사용하여 문자열의 특정 부분을 추출하는 유용한 기능입니다. 이는 리스트와 튜플 작업과 유사하여 하위 문자열을 생성하고, 문자열 데이터를 조작하며, 문자열 일부를 쉽게 추출할 수 있게 해줍니다. 이 과정에서는 시작 인덱스와 끝 인덱스를 지정하고, 선택적으로 문자열을 분할하는 단계를 설정할 수 있습니다.

```
string[start : end : step]
```

 - start: 문자열의 시작 인덱스
 - end: 문자열의 끝 인덱스 + 1
 - step: 증가 값, 기본은 1

```
1 stringAnimal = "lion elephant"
2 print(stringAnimal[0:4])
3 print(stringAnimal[:4])
4 print(stringAnimal[-13:-9])
```

2행은 인덱스 0부터 3까지 출력합니다.
3행은 처음부터 인덱스 3까지 출력합니다.
4행은 인덱스 -13(l)부터 -10(n)까지 출력합니다.
위 프로그램의 결과는 모두 "lion"이 됩니다.

```
1 print(stringAnimal[5:])
2 print(stringAnimal[5:13])
3 print(stringAnimal[-8:])
```

1행은 인덱스 5부터 끝까지 출력합니다.
2행은 인덱스 5부터 12까지 출력합니다.
3행은 인덱스 -8부터 끝까지(-1) 출력합니다.
위 프로그램의 결과는 모두 "elephant"입니다.

```
print(stringAnimal[::])
```

```
lion elephant
```

위 print()의 결과는 stringAnimal의 내용이 모두 출력됩니다.

```
print(stringAnimal[0::2])
```

```
lo lpat
```

위 print()의 결과는 stringAnimal의 내용 중 첫 칸을 기준으로 두 칸씩 이동하며 출력됩니다.

```
print(stringAnimal[::-1])
```

```
 tnahpele noil
```

stringAnimal의 내용을 거꾸로 출력합니다.

〈프로그램: chap4_string6.py〉

```
1 index7 = "대한 사람 대한으로 길이 보전하세"
2 print(index7)
3 print(index7[6:10])
4 print(index7[-4:-1])
5 print(index7[-4:])
6 print(index7[:5])
7 print(index7[:18])
```

3행은 인덱스 6부터 9까지 출력합니다.
4행은 인덱스 -4부터 -2까지 출력합니다.
5행은 인덱스 -4부터 끝까지 출력합니다.
6행은 인덱스 처음부터 4까지 출력합니다.
7행은 인덱스 처음부터 17까지 출력합니다.

```
대한 사람 대한으로 길이 보전하세
대한으로
보전하
보전하세
대한 사람
대한 사람 대한으로 길이 보전하세
```

4 문자열 연산(String Operator)

문자열의 '+'와 '*'는 의미 있는 연산자입니다. '+' 연산자는 피연산자 문자열을 더하는 의미입니다. '*' 연산자는 문자열을 '*'의 다음 숫자만큼 반복합니다.

〈프로그램: chap4_string7.py〉

```
1  a = "대한" + "민국"
2  print(a)
3
4  x = "Korea"
5  y = "Seoul"
6  z = " "
7
8  msg = x + z + y
9  print(msg)
10
11 mul = "Love " * 5
12 print(mul)
```

1행은 "대한"과 "민국"을 붙입니다.
8행은 변수 x와 y 사이에 변수 z(" ")를 붙입니다.
11행은 "Love"를 5번 붙입니다.

```
대한민국
Korea Seoul
Love Love Love Love Love
```

5 문자열 formatting

문자열 포매팅은 문자열 안에 변수들의 내용을 넣어 원하는 형태로 출력하는 방법입니다. 프로그램을 잘 만들었다고 해도 사용자에게 출력되는 부분이 엉망이라면 잘 만들어진 프로그램이 사용자에게는 엉망으로 보일 수 있을 것입니다. 그래서 프로그램의 출력을 위해 매우 중요한 기능이라고 할 수 있습니다. 포매팅 방식에는 3가지 방식이 있으며, 각각 설명하겠습니다.

〈자료형의 출력 서식〉

유형	형식 코드	의미
정수	b	2진 정수
	o	8진 정수
	d	10진 정수
	x	16진 정수
실수	f	소수점 표기
	e	지수 표기
	g	불필요한 0 생략
문자열	c	문자
	s	문자열

1) f-strings

문자열 앞에 f를 쓰고 중괄호({ }) 안에 변수를 넣어 활용하는 방법입니다. 당연히 문자열은 " "에 내용을 기술하니 중괄호는 " "안에 기술해야 합니다. 파이썬 3.6 이상의 버전에서만 사용할 수 있습니다. 장점은 보이는 대로 읽을 수 있어서 가독성이 좋습니다.

```
1 a = 10
2 b = 20
3 c = a + b
4 print(f"{a} + {b} = {c}")
```

4행은 보이는 대로 출력합니다. 변수는 { }안에 있어야 합니다. { }은 변수의 내용이 출력되며, { }외는 보이는 대로 글자를 출력합니다.

```
10 + 20 = 30
```

```
s = "대한민국"
print(f"저는 {s}에 살고 있습니다.")
```

```
저는 대한민국에 살고 있습니다.
```

정렬(alignment)하는 방법은 왼쪽(<), 가운데(^) 그리고 오른쪽(>) 방법이 있습니다.

```
1  num = 123
2  str1 = "Seoul"
3  print(f"num=|{num:<6d}|")
4  print(f"num=|{num:^6d}|")
5  print(f"num=|{num:>6d}|")
```

3행은 6자리를 정하고 num의 내용을 왼쪽에 맞춥니다. 정수이므로 형식 코드는 "d"를 사용합니다.

4행은 6자리를 정하고 num의 내용을 가운데에 맞춥니다. 좌우 배분이 맞지 않으면 정확히 가운데 정렬은 어렵습니다.

5행은 6자리를 정하고 num의 내용을 오른쪽에 맞춥니다.

```
num=|123   |
num=| 123  |
num=|   123|
```

```
1  print(f"str1=|{str1:<10s}|")
2  print(f"str1=|{str1:^10s}|")
3  print(f"str1=|{str1:>10s}|")
```

문자 10자리 중 왼쪽, 가운데 그리고 오른쪽 정렬합니다. 형식 코드는 "s"를 사용합니다.

```
str1=|Seoul     |
str1=|  Seoul   |
str1=|     Seoul|
```

제목과 데이터 값의 자리를 정렬하여 출력합니다.

```
1  item = "사과"
2  count = 3
3  price = 10000
4  item_title = "품목"
5  count_title = "개수"
6  price_title = "가격"
7  print(f"|{item_title:^10s}|{count_title:^8s}|{price_title:^8s}|")
8  print(f"|{item:^10s}|{count:^10d}|{price:^10d}|")
```

7행은 가운데 정렬하여 제목을 출력합니다.
8행은 가운데 정렬하여 내용을 출력합니다.

```
|   품목   |  개수  |  가격  |
|   사과   |   3    | 10000  |
```

2) str.format()

format() 함수를 이용하여 문자들을 예쁘게 디자인하는 방법입니다. 중괄호({ })에 변수나 값을 넣을 수 있습니다. 가독성이 좋고 유연합니다. str은 "문자열"을 대신해서 표현합니다.

```
1  name = "홍길동"
2  age = 20
3  print("당신의 이름은 {}이고 나이는 {}입니다.".format(name, age))
```

3행의 첫 번째 중괄호({})에는 name 변수의 내용이 출력되고, 두 번째 중괄호({})에는 age 변수의 내용이 출력됩니다.

```
당신의 이름은 홍길동이고 나이는 20입니다.
```

조심할 것은 중괄호의 시작 기호({)와 끝 기호(})의 사이를 띄우면 오류를 발생합니다.

중괄호 안의 숫자들은 객체들의 위치를 말합니다. format() 함수의 매개변수 순으로 0과 1로 부여됩니다.

```
1  print("당신의 이름은 {0}이고 나이는 {1}입니다.".format(name, age))
2  print("당신의 나이는 {1}이고 이름은 {0}입니다.".format(name, age))
```

1행은 순서대로 출력됩니다.
2행은 name은 0이고, age는 1로 생각하면 됩니다.

```
당신의 이름은 홍길동이고 나이는 20입니다.
당신의 나이는 20이고 이름은 홍길동입니다.
```

이번에는 키워드를 이용하여 작성해 보겠습니다.

```
print("당신의 나이는 {a}이고 이름은 {n}입니다.".format(n = name, a = age))
```

name은 n으로 정의하고 age는 a로 정의했습니다. 정의된 키워드 n과 a는 name과 age를 대신하여 사용할 수도 있습니다.

```
당신의 나이는 20이고 이름은 홍길동입니다.
```

이번에는 위치를 나타내는 숫자와 키워드를 섞어서 사용해 보겠습니다.

```
1  kor = 100
2  math = 99
3  eng = 80
4  print("국어 점수: {0}점\n수학 점수: {1}점\n영어 점수: {e}점".format(kor, math,
   e = eng))
```

4행은 format() 함수의 위치와 키워드 방식을 같이 사용합니다.

```
국어 점수: 100점
수학 점수: 99점
영어 점수: 80점
```

```
1  item = "사과"
2  count = 3
3  price = 10000
4  item_title = "품목"
5  count_title = "개수"
6  price_title = "가격"
7  print("|{0:^10s}|{1:^8s}|{2:^8s}|".format(item_title, count_title,
   price_title))
8  print("|{i:^10s}|{c:^10d}|{p:^10d}|".format(i = item, c = count, p = price))
```

7행~8행은 format() 함수의 위치와 키워드 방식을 이용하여 출력합니다.

```
|   품목   |   개수   |   가격   |
|   사과   |    3    |  10000   |
```

3) %

문자열에 %를 사용합니다. 변수의 타입에 따라 구분해서 사용해야 합니다. 정수형은 %d, 실수형은 %f 그리고 문자형은 %s를 사용합니다. C언어에서 사용하는 pritnf() 함수의 방법과 매우 유사합니다.

```
<%의 서식문자열>
% {+} {-} {0} n 자료형
```

+: 부호 표시
-: 왼쪽 정렬
0: 왼쪽 공백을 0으로 채움
n: 자리수
자료형: 자료형의 출력서식

```
1 number1 = 20
2 number2 = -123
3 float1 = 456.789
4 string1 = "korea"
5 print(" number1=%d \n number2=%d" % (number1, number2))
```

5행은 %를 개수와 변수의 개수를 맞춥니다. 또한 각각의 위치대로 대입됩니다.

```
number1=20
number2=-123
```

```
print(" number1=%+7d \n number2=%+7d" % (number1, number2))
```

숫자값을 출력할 때 마이너스(-) 부호는 어떤 경우에도 표시되지만 플러스(+) 부호는 일반적으로 표시하지 않습니다. 그러나 서식문자 +를 사용하면 플러스(+) 기호를 표시합니다.

전체 7자리에서 숫자들은 왼쪽으로 자동 정렬되어 출력됩니다.

```
number1=    +20
number2=    -123
```

```
print(" number1=%+-7d \n number2=%+-7d" % (number1, number2))
```

서식문자 -를 사용하면 왼쪽으로 붙어서 출력됩니다. 나머지 부분은 공백이 됩니다. 전체 자리 7자리 중 +20을 출력하면 뒷부분은 4자리 공백이 됩니다.

```
number1=+20
number2=-123
```

```
print(" number1=%+07d \n number2=%+07d" % (number1, number2))
```

서식문자 0을 사용하면 앞쪽의 빈공간을 0으로 채웁니다.

```
number1=+000020
number2=-000123
```

```
print(" float1=%f \n float1=%e \n float1=%g" % (float1, float1, float1))
```

%f는 기본적인 실수형을 출력하고 소수점 뒷자리는 6자리까지 출력됩니다. %e는 과학적 표기법으로 지수형태를 출력합니다. %g는 쓸모없는 0을 제거합니다.

```
float1=456.789000
float1=4.567890e+02
float1=456.789
```

```
print(" float1=%10.2f \n float1=%10.2e \n float1=%10.4g" % (float1, float1, float1))
```

%10.2f는 전체 10자리 중 소수점 이하는 2자리만 출력합니다. %e도 소수점 2자리까지 출력하고 10^2을 곱한 결과입니다. %g는 소수점 이하 포함하여 전체 4자리입니다.

```
float1=    456.79
float1=  4.57e+02
float1=     456.8
```

```
print(" float1=%.1f \n float1=%.1e \n float1=%.1g" % (float1, float1, float1))
```

전체 자리를 표시하지 않았어도 정수부분과 소수부분이 출력되지만 소수점 이하는 1자리만 출력됩니다.

```
float1=456.8
float1=4.6e+02
float1=5e+02
```

```
print(" string1[0]=%-10c \n string1=%10.3s" % (string1[0], string1))
```

%-10c는 전체 10자리 중 'k'를 왼쪽에 출력합니다. 그리고 %10.3s은 10자리의 공간을 차지하지만 모두 출력하지 않고 3자만 출력합니다.

```
string1[0]=k
string1=       kor
```

```
print(" 20의 8진수=%7o \n 20의 16진수=%7x" % (number1, number1))
```

기본적인 8진수(%o)와 16진수(%x)를 출력합니다.

```
20의 8진수=     24
20의 16진수=    14
```

〈프로그램: chap4_formats.py〉

국어, 영어 그리고 수학 점수의 합과 평균을 구하고 그 결과를 f-strings, str.format() 그리고 %로 각각 출력하세요.

```
1  kor = 100
2  mat = 90
3  eng = 90
4  tot = kor + mat + eng
5  ave = tot/3
6
7  title_k = "국어"
8  title_m = "수학"
```

```
 9  title_e = "영어"
10  title_t = "총점"
11  title_a = "평균"
12
13  print("    <% formatting 사용>")
14  print("=" * 41)
15  print("%5s\t%5s\t%5s\t%5s\t%5s" %(title_k, title_m, title_e, title_t, title_a))
16  print("=" * 41)
17  print("%7d\t%7d\t%7d\t%7d\t%7.1f" %(kor, mat, eng, tot, ave))
```

4행과 5행은 총점과 평균을 구합니다.

14행과 16행은 "="을 41개 출력합니다.

15행과 17행은 % 형식을 이용하여 성적 결과를 출력합니다.

```
    <% formatting 사용>
=========================================
   국어    수학    영어    총점    평균
=========================================
    100     90     90     280    93.3
```

```
print()
print("    <str.format() 메소드 사용>")
print("=" * 41)
print("{0:>5s}\t{1:>5s}\t{2:>5s}\t{3:>5s}\t{4:>5s}".format(title_k, title_m, title_e, title_t, title_a))
print("=" * 41)
print("{0:7d}\t{1:7d}\t{2:7d}\t{3:7d}\t{4:7.1f}".format(kor, mat, eng, tot, ave))
```

format() 함수를 이용한 성적처리 결과를 출력합니다.

```
    <str.format() 메소드 사용>
=========================================
   국어    수학    영어    총점    평균
=========================================
    100     90     90     280    93.3
```

```
print()
print(" <f-strings(포맷팅 문자열 리터럴) 사용>")
print("=" * 41)
print(f"{title_k:>5s}\t{title_m:>5s}\t{title_e:>5s}\t{title_t:>5s}\t{title_a:>5s}")
print("=" * 41)
print(f"{kor:7d}\t{mat:7d}\t{eng:7d}\t{tot:7d}\t{ave:7.1f}")
```

f-strings를 이용하여 성적처리 결과를 출력합니다.

```
<f-strings(포맷팅 문자열 리터럴) 사용>
=========================================
   국어     수학     영어     총점    평균
=========================================
    100       90      90     280     93.3
```

6 문자열 함수(String Function)

문자열 함수는 문자열을 조작하고 처리하는 데 도움을 주는 메서드를 제공합니다.
  1) len(): 문자열의 길이를 반환
  2) count(): 문자열이 등장하는 횟수를 반환
  3) find(): 문자열이 처음 등장하는 위치의 인덱스를 반환, 못 찾으면 -1을 반환
  4) rfind(): 문자열이 마지막으로 등장하는 위치의 인덱스를 반환, 못 찾으면 -1을 반환
  5) title(): 각 단어의 첫 글자를 대문자로 변환
  6) capitalize(): 문자열의 첫 번째 문자를 대문자로, 나머지 문자를 소문자로 변환
  7) swapcase(): 문자열의 대문자는 소문자로, 소문자는 대문자로 변환
  8) startswith(): 지정한 문자로 시작하면 True, 그렇지 않으면 False를 반환
  9) endswith(): 지정한 문자로 끝나면 True, 그렇지 않으면 False를 반환
  10) upper(): 문자열의 모든 문자를 대문자로 변환
  11) lower(): 문자열의 모든 문자를 소문자로 변환
  12) lstrip(): 문자열의 왼쪽 끝에 있는 공백이나 지정한 문자를 제거한 새로운 문자열을 반환
  13) rstrip(): 문자열의 오른쪽 끝에 있는 공백이나 지정한 문자를 제거한 새로운 문자열을 반환

14) strip(): 문자열의 양쪽 끝에 있는 공백이나 지정한 문자를 제거한 새로운 문자열을 반환
15) join(): 각 요소를 문자열로 결합하여 하나의 문자열로 반환
16) replace(): 문자열 내의 대체한 새로운 문자열을 반환
17) split(): 구분자를 기준으로 분리하여 리스트로 반환
18) isalpha(): 문자열이 알파벳 문자로만 구성되어 있으면 True, 그렇지 않으면 False를 반환
19) isdigit(): 문자열이 숫자 문자로만 구성되어 있으면 True, 그렇지 않으면 False를 반환
20) isalnum(): 문자열이 알파벳 문자와 숫자로만 구성되어 있으면 True, 그렇지 않으면 False를 반환

〈프로그램: chap4_string_func.py〉

```
1 str1 = "korea seoul"
2 print(f"{str1}의 길이: {len(str1)}")
3 print(f"{str1}의 문자열 중 'e'의 개수: {str1.count('e')}")
4 print(f"{str1}에서 문자 'e'의 위치: {str1.find('e')}")
5 print(f"{str1}의 뒤부터 비교하여 문자 'e'의 위치: {str1.rfind('e')}")
6 print(f"{str1}의 단어 첫 글자를 대문자로 변환: {str1.title()}")
7 print(f"{str1}에서 첫 글자만 대문자로 변환: {str1.capitalize()}")
8 print(f"{str1}에서 대소문자로 변환: {str1.swapcase()}")
```

2행은 str1의 문자 길이를 출력합니다.
3행은 str1 변수의 값 중에서 'e'의 개수를 출력합니다.
4행은 str1 중에서 'e'의 첫 번째 위치를 반환합니다.
5행은 str1의 값 중에서 뒤부터 'e'의 첫 번째 위치를 반환합니다.

```
korea seoul의 길이: 11
korea seoul의 문자열 중 'e'의 개수: 2
korea seoul에서 문자 'e'의 위치: 3
korea seoul의 뒤부터 비교하여 문자 'e'의 위치: 7
korea seoul의 단어 첫 글자를 대문자로 변환: Korea Seoul
korea seoul에서 첫 글자만 대문자로 변환: Korea seoul
korea seoul에서 대소문자로 변환: KOREA SEOUL
```

```
1 str2 = "Strawberry Blackberry Rasberry"
2 print(f"{str2}에서 'Straw'로 시작하는가요? {str2.startswith('Straw')}")
3 print(f"{str2}에서 'berry'로 끝나요? {str2.endswith('berry')}")
4 print(f"{str2}의 모든 단어 대문자로 변환: {str2.upper()}")
5 print(f"{str2}의 모든 단어 소문자로 변환: {str2.lower()}")
```

2행과 3행은 'Straw'로 시작하고 'berry'로 끝났나를 True와 False로 출력합니다.

Strawberry Blackberry Rasberry에서 'Straw'로 시작하는가요? True
Strawberry Blackberry Rasberry에서 'berry'로 끝나요? True
Strawberry Blackberry Rasberry의 모든 단어 대문자로 변환: STRAWBERRY BLACKBERRY RASBERRY
Strawberry Blackberry Rasberry의 모든 단어 소문자로 변환: strawberry blackberry rasberry

```
1 str3 = " **Pinus Acer Malus** "
2 print(f"{str3} 문자열의 왼쪽 공백 제거: {str3.lstrip()}")
3 print(f"{str3} 문자열의 오른쪽 공백 제거: {str3.rstrip()}")
4 print(f"{str3} 문자열의 양끝쪽 공백 제거: {str3.strip()}")
5 print(f"{str3} 문자열의 왼쪽 '**' 제거: {str3.lstrip(' **')}")
6 print(f"{str3} 문자열의 오른쪽 공백 제거: {str3.rstrip('** ')}")
```

Pinus Acer Malus   문자열의 왼쪽 공백 제거: **Pinus Acer Malus**
Pinus Acer Malus   문자열의 오른쪽 공백 제거: **Pinus Acer Malus**
Pinus Acer Malus   문자열의 양끝쪽 공백 제거: **Pinus Acer Malus**
Pinus Acer Malus   문자열의 왼쪽 '**' 제거: Pinus Acer Malus**
Pinus Acer Malus   문자열의 오른쪽 공백 제거: **Pinus Acer Malus

```
1 strList = ["tree", "clock", "color", "speaker"]
2 str4 = " ".join(strList)
3 print(f"각각의 단어 {strList}를 결합: {str4}")
4 print(f" '{str4}'를 '{str4.replace(' ', '*')}'로 바꿔서 출력")
```

2행은 str4 변수에 strList의 리스트값을 하나하나 붙입니다.

4행은 공백을 "*"로 바꾸어 출력합니다.

각각의 단어 ['tree', 'clock', 'color', 'speaker']를 결합: tree clock color speaker
'tree clock color speaker'를 'tree*clock*color*speaker'로 바꿔서 출력

```
1 str5 = "SUN MON TUE WED THU FRI SAT"
2 week = str5.split(' ')
3 print(f"{str5}을 각각 분리하여 다음 줄에 출력\n{week}")
```

2행은 join과는 반대로 str5의 내용을 공백을 기준으로 분리하여 week에 리스트형으로 저장합니다.

SUN MON TUE WED THU FRI SAT을 각각 분리하여 다음 줄에 출력
['SUN', 'MON', 'TUE', 'WED', 'THU', 'FRI', 'SAT']

```
1 str6 = "12hours"
2 print(f"{str6}의 문자열이 알파벳: {str6.isalpha()}")
3 print(f"{str6}의 문자열이 숫자: {str6.isdigit()}")
4 print(f"{str6}의 문자열이 문자와 숫자: {str6.isalnum()}")
```

12hours의 문자열이 알파벳: False
12hours의 문자열이 숫자: False
12hours의 문자열이 문자와 숫자: True

제4장 연습문제

1. 다음 프로그램 결과값을 기술하시오.

```
print("안녕하세요\n")
print("채소의 개수와 가격을 정리하겠습니다\n")
print("종류\t\t개수\t\t가격")
print("======================================")
print("당근\t\t7\t\t6000원")
print("오이\t\t5\t\t4000원")
print("시금치\t\t1\t\t2500원")
print("무\t\t1\t\t1800원")
print("배추\t\t1\t\t5500원\n")
print("감사합니다\n")
print("위 내용보다 더 많은 정보는 \'C:\\Vegetable\\MainScreen\'에서 보실 수 있습니다")
```

2. 다음 프로그램 결과값을 쓰시오.

```
index1 = "String and Character"
print(index1)
print(index1[3])
print(index1[15])

index2 = "대한 민국은 민주 공화국이다."
print(index2[0])
print(index2[1])
print(index2[2])
print(index2[3])
```

3. 다음 프로그램 결과값을 쓰시오.

```
index7 = "파이썬 프로그램은 정말로 재미 있습니다!!"
print(index7)

print(index7[6:10])

print(index7[-4:-1])

print(index7[-4:])

print(index7[:5])

print(index7[:18])
```

4. 다음 프로그램 결과값을 쓰시오.

```
num = 135
str1 = "Seoul"
print(f"num=|{num:<6d}|")
print(f"num=|{num:^6d}|")
print(f"num=|{num:>6d}|")
```

5. 다음 프로그램 결과값을 쓰시오.

```
item = "딸기"
count = 10
price = 8000
item_title = "품목"
count_title = "개수"
price_title = "가격"
print(f"|{item_title:^10s}|{count_title:^8s}|{price_title:^8s}|")
print(f"|{item:^10s}|{count:^10d}|{price:^10d}|")
```

6. 다음 프로그램의 결과값을 쓰시오.

```
name = "한국인"
age = 21
print("당신의 이름은 {}이고 나이는 {}입니다.".format(name, age))
```

7. 다음 프로그램 결과값을 쓰시오.

```
kor = 100
math = 95
eng = 82
print("국어 점수: {0}점\n수학 점수: {1}점\n영어 점수: {e}점".format(kor, math, e = eng))
```

8. 다음 프로그램 결과값을 쓰시오.

```
number1 = 30
number2 = -123
float1 = 456.789
string1 = "korea"
print(" number1=%d \n number2=%d" % (number1, number2))
```

9. 다음 함수의 의미를 쓰시오.
  1) len():
  2) count():
  3) find():
  4) capitalize():
  5) swapcase():
  6) startswith():
  7) endswith():
  8) upper():

10. 다음 프로그램의 결과값을 쓰시오.

```
str6 = "12hours"
print(f"{str6}의 문자열이 알파벳: {str6.isalpha()}")
print(f"{str6}의 문자열이 숫자: {str6.isdigit()}")
print(f"{str6}의 문자열이 문자와 숫자: {str6.isalnum()}")
```

제5장

조건문

1. if문
2. if ~ else문
3. if ~ elif ~ else문
4. 중첩 if문
5. match ~ case문
연습문제

제5장

조건문

학습목표

- 조건문의 개념을 알아보고 응용 프로그램을 작성하여 보자.
- if문의 개념과 응용프로그램을 작성하여 보자.
- 다중 if문의 개념과 응용프로그램을 작성하여 보자.
- if ~ elif ~ else문의 개념과 응용프로그램을 작성하여 보자.
- match ~ case문의 개념과 응용프로그램을 작성하여 보자.

조건문은 프로그램의 흐름을 제어하는 데 사용되는 중요한 구조입니다. 조건문을 사용하면 특정 조건이 참인지 거짓인지에 따라 코드의 실행 경로를 결정할 수 있습니다. 파이썬에서 가장 일반적으로 사용되는 조건문은 if, elif, else입니다.

1 if문

```
if 조건식:
    실행 코드
조건식과 관련 없는 실행 코드
```

기본적인 if문은 "조건식"이 참(True)일 경우 "실행 코드"를 실행합니다. "조건식"이 거짓(False)일 경우 실행 코드는 실행되지 않고, "조건식과 관련 없는 실행 코드"의 문장만 실행됩니다. C언어나 Java 언어에서는 if 이후 ";"까지를 한 문장으로 판단합니다. 또 다른 방법은 블록({ })을 한 문장으로 판단하여 블록의 끝까지 실행합니다. 그러나 파이썬에서는 들여쓰기한 문장을 if문의 실행 코드로 생각하고 있습니다. 들여쓰기 방법은 Tab 키를 많이 이용합니다. 또는 원하는 만큼 공백을 사용해도 문제는 없습니다. 들여쓰기한 문장이 두 문장일 경우 똑같은 들여쓰기를 하였다면 두 문장 모두 실행합니다. 당연히 들여쓰기 위치는 같아야 합니다.

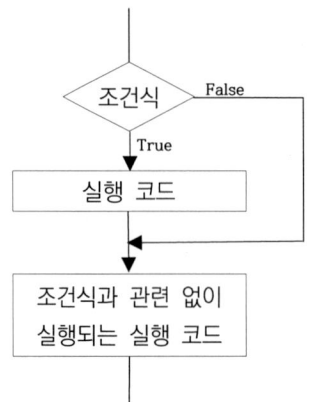

위 그림은 흐름도(Flowchart)라고 하며, 이해하기 쉽고 가독성을 높이는 데 좋습니다. "실행 코드" 문장은 여러 줄 이어도 관계없습니다.

이번의 조건들은 불 대수나 문자 그리고 숫자가 참 또는 거짓인가를 확인합니다.

```
if True:
    print("True의 조건은 참이므로 출력됩니다.")
```

True는 자체가 참이므로 if의 조건이 참인 문장이 실행됩니다.

```
True의 조건은 참이므로 출력됩니다.
```

```
if False:
    print("False의 조건은 거짓이므로 출력되지 않습니다.")
```

False는 자체가 거짓이므로 if의 조건에 맞지 않아 아무것도 출력되지 않습니다.

```
if 1:
    print("1의 조건은 참이므로 출력됩니다.")
if 2:
    print("2의 조건은 참이므로 출력됩니다.")
```

숫자 1과 2도 참이므로 if의 조건이 참이므로 출력됩니다.

```
1의 조건은 참이므로 출력됩니다.
2의 조건은 참이므로 출력됩니다.
```

```
if 0:
    print("0의 조건은 거짓이므로 출력되지 않습니다.")
```

0은 거짓이기 때문에 아무것도 출력되지 않습니다.

```
if "k":
    print(" 'k'의 조건은 참이므로 출력됩니다.")
if "KOREA":
    print(" 'KOREA'의 조건은 참이므로 출력됩니다.")
```

문자 "k"와 "KOREA"의 조건은 모두 참이므로 출력됩니다.

'k'의 조건은 참이므로 출력됩니다.
'KOREA'의 조건은 참이므로 출력됩니다.

```
if " ":
    print(" ' '의 조건은 참이므로 출력됩니다.")
```

글자 없는 한 칸(' ')도 참이므로 출력됩니다.

' '의 조건은 참이므로 출력됩니다.

```
if "":
    print('" "의 조건은 거짓이므로 출력되지 않습니다.')
```

아무것도 없는("") 것은 거짓이므로 출력되지 않습니다.

이제는 관계 연산자와 논리 연산자를 참고하여 참과 거짓을 확인하겠습니다.

```
a = 10
if a > 5:
    print("a = ", a)
```

a의 값은 5보다 크므로 참이 되어 출력됩니다.

```
a =  10
```

```
1  a = 10
2  b = 20
3  if a > 5:
4      print("a = ", a)
5      print("b = ", b)
6  print("a + b = ", a + b)
```

3행~5행은 조건이 맞으면 if의 참 조건을 실행하고 6행 문장도 무조건 실행됩니다. 거짓일 경우 if의 참 문장이 실행되지는 않고, 6행 문장은 무조건 실행됩니다.

```
a =  10
b =  20
a + b =  30
```

```
a = 1
b = 2
if a > b and a == 1:
    print("True이면 출력됩니다.")
```

if 조건은 and를 사용하므로 and 양쪽의 조건이 모두 참이어야 합다. and 왼쪽의 조건이 거짓이므로 전체 조건이 거짓이 되어 아무것도 출력되지 않습니다.

```
a = 1
b = 1
if a != b or True:
    print(a, b)
```

if 조건의 or 연산은 양쪽의 조건 중 하나만 참이어도 전체적인 결과는 참이 됩니다. or의 왼쪽 조건은 거짓이지만 오른쪽 조건이 참이므로 결과는 참이 됩니다.

```
1 1
```

```
a = 10
if a >= 5 and not False:
    print("출력됩니다.")
```

and의 왼쪽 조건도 참 오른쪽 조건(not False)도 참이므로 출력됩니다.

```
출력됩니다.
```

2 if ~ else문

if문은 True일 경우에만 코드를 실행하지만, False 경우에도 코드를 실행해야 합니다. 그런 경우 if ~ else문을 사용합니다.

```
if 조건식:
    실행 코드1
else:
    실행 코드2
조건식과 관련 없이 실행되는 실행 코드
```

if ~ else문은 조건식이 참일 경우 "실행 코드1"을 실행하고 거짓일 경우 "실행 코드2"를 실행합니다. 아래는 if ~ else문의 흐름도입니다.

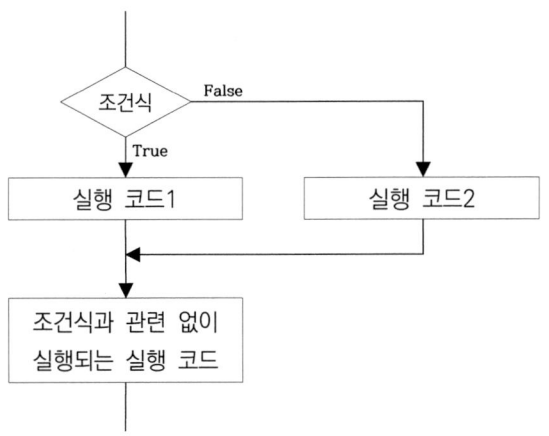

```
x = 100
if x >= 70:
    print("합격입니다.")
else:
    print("노력 바랍니다.")
```

x값이 70보다 크므로 True입니다.

```
합격입니다.
```

```
str = "A"
if str:
    print("A가 출력됩니다.")
else:
    print("A가 출력되지 않습니다.")
```

변수 str의 값은 "A"이므로 True입니다.

```
A가 출력됩니다.
```

```
strNo = input("아무것이나 입력: ")
if strNo:
    print("출력될까요?")
else:
    print("아무것도 출력되지 않습니다.")
```

입력받은 값에 아무것도 주지 입력하지 않고 Enter 키를 치면 공백이 되어 False가 됩니다.

```
아무것이나 입력:
아무것도 출력되지 않습니다.
```

```
num = int(input("원하는 숫자를 입력하세요: "))
if 10 <= num < 20:
    print("10대입니다.")
else:
    print("10대가 아닙니다.")
```

파이썬에서는 if의 조건식을 '10 <= num < 20'과 같아도 가능합니다. C나 Java 언어들의 조건식은 '10 <= num and 20 > num'과 같이 써야 합니다. 파이썬에서는 두 조건식을 모두 쓸 수 있습니다.

```
원하는 숫자를 입력하세요: 15
10대입니다.
```

〈프로그램: chap5_if4.py〉

4개의 숫자를 입력받아 가장 큰 수를 구하는 프로그램을 완성하세요.

```
1  a = int(input("숫자: "))
2  b = int(input("숫자: "))
3  c = int(input("숫자: "))
4  d = int(input("숫자: "))
5
6  if a > b:
7      max1 = a
8  else:
9      max1 = b
10
11 if c > d:
12     max2 = c
13 else:
14     max2 = d
15
16 if max1 > max2:
17     max = max1
18 else:
19     max = max2
20
21 print(f"숫자 {a},{b},{c} 그리고 {d} 중 가장 큰 수는 {max}입니다")
```

6행~9행은 max1에 a와 b 중 큰 수를 구합니다.

11행~14행은 max2에 c와 d 중 큰 수를 구합니다.

16행~19행은 max에 max1과 max2 중 큰 수를 구합니다.

```
숫자: 30
숫자: 20
숫자: 10
숫자: 40
숫자 30,20,10 그리고 40 중 가장 큰 수는 40입니다
```

3 if ~ elif ~ else문

이 조건식은 첫 번째 if의 조건이 맞지 않으면 다음 elif의 조건을 확인하는 방식입니다.

```
if 조건식1:
    실행 코드1
elif 조건식2:
    실행 코드2
elif ...:
    ...
else:
    실행 코드n
if 조건식과 관련 없이 실행되는 실행 코드
```

"조건식1"이 True일 경우 "실행 코드1"만 실행하고, "조건식2"가 True일 경우 "실행 코드2"만 실행됩니다. "조건식1"과 "조건식2"가 모두 거짓을 경우 "실행 코드n"을 실행한다. 물론 조건식은 무한으로 계속 늘릴 수 있다. 그러나 너무 늘리면 코드들이 복잡하고 가독성이 떨어질 수 있습니다.

아래 if ~ elif ~ else문은 더 많이 표현할 수도 있지만, 간단한 흐름도만 표현합니다. 흐름도를 보면 쉽게 이해할 수 있습니다.

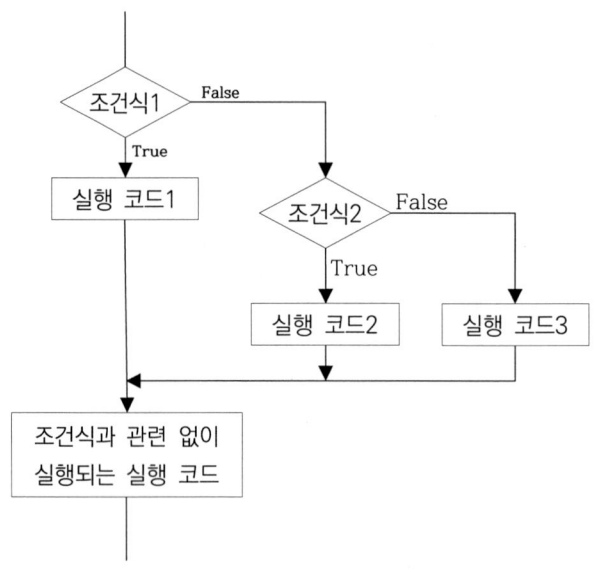

〈프로그램: chap5_elif1.py〉

```
 1 kor = int(input("국어: "))
 2 mat = int(input("수학: "))
 3 eng = int(input("영어: "))
 4
 5 tot = kor + mat + eng
 6 ave = tot/3
 7
 8 if ave >= 90:
 9     hak = "A"
10 elif ave >= 80:
11     hak = "B"
12 elif ave >= 70:
13     hak = "C"
14 elif ave >= 60:
15     hak = "D"
16 else:
17     hak = "F"
18
19 print(f"국어 {kor}점, 수학 {mat}점 그리고 영어{eng}점의 학점은 {hak}입니다")
```

8행~17행은 조건에 따라 학점을 구합니다. 아래의 예는 "A" 학점을 출력합니다.

```
국어: 100
수학: 90
영어: 95
국어 100점, 수학 90점 그리고 영어95점의 학점은 A입니다
```

if 조건이 맞는 곳의 문장을 실행하며, 모두 조건에 맞지 않으면 else문을 실행합니다. 아래의 예는 "F" 학점을 출력합니다.

```
국어: 60
수학: 90
영어: 20
국어 60점, 수학 90점 그리고 영어20점의 학점은 F입니다
```

〈프로그램: chap5_elif2.py〉

```
1  money = int(input("사고 싶은 가격: "))
2  number = int(input("개수: "))
3
4  total = money * number
5
6  if total >= 500000:
7      rate = 0.3
8  elif total >= 300000:
9      rate = 0.2
10 elif total >= 100000:
11     rate = 0.1
12 elif total >= 50000:
13     rate = 0.05
14 else:
15     rate = 0
16
17 totalRate = total - total * rate
18
19 print(f"금액 {total}원의 할인율은 {rate*100}%이며, 할인된 총 금액은 {totalRate}원입니다")
```

할인율에 따라 전체 금액의 할인된 금액을 출력합니다. 100000원인 경우 할인율과 할인 금액입니다.

```
사고 싶은 가격: 100000
개수: 6
금액 600000원의 할인율은 30.0%이며, 할인된 총 금액은 420000.0원입니다
```

25000원인 경우 할인율과 할인 금액입니다.

```
사고 싶은 가격: 25000
개수: 6
금액 150000원의 할인율은 10.0%이며, 할인된 총 금액은 135000.0원입니다
```

6000원인 경우 할인율과 할인 금액입니다.

```
사고 싶은 가격: 6000
개수: 8
금액 48000원의 할인율은 0%이며, 할인된 총 금액은 48000원입니다
```

4 중첩 if문

중첩 if문은 if 조건 값이 True나 False 경우 일반 코드 대신에 다시 if문을 사용하여 중첩된 구조를 가집니다.

```
if 조건식1:
    if 조건식2:
        실행 코드1
    else:
        실행 코드2
    ...
else:
    if 조건식3:
        실행 코드3
    else:
        실행 코드4
    ...
조건식과 관련 없이 실행되는 실행 코드
```

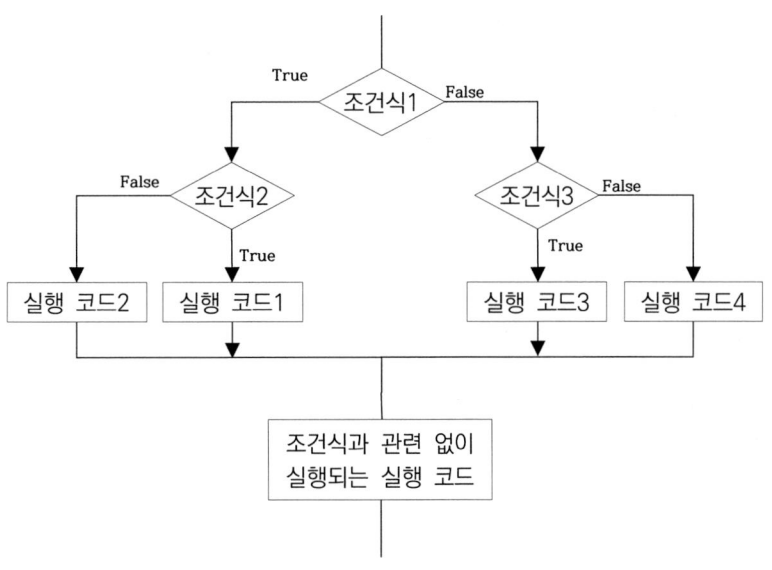

⟨프로그램: chap5_ifif1.py⟩

```
1 ko = int(input("국어 점수를 입력하세요: "))
2 en = int(input("영어 점수를 입력하세요: "))
```

```
 3  ma = int(input("수학 점수를 입력하세요: "))
 4  tot = (ko + en + ma)/3
 5  if tot >= 60:
 6      if ko >= 40 and en >= 40 and ma >= 40:
 7          print("이번 시험에 합격하셨습니다.")
 8      else:
 9          print("평균은 합격권이지만 과락하여 불합격하셨습니다.")
10  else:
11      print("평균이 60점 미만이므로 불합격하셨습니다.")
```

4번은 국어, 영어, 수학의 점수를 입력받아 총점을 구합니다.

6번~11번은 if 조건의 평균 점수가 60점 이상이면 다시 if 조건을 실행하여 True와 False를 구분합니다. 아래 예는 평균은 60점 이상이고 각 과목의 점수는 과락을 넘었습니다.

```
국어 점수를 입력하세요: 40
영어 점수를 입력하세요: 50
수학 점수를 입력하세요: 100
이번 시험에 합격하셨습니다.
```

다음의 예는 평균은 높지만 한 과목이 과락으로 불합격입니다.

```
국어 점수를 입력하세요: 100
영어 점수를 입력하세요: 100
수학 점수를 입력하세요: 39
평균은 합격권이지만 과락하여 불합격하셨습니다.
```

```
if 조건식1:
    if 조건식2:
        실행 코드1
    else:
        실행 코드2
elif 조건식3:
    if 조건식4:
        실행 코드3
    else:
        실행 코드4
elif ...:
    ...
else:
    실행 코드5
조건식과 관련 없는 실행 코드
```

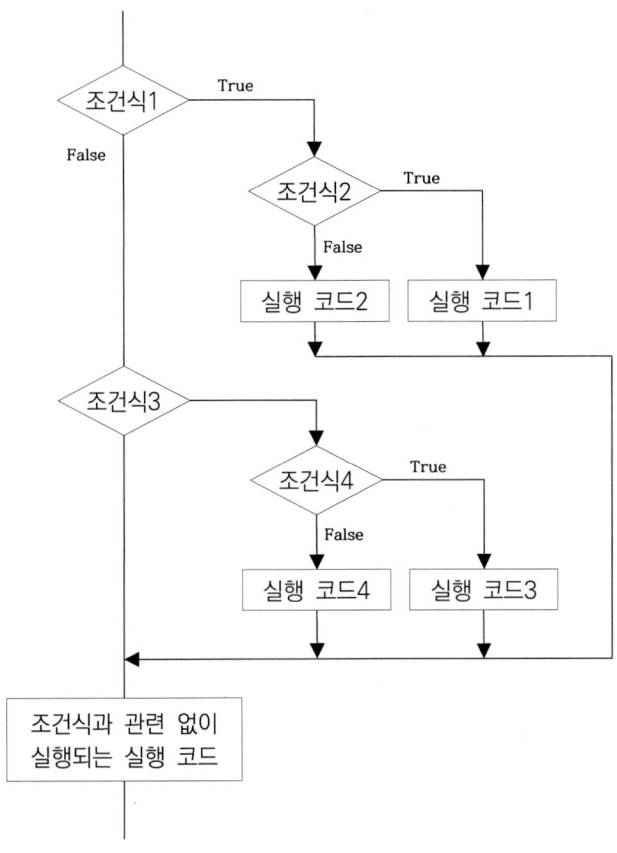

⟨프로그램: chap5_ifif2.py⟩

```
1  num = int(input("숫자: "))
2
3  if num >= 80:
4      if num >= 90:
5          print("90점와 100점 사이의 점수입니다.")
6      else:
7          print("80점와 89점 사이의 점수입니다.")
8  elif num >= 60:
9      if num >= 70:
10         print("70점와 79점 사이의 점수입니다.")
11     else:
12         print("60점와 69점 사이의 점수입니다.")
13 elif num >= 40:
14     if num >= 50:
```

```
15          print("50점와 59점 사이의 점수입니다.")
16      else:
17          print("40점와 49점 사이의 점수입니다.")
18 elif num >= 20:
19      if num >= 30:
20          print("30점와 39점 사이의 점수입니다.")
21      else:
22          print("20점와 29점 사이의 점수입니다.")
23 else:
24      if num >= 10:
25          print("10점와 19점 사이의 점수입니다.")
26      else:
27          print("10점 미만의 점수입니다.")
```

각각의 if문에 또 다른 if문을 사용하고 있습니다. 다중 if문입니다.

```
숫자: 84
80점와 89점 사이의 점수입니다.

숫자: 9
10점 미만의 점수입니다.
```

〈프로그램: chap5_ifif3.py〉

임의의 수를 가지고 더하기, 빼기, 곱하기, 몫 그리고 나머지를 구하고 점수를 출력하는 문제입니다.

```
1  # 랜덤 값을 사용하기 위해 사용
2  import random
3  print("기본적인 사지선다 문제입니다.")
4
5  # 점수 누적 변수
6  cnt=0
7  # 문제 번호 변수
8  i=0
9
10 # 임의의 값(1 ~ 10)
```

```
11  num1 = random.randrange(1, 11)
12  num2 = random.randrange(1, 11)
13
14  # num2의 값이 크면 num1과 num2의 값을 바꿈
15  if num1 < num2:
16      t = num1
17      num1 = num2
18      num2 = t
19
20  # 1번 더하기 문제
21  i += 1
22  print(f'{i}. {num1} + {num2} = ', end="")
23  dab = int(input())
24  if dab == num1 + num2:
25      print("정답입니다")
26      cnt += 1            # 정답이면 값 누적
27  else:
28      print(f"틀렸습니다 정답은 {num1+num2}입니다") # 틀린 문제 정정
29
30  # 2번 빼기 문제
31  i += 1
32  print(f'{i}. {num1} - {num2} = ', end="")
33  dab = int(input())
34  if dab == num1 - num2:
35      print("정답입니다")
36      cnt += 1
37  else:
38      print(f"틀렸습니다 정답은 {num1-num2}입니다")
39
40  # 3번 곱하기 문제
41  i += 1
42  print(f'{i}. {num1} * {num2} = ', end="")
43  dab = int(input())
44  if dab == num1 * num2:
45      print("정답입니다")
46      cnt += 1
```

```
47  else:
48      print(f"틀렸습니다 정답은 {num1*num2}입니다")
49
50  # 4번 몫 문제
51  i += 1
52  print(f'{i}. {num1} // {num2} = ', end="")
53  dab = int(input())
54  if dab == num1 // num2:
55      print("정답입니다")
56      cnt += 1
57  else:
58      print(f"틀렸습니다 정답은 {num1//num2}입니다")
59
60  # 5번 나머지 문제
61  i += 1
62  print(f'{i}. {num1} % {num2} = ', end="")
63  dab = int(input())
64  if dab == num1 % num2:
65      print("정답입니다")
66      cnt += 1
67  else:
68      print(f"틀렸습니다 정답은 {num1%num2}입니다")
69
70  # 전체 점수
71  print(f'당신의 점수는 {cnt*20}입니다')
```

11행과 12행은 1~10까지 수 중에서 난수를 발생합니다.

5 match ~ case문

match ~ case문은 파이썬 3.10에서 도입되었으며, 조건에 맞는 코드를 실행할 수 있습니다. match ~ case문은 C언의 switch문과 비슷하며 더 다양합니다. 일반 변수뿐만 아니라 시퀀스에서도 구할 수 있지만 지금은 언급하지 않겠습니다.

```
match 조건:
    case 조건1:
        실행 코드1
    case 조건2:
        실행 코드2
    ...
    case _:
        실행 코드n
조건식과 관련 없는 실행 코드
```

숫자를 넣으면 영어로 출력하는 프로그램을 match ~ case문으로 설명하겠습니다.

```
1  num = int(input("1 ~ 5 숫자: "))
2
3  match num:
4      case 1:
5          print("one")
6      case 2:
7          print("two")
8      case 3:
9          print("three")
10     case 4:
11         print("four")
12     case 5:
13         print("five")
14     case _:
15         print("잘못된 입력입니다")
```

3행은 case 다음에 올 수 있는 값의 변수입니다.

4행은 num에 1이 들어 있으면 5행의 print() 함수를 실행합니다.

14행은 모든 조건에 맞지 않으면 실행됩니다.

```
1 ~ 5 숫자: 1
one
1 ~ 5 숫자: 6
잘못된 입력입니다.
```

홀수와 짝수를 구하는 프로그램입니다. |는 or의 의미입니다.

```
1  num = int(input("1 ~ 10 숫자: "))
2
3  match num:
4      case 1 | 3 | 5 | 7 | 9:
5          print("홀수입니다")
6      case 2 | 4 | 6 | 8 | 10:
7          print("짝수입니다")
8      case _:
9          print("숫자의 범위가 벗어났습니다.")
```

10이하 자연수의 입력값에 따른 홀짝수를 구합니다.

```
1 ~ 10 숫자: 6
 짝수입니다
```

위의 프로그램을 조금 개선해서 모든 수를 이용하여 홀짝수를 구하는 프로그램으로 바꿔보겠습니다.

```
1  num = int(input("숫자: "))
2
3  # 모든 값은 10으로 나눈 나머지 값으로 변환
4  num = num % 10
5  match num:
6      case 1 | 3 | 5 | 7 | 9:
7          print("홀수입니다")
8      case 2 | 4 | 6 | 8 | 0: # 10을 0으로 변경
9          print("짝수입니다")
10     case _:
11         print("숫자의 범위가 벗어났습니다.")
```

입력받은 숫자들을 10으로 나누어 나머지를 구하면 간단하게 모든 숫자의 홀짝수를 구할 수 있습니다.

```
숫자: 1999
 홀수입니다
```

〈프로그램: chap5_sung.py〉

C언어와 Python 과목의 점수를 입력받아 학점을 구하는 프로그램을 match ~ case문으로 작성하세요.

```
 1 cLang = int(input("C 점수: "))
 2 python = int(input("Python 점수: "))
 3
 4 # 직접 평균을 구하고 정수로 변환
 5 average = int((cLang + python) / 2)
 6
 7 # 숫자의 범위가 너무 크므로 10으로 나누어서 범위를 줄임
 8 ave = int(average / 10)
 9
10 match ave:
11     case 10:
12         hak = 'A'
13     case 9:
14         hak = 'A'
15     case 8:
16         hak = 'B'
17     case 7:
18         hak = 'C'
19     case 6:
20         hak = 'D'
21     case _:
22         hak = 'F'
23
24 print(f"당신의 평균은 {(cLang + python) / 2}이며, 학점은 {hak}입니다")
```

8행은 평균의 10을 나눈 몫을 구합니다. 그 값을 match의 변수로 학점을 구합니다.

C 점수: 90
Python 점수: 75
당신의 평균은 82.5이며, 학점은 B입니다

제5장 연습문제

1. 다음 cnt 값이 60일 경우에 실행하는 if문의 프로그램인데 문법이 올바른 것을 모두 고르시오.
   1) if cnt = 60 :
   2) if cnt is 60:
   3) if cnt equal 60 :
   4) if cnt == 60 :
   5) if cnt !=60:

2. 다음은 입력한 정수값이 3의 배수인지를 확인하는 프로그램을 완성하시오.

```
cnt = int(input("정수값을 입력하세요: "))
if ⬚ :
   print("3의 배수가 아닙니다.")
else:
   print("3의 배수입니다.")
```

3. 키보드로부터 정보처리산업기사 점수를 입력받아서 60점이상이면 '합격', 60점 미만이면 '불합격'을 출력하는 프로그램을 작성하시오.

4. 5명을 이름과 나이를 입력받아서 19이상이면 성인, 19세미만이면 미성인으로 출력하는 프로램을 작성하시오.

5. 3개의 정수값을 입력받아서 가장 큰 수를 출력하는 프로그램을 작성하시오.

6. 인공지능, C언어와 파이썬 3개 교과목의 점수를 입력받아 총점과 평균을 출력하는 프로그램을 작성하시오.

7. 인공지능, C언어와 파이썬 3개 교과목의 점수를 입력받아 학점을 구하는 프로그램을 match ~ case문으로 작성하시오.

8. 키보드에서 정수값 2개를 입력받아서 두수의 덧셈, 뺄셈, 곱셈, 나눗셈을 구하여 출력하는 프로그램을 작성하시오.

9. 키보드에서 정수값을 3개 입력받아서 홀수인지 짝수인지 출력하는 프로그램을 작성하시오.

10. 거북이가 'ㄹ'자가 되도록 프로그램을 작성하시오.

제6장

반복문

1 for문
2 다중 for문
3 while문
4 break문
5 continue문
6 for ~ else문
7 while ~ else문
연습문제

제6장

반복문

학습목표

- 반복문의 개념을 알아보고 응용 프로그램을 작성하여 보자.
- for문의 개념과 응용프로그램을 작성하여 보자.
- while문의 개념과 응용프로그램을 작성하여 보자.
- break, continue의 개념과 응용프로그램을 작성하여 보자.
- for ~ else문의 개념과 응용프로그램을 작성하여 보자.
- while ~ else문의 개념과 응용프로그램을 작성하여 보자.

1 for문

for 문은 반복 작업을 수행하는 데 사용됩니다. 주로 지정된 횟수의 행동을 반복하거나 문자열 및 시퀀스(리스트, 딕셔너리, 튜플 등)의 요소를 반복하는 데 사용됩니다.

```
for 변수 in range(초기값, 최종값, 증가값):
    실행 코드
    ...
for문과 관련 없는 실행 코드
```

for 문장은 "실행 코드" 부분을 원하는 만큼 반복할 수 있다. range는 초기값을 기준으로 시작하여 최종값에 다다르면 반복을 멈춥니다. 증가값을 특별히 언급하지 않으면 1씩 증가하지만 증가값을 지정하면 증가값의 차만큼 증가합니다. for문의 모든 실행 코드가 끝나면 "for문과 관련 없는 실행 코드"가 실행됩니다. range의 초기값을 생략하면 0부터 시작한다는 의미입니다. for문의 최종값은 항상 최종값의 -1만큼만 실행되니 주의하시기 바랍니다.

```
1  for a in range(6):
2      print(a)
3  print("---------")
```

1행은 0부터 5까지 반복합니다. 2행은 6번 반복합니다.

위 프로그램을 설명해보면 a의 값은 0부터 5까지 출력된 것을 볼 수 있습니다. 초기값과 증가값을 정해주지 않았지만 초기값은 0, 증가값은 1이라는 것을 알 수 있습니다. 그리고 최종값은 6으로 정의했지만 -1하여 5까지 반복합니다.

```
0
1
2
3
4
5
---------
```

```
for a in range(0, 6, 1):
    print(a)
print("---------")
```

위 프로그램의 코드를 아래와 같이 수정해도 같은 결과를 출력합니다.

```
for love in range(10):
    print(f"{love+1:2d}. 사랑합니다")
```

```
for love in range(0, 10, 1):
    print(f"{love+1:2d}. 사랑합니다")
```

두 코드는 같은 결과를 출력합니다. 초기값의 0과 증가값의 1은 있어도 되고 없어도 됩니다.

```
 1. 사랑합니다
 2. 사랑합니다
 3. 사랑합니다
 4. 사랑합니다
 5. 사랑합니다
```

```
6. 사랑합니다
7. 사랑합니다
8. 사랑합니다
9. 사랑합니다
10. 사랑합니다
```

```
for _ in range(5):
    print("대한민국")
```

for문의 실행 코드 부분을 반복하고 싶은 경우 변수를 사용해도 되지만 언더바(_)을 사용해도 됩니다. 이 프로그램은 "대한민국"을 다섯 번 출력하지만 for문에 변수를 사용하지 않았습니다.

```
대한민국
대한민국
대한민국
대한민국
대한민국
```

```
for j in range(10, 21):
    print(j, end = " ")
```

print() 함수의 end 키워드를 수정하여 for문의 실행 코드들이 모두 한 줄로 출력된 것을 볼 수 있습니다.

```
10 11 12 13 14 15 16 17 18 19 20
```

```
for j in range(5, 0, -1):
    print(j, end = " ")
```

5부터 1까지 -1씩 증가하며 값을 출력하면 숫자의 결과값이 1씩 감소하며 출력됩니다.

```
5 4 3 2 1
```

```
sum = 0
for i in range(1, 101):
    sum += i
print(f"1~100까지의 합 = ", sum)
```

1부터 100까지의 합을 구하는 프로그램입니다. for문의 반복 변수 i와 누적 변수 sum을 사용하고 있습니다. 일반적으로 누적 변수를 사용하는 방법은 for문 전에 누적 변수에 값을 대입하고 for문의 실행 코드를 반복합니다. 이 프로그램은 초기값으로 0을 대입하고, i의 값을 1부터 100까지 누적하는 프로그램입니다.

```
1~100까지의 합 =  5050
```

```
sum = 1
for i in range(10):
    sum *= i
print(f"9까지의 factorial: {sum}")
```

팩토리얼을 구하기 위해 초기값으로 1을 대입합니다. 값을 계속 더하는 경우 0을 대입할 수도 있고 다른 값을 대입할 수 있습니다. 그러나 값을 곱하는 경우 0을 대입할 수 없습니다. 이 코드는 sum 변수에 1을 대입하고도 프로그램의 결과값은 0이 출력됩니다. 이유는 range() 함수의 초기값을 정의하지 않아 0부터 시작하기 때문입니다. 아래 코드와 같이 range() 함수의 값을 변경하면 됩니다.

```
9까지의 factorial: 0
```

```
sum = 1
for i in range(1, 10):
    sum *= i
print(f"9까지의 factorial: {sum}")
```

range() 함수의 시작값을 1로 지정하니 정상적인 결과를 출력합니다. 곱하기나 더하기를 반복하는 경우 초기값에 주의해야 합니다.

```
9까지의 factorial: 362880
```

다음 프로그램은 1~100까지 수 중 홀수의 합을 구하는 프로그램입니다.

```
sum = 0
for i in range(1, 101, 2):
    sum += i
print(f"1~100까지 홀수의 합 = ", sum)
```

range() 함수를 이용하여 2씩 증가하여 홀수를 구합니다.

```
1~100까지 홀수의 합 =  2500
```

```
sum = 0
for i in range(1, 101):
    if i%2 == 1:
        sum += i
print(f"1~100까지 홀수의 합 = ", sum)
```

for의 반복문은 1부터 100까지 반복하지만, if문을 사용하여 홀수인가 짝수인가를 찾아 누적합니다.

```
 1~100까지 홀수의 합 =   2500
```

다음은 홀수와 비슷한 방법으로 1~100까지 수 중 짝수의 합을 구합니다.

```
sum = 0
for i in range(2, 101, 2):
    sum += i
print(f"1~100까지 짝수의 합 = ", sum)
```

홀수와 같이 range() 함수를 이용하지만 초기값을 2부터 시작하고 2씩 증가하여 짝수를 구합니다.

```
1~100까지 짝수의 합 =  2550
```

```
sum = 0
for i in range(1, 101):
    if i%2 == 0:
        sum += i
print(f"1~100까지 짝수의 합 = ", sum)
```

반복은 1부터 100까지 하지만, if문을 사용하여 짝수의 값만 누적합니다.

```
1~100까지 짝수의 합 =  2550
```

```
1  sum1 = 0
2  sum2 = 0
3  for i in range(1, 101):
4      if i // 2 * 2 == i:
5          sum2 += i
6      else:
7          sum1 += i
8  print(f"1~100까지 홀수의 합 = {sum1}이고 짝수의 합은 = {sum2}입니다")
```

3행은 홀수의 합과 짝수의 합을 동시에 구하기 위해 for문을 반복합니다.

4행의 if 조건에서 i//2 * 2 == i의 의미를 예를 들어 설명하겠습니다. i의 값을 10으로 생각하면 i//2의 값을 5이고, 그 값에 나눈 값(2)를 곱하면 처음의 i의 값을 가집니다. 이번에는 i의 값을 15라고 생각하고 풀어보면 i//2의 값은 7입니다. 그리고 그 값에 2를 곱하면 14가 되어 i의 처음 값과 일치하지 않습니다. 그래서 거짓이 됩니다. 짝수는 if의 조건이 True이고, 홀수는 조건이 False이기에 홀짝수를 구할 수 있습니다.

```
1~100까지 홀수의 합 = 2500이고 짝수의 합은 = 2550입니다
```

두 개의 수를 입력받아 첫 번째 수부터 두 번째 수까지 합을 구합니다.

```
1  sum = 0
2  num1 = int(input("작은 수: "))
3  num2 = int(input("큰 수: "))
4
5  for i in range(num1, num2+1):
6      sum += i
7  print(f"{num1} ~ {num2}까지 합 = {sum}입니다")
```

5행은 range( ) 함수의 초기값과 최종값을 정하지 않고 사용자의 요구에 맞게 값을 입력받아 처리합니다.

```
작은 수: 10
큰 수: 90
10 ~ 90까지 합 = 4050입니다
```

num1과 num2의 변수를 사용하지 않고 input( ) 함수를 직접 range( )에 넣어 사용할 수 있습니다. 결과는 위 프로그램과 같습니다.

```
1 sum = 0
2 for i in range(int(input("작은 수: ")), int(input("큰 수: "))):
3     sum += i
4 print(f"{num1} ~ {num2}까지 합 = {sum}입니다")
```

2행의 for문에서 직접 입력받아 코드를 진행합니다.

```
작은 수: 10
큰 수: 90
10 ~ 90까지 합 = 4050입니다
```

숫자를 5번 입력받아 합과 평균을 구하는 프로그램입니다.

```
1 sum = 0
2 for a in range(5):
3     num = int(input(f"{a+1}. 숫자 = "))
4     sum += num
5
6 ave = sum/(a+1)  # a+1은 a의 값이 4에서 종료하기 때문입니다.
7 print(f"숫자 5개의 평균은 {ave}이고, 총점은 {sum}입니다.")
```

6행을 보고 생각해봅시다. 평균을 구하는 프로그램은 반드시 for문 밖에서 평균을 구할 것을 권장합니다. 평균을 구하는 코드를 for문 안에서 작성해도 되지만 쓸모없는 코드를 반복하게 됩니다. 합을 구하는 코드는 반복하기 때문에 for문 안에 작성하지만, 평균을 구하는 코드는 한 번만 구해도 되므로 밖에 위치합니다.

```
1. 숫자 = 10
2. 숫자 = 20
3. 숫자 = 30
4. 숫자 = 40
5. 숫자 = 50
숫자 5개의 평균은 30.0이고, 총점은 150입니다.
```

다음은 숫자를 입력받은 만큼 별('*') 모양을 출력합니다.

```
1 num = int(input("숫자를 입력하세요: "))
2 for i in range(num):
3     print('*', end='')
```

3행은 별 모양을 1줄로 찍기 위해 end 키워드를 수정합니다.

```
숫자를 입력하세요: 5
*****
```

원하는 단을 입력하면 구구단을 출력합니다.

```
dan = int(input("원하는 단을 입력하세요: "))
for i in range(1, 10):
    print(f"{dan} * {i} = {i*dan}")
```

구구단 형식을 맞추고 1부터 9까지 9번 반복하면 됩니다.

```
원하는 단을 입력하세요: 9
9 * 1 = 9
9 * 2 = 18
9 * 3 = 27
9 * 4 = 36
9 * 5 = 45
9 * 6 = 54
9 * 7 = 63
9 * 8 = 72
9 * 9 = 81
```

이번 프로그램은 1부터 100까지의 수를 한 줄에 10개씩 출력합니다.

```
1 for i in range(1, 101):
2     print(f'{i:3d}', end='')
3     if i // 10 == i / 10:
4         print()
```

3행의 if조건 i // 10 == i / 10의 의미를 예를 들어 설명합니다. i를 20이라고 가정하면 i // 10의 의미는 20에서 10을 나눈 몫을 구하기 때문에 2가 됩니다. i / 10은 20에서 10을 나눈 값이 2.0이 되어 결과가 같게 됩니다. 한마디로 10의 배수를 구한 값과 같게 됩니다. 숫자를 출력하다가 10개의 값을 출력하면 10의 배수가 되어서 줄을 바꿉니다.

```
 1  2  3  4  5  6  7  8  9  10
11 12 13 14 15 16 17 18 19 20
21 22 23 24 25 26 27 28 29 30
31 32 33 34 35 36 37 38 39 40
41 42 43 44 45 46 47 48 49 50
51 52 53 54 55 56 57 58 59 60
61 62 63 64 65 66 67 68 69 70
71 72 73 74 75 76 77 78 79 80
81 82 83 84 85 86 87 88 89 90
91 92 93 94 95 96 97 98 99 100
```

숫자 10개를 출력하고, 출력한 숫자까지의 합을 구합니다.

```
1 sum = 0
2 for i in range(1, 101):
3     print(f'{i:3d}', end=' ')
4     sum += i
5     if i // 10 == i / 10:
6         print(f'합 : {sum}')
```

5행의 if 조건이 맞으면 6행의 합을 구합니다. sum 변수는 초기화되지 않았기 때문에 누적된 합이 출력됩니다.

```
 1  2  3  4  5  6  7  8  9  10 합: 55
11 12 13 14 15 16 17 18 19 20 합: 210
21 22 23 24 25 26 27 28 29 30 합: 465
31 32 33 34 35 36 37 38 39 40 합: 820
41 42 43 44 45 46 47 48 49 50 합: 1275
51 52 53 54 55 56 57 58 59 60 합: 1830
61 62 63 64 65 66 67 68 69 70 합: 2485
71 72 73 74 75 76 77 78 79 80 합: 3240
81 82 83 84 85 86 87 88 89 90 합: 4095
91 92 93 94 95 96 97 98 99 100 합: 5050
```

1부터 100까지 숫자 중 10개씩 출력하면서 출력된 숫자들의 부분합을 구합니다.

```
1  sum = 0
2  for i in range(1, 101):
3      print(f'{i:3d}', end=' ')
4      sum += i
5      if i // 10 == i / 10:
6          print(f"합: {sum}")
7          sum = 0
```

5행의 if 조건이 맞으면 6행의 합을 구하고, sum 변수를 초기화하므로 부분합이 출력됩니다.

```
  1   2   3   4   5   6   7   8   9  10 합: 55
 11  12  13  14  15  16  17  18  19  20 합: 155
 21  22  23  24  25  26  27  28  29  30 합: 255
 31  32  33  34  35  36  37  38  39  40 합: 355
 41  42  43  44  45  46  47  48  49  50 합: 455
 51  52  53  54  55  56  57  58  59  60 합: 555
 61  62  63  64  65  66  67  68  69  70 합: 655
 71  72  73  74  75  76  77  78  79  80 합: 755
 81  82  83  84  85  86  87  88  89  90 합: 855
 91  92  93  94  95  96  97  98  99 100 합: 955
```

2 다중 for문

다중 for문은 반복문을 여러 개 사용하여 실행 코드를 반복하는 방법입니다. 이차원 구조와 그 이상의 다차원 구조를 순회 및 작업을 수행합니다. 또한 반복적인 작업이 필요한 리스트, 딕셔너리, 튜플 등과 같은 작업에 유용하게 사용합니다. 중첩 구조는 계속할 수 있지만 너무 많은 구조는 속도가 느려지는 문제 및 이해하기에 어렵습니다.

```
for 변수1 in range(초기값, 최종값-1, 증가값):
    실행 코드1
    for 변수2 in range(초기값, 최종값-1, 증가값):
        실행 코드2
    안쪽 for와 무관한 실행 코드
for문과 관련 없는 실행 코드
```

다중 for문은 큰 시계 바늘과 작은 시계 바늘의 관계로 생각하면 쉽게 이해할 수 있습니다. 바깥쪽 for문이 한 번 작동할 동안 안쪽의 for문은 초기값부터 최종값-1까지 증가값을 이용하여 반복합니다. 다 반복이 되고 나면 바깥쪽 for값이 증가되고, 안쪽 for문은 다시 처음부터 반복합니다. 60초가 지나면 1분이 되는 것과 같습니다. 다시 2분이 되면 1초부터 60초를 이동하는 것과 같은 원리입니다.

다음 프로그램은 다중 for문의 이해하기 위한 프로그램입니다.

```
1 for a in range(1, 6):
2     print("$", end = "")
3     for b in range(1, 5):
4         print("*", end = "")
5     print()
6 print("------")
```

2행의 "$" 출력은 바깥쪽 for만 반복하게 되므로 5번 반복합니다.

4행의 "*"는 안쪽 for문에서 반복하므로 전체 반복 횟수는 바깥쪽 for 5번과 안쪽 for 4번을 곱하여 20개가 출력됩니다.

5행의 빈 print() 함수는 바깥 for에 영향을 받으므로 5번 출력되어 5번 줄을 바꾸게 됩니다. 6행의 print() 함수는 for문과 관련이 없습니다.

```
$****
$****
$****
$****
$****
------
```

숫자들을 증가하여 출력의 모양(5행 6열)으로 출력합니다.

```
1 cnt = 0
2 for i in range(5):
3     for j in range(6):
4         cnt += 1
5         print(f"{cnt:3d}", end=" ")
6     print()
```

3행의 cnt 변수는 30번 반복하는 동안 1씩 증가하고 4행에서 출력합니다.
6행은 한 줄이 끝나면 줄을 바꾸는 역할을 합니다.

```
  1  2  3  4  5  6
  7  8  9 10 11 12
 13 14 15 16 17 18
 19 20 21 22 23 24
 25 26 27 28 29 30
```

앞 코드의 결과와 같은 결과를 출력하지만 cnt 변수를 사용하지 않고 출력합니다.

```
for i in range(5):
    for j in range(6):
        print(f"{i*6+j+1:3d}", end=" ")
    print()
```

3행은 누적 변수 대신에 식을 사용하여 출력합니다.

```
  1  2  3  4  5  6
  7  8  9 10 11 12
 13 14 15 16 17 18
 19 20 21 22 23 24
 25 26 27 28 29 30
```

2단부터 9단까지 구구단을 출력하는 프로그램입니다.

```
1 print("* 구구단 *")
2 for i in range(2, 10):
3     print(f" - {i}단 -")
4     for j in range(1, 10):
5         print(f"{i} * {j} = {i*j:2d}")
```

2행은 바깥쪽 for문으로 단을 결정하고, 4행은 안쪽 for문으로 하나의 단을 반복하는 역할을 합니다.

5행은 구구단의 형식으로 출력합니다.

```
* 구구단 *
  - 2단 -
2 * 1 =  2
2 * 2 =  4
2 * 3 =  6
2 * 4 =  8
2 * 5 = 10
2 * 6 = 12
2 * 7 = 14
2 * 8 = 16
2 * 9 = 18
  - 3단 -
3 * 1 =  3
3 * 2 =  6
...
9 * 6 = 54
9 * 7 = 63
9 * 8 = 72
9 * 9 = 81
```

3 while문

while문은 조건이 만족할 때까지 반복됩니다. 물론 무한히 만족하면 무한으로 반복합니다. 일반적으로 for문과 같이 반복하지만 쓰임이 조금 다릅니다. for문은 처음과 끝을 알고 있거나 횟수를 알고 있을 때 보통 사용하면 편리합니다. while은 for문과 다른 경우에 사용이 많습니다. 물론 어떤 조건이 있어도 for문과 while문을 다 사용은 할 수 있지만 대체로 앞의 경우를 따릅니다.

```
while 조건:
    실행 코드
    ...
while문과 관련 없는 실행 코드
```

조건을 만족하면 실행 코드를 실행합니다.

다음 프로그램 2개는 1부터 10까지 출력하는 프로그램입니다.

```
1  i = 1
2  while i <= 10:
3      print(i, end=' ')
4      i += 1
```

1행의 변수 i는 초기값을 대입하고, 2행의 조건에 맞으면 3행과 4행을 실행합니다. i의 값이 1씩 증가하여 10보다 작거나 같은 경우 반복하는 구조입니다.

```
1 2 3 4 5 6 7 8 9 10
```

아래 프로그램도 같은 결과를 출력 하지만 코드의 내용이 조금 다릅니다.

```
1  i = 0
2  while i < 10:
3      i += 1
4      print(i, end=' ')
```

3행의 증가된 i 값을 print() 함수에서 처리하므로 while문의 조건에서 i를 포함하지 않아도 됩니다. 그러나 위 코드는 i 값을 print() 함수 밑에 정의하여 i의 조건을 10을 포함합니다.

```
1 2 3 4 5 6 7 8 9 10
```

아래 두 프로그램은 모두 while문을 이용하여 홀수를 구하는 프로그램입니다.

```
1  i = 1
2  while i <= 10:
3      print(i, end=' ')
4      i += 2
```

```
5
6 print()
7 i = 0
8 while i < 10:
9     i += 1
10    if i % 2 == 1:
11        print(i, end='')
```

4행은 1부터 2씩 증가하여 홀수를 구합니다.

10행은 조건이 True이면 11행을 실행합니다. 10행은 반복 횟수가 많지만 어떤 경우에도 가능합니다.

```
1 3 5 7 9
1 3 5 7 9
```

1부터 합을 구하여 그 합이 1000을 넘어가는 시점의 숫자와 합을 출력하는 프로그램입니다.

```
1 i = 1
2 sum = 0
3 while sum <= 1000:
4     sum += i
5     i += 1
6 print(f"1000을 넘어가는 숫자는 {sum}이고 그 시점의 숫자는 {i}입니다")
```

위와 같은 프로그램은 끝나는 숫자를 알 수 없기에 while문에 적합합니다. 3행의 조건으로 판단하면 됩니다.

```
1000을 넘어가는 숫자는 1035이고 그 시점의 숫자는 46입니다
```

4 break문

break문을 만나면 for문이나 while문 등의 반복문을 탈출합니다. 대부분은 조건에 맞으면 탈출하지만, break문 자체만으로도 반복을 중단하고 탈출합니다. 다중 반복문일 경우

break문이 위치하는 가장 안쪽의 반복문만 탈출합니다. 반복문을 탈출한다고 프로그램을 종료하는 것이 아니고, 다음 문장을 이어서 실행합니다.

```
반복문:
    실행 코드 1
    break
    실행 코드 2
```

다음 프로그램은 4와 5의 최소공배수를 구하는 프로그램입니다.

```
1 for i in range(1, 101):
2     print(i)
3     if i % 4 == 0 and i % 5 == 0:
4         break
5 print(f"4와 5의 최소공배수 = {i}")
```

1행은 1부터 100까지 수를 반복합니다.

3행은 4의 배수와 5의 배수의 공통된 값이 되면 4행의 break문에 의하여 for문을 탈출합니다. 그 값 중 최소공배수가 20입니다.

```
1 2 3 4 5 6 7 8 9 10 11 12 13 14 15 16 17 18 19 20
4와 5의 최소공배수 = 20
```

다음 프로그램은 다중 for문 안에 break문을 사용합니다.

```
1 for i in range(1, 4):
2     for j in range(1, 4):
3         print(f"i = {i}, j ={j}, i+j = {i+j}")
4         if i + j == 4:
5             break
6     print("--------------------")
```

위에서도 말했지만 break문의 제어는 여러 개의 for문을 탈출하는 것이 아니라 한 개의 for문을 탈출합니다. 5행은 프로그램에서 i와 j를 더하여 4가 되면 안쪽 for문을 탈출하고 프로그램을 종료하지 않습니다. 이후 안쪽 for문을 실행하지 않지만, 다시 바깥쪽 for문을 만나 안쪽 for문을 다시 처음부터 실행하게 됩니다.

```
i = 1, j =1, i+j = 2
i = 1, j =2, i+j = 3
i = 1, j =3, i+j = 4
--------------------
i = 2, j =1, i+j = 3
i = 2, j =2, i+j = 4
--------------------
i = 3, j =1, i+j = 4
--------------------
```

5 continue문

반복문을 실행하다가 continue문을 만나면 프로그램의 제어 이동은 반복문으로 이동하게 됩니다. 그래서 continue 이후의 문장은 실행되지 않습니다.

```
반복문:
    실행 코드 1
    ...
    continue
    실행 코드 2
    ...
```

continue문을 만나면 continue의 실행 코드 2를 포함한 아랫부분을 실행하지 않고 반복문으로 제어 부분이 이동합니다.

다음 프로그램은 짝수일 경우 continue를 만나 print() 함수를 실행하지 않습니다.

```
1  #1~100까지 홀수의 출력
2  for i in range(1, 101):
3      if i % 2 == 0:
4          continue
5      print(i, end=' ')
```

3행이 홀수일 경우 if 조건이 맞지 않아 continue를 만나지 않으므로 print() 함수 부분을 실행합니다. 그러나 짝수일 경우 if 조건이 True가 되어 continue문을 만나므로 5행을 실행하지 않습니다.

```
 1  3  5  7  9 11 13 15 17 19 21 23 25 27 29 31 33 35 37 39 41 43 45 47 49 51
53 55 57 59 61 63 65 67 69 71 73 75 77 79 81 83 85 87 89 91 93 95 97 99
```

다음 프로그램은 j의 값이 3 미만은 출력하지 않고 그 이상만 출력되는 프로그램입니다.

```
1  # j의 값을 3 미만은 출력하지 않음
2  for i in range(1, 6):
3      for j in range(5, 0, -1):
4          if j < 3:
5              continue
6          print(f"i = {i}, j = {j}")
```

4행의 if 조건이 True일 경우 continue문을 만나므로 j의 값이 3 이하는 출력되지 않습니다.

```
i = 1, j = 5
i = 1, j = 4
i = 1, j = 3
i = 2, j = 5
i = 2, j = 4
i = 2, j = 3
i = 3, j = 5
i = 3, j = 4
i = 3, j = 3
i = 4, j = 5
i = 4, j = 4
i = 4, j = 3
i = 5, j = 5
i = 5, j = 4
i = 5, j = 3
```

6 for ~ else문

for문의 조건에 만족하면 정상적인 코드를 실행하고 조건에 만족하지 못한 경우에는 else문을 실행합니다. 물론 정상적인 코드는 for의 조건만큼 반복하고, else문 이후는 한 번만 실행됩니다. 위와 같은 조건을 만족하기 위해서는 break문을 만나지 말아야 합니다.

```
for 변수 in range(초기값, 최종값-1, 증가값):
    실행 코드1
else:
    실행 코드2
for문과 관련 없는 실행 코드
```

for ~ else문의 for문 실행과정을 일반 for문과 같고, else는 for문의 실행이 모두 끝나면 실행됩니다.

```
for i in range(10):
    print(i, end=' ')
else:
    print('\n0~9까지 모두 출력되었습니다')
```

위 프로그램의 결과는 굳이 else문을 사용하지 않아도 똑같은 결과를 출력하게 됩니다. 확인하기 위해 else:부분을 생략하고 출력하겠습니다.

```
0 1 2 3 4 5 6 7 8 9
0~9까지 모두 출력되었습니다
```

```
for i in range(10):
    print(i, end=' ')
print('\n0~9까지 모두 출력되었습니다')
```

위와 같은 결과를 출력합니다.

```
0 1 2 3 4 5 6 7 8 9
0~9까지 모두 출력되었습니다
```

그러나 다음과 같은 경우에는 결과가 달라집니다. 아래 두 가지 예제 프로그램을 보고 설명하겠습니다.

```
1  for i in range(10):
2      print(i, end=' ')
3      if i >= 5:
4          break
5  else:
6      print('\n0~9까지 모두 출력되었습니다')
```

4행의 break문을 만나면 else문을 실행하지 않습니다.

```
0 1 2 3 4 5
```

```
1  for i in range(10):
2      print(i, end=' ')
3  print('\n0~9까지 모두 출력되었습니다')
```

break문을 사용할 때와는 전혀 다른 결과가 출력되는 것을 알 수 있습니다.

```
0 1 2 3 4 5 6 7 8 9
0~9까지 모두 출력되었습니다
```

7 while ~ else문

while ~ else문도 for ~ else문과 같은 출력을 합니다. for ~ else문과 같이 break문을 만나면 else문이 실행되지 않습니다.

```
while 조건:
    실행 코드1
    ...
else:
    실행 코드2
    ...
while문과 관련 없는 실행 코드
```

다음 프로그램을 보며 설명하겠습니다. 숫자를 입력받아 합을 출력하겠습니다.

```
1  i = 0
2  sum = 0
3  num = int(input("숫자를 입력하세요: "))
4  while i <= num:
5      i += 1
6      sum += i
7      if sum >= 100:
8          break
9  else:
10     print(sum)
11 print(sum)
```

위 프로그램은 입력된 값에 따라 달리 출력되는 것을 알 수 있습니다.

3행은 숫자를 입력받습니다.

4행은 while문의 조건이 True일 경우 계속 반복합니다.

7행은 합(sum)이 100을 넘어가는 순간 break문을 만나 else문을 실행하지 않습니다. 그래서 결과는 11행만 출력되어, 105를 출력합니다.

```
숫자를 입력하세요: 50
105
```

그러나 3행에서 적은 숫자를 입력받으면 그들의 합(sum)이 100을 넘지 못해 break를 실행하지 않기 때문에 else문의 print() 함수와 다음의 print() 함수를 시행하게 됩니다.

```
숫자를 입력하세요: 5
21
21
```

다음 코드는 else문을 사용하지 않은 경우의 예를 들어 보겠습니다.

```
1  i = 0
2  sum = 0
3  num = int(input("숫자를 입력하세요: "))
4  while i <= num:
```

```
5      i += 1
6      sum += i
7      if sum >= 100:
8          break
9 print(sum)
```

위 프로그램은 num의 값에 상관없이 무조건 print() 함수를 실행하는 것을 알 수 있습니다. 조금의 차이지만 어떤 경우에는 많은 차이일 수도 있습니다. 많이 사용하지는 않지만 둘의 차이를 알아두면 도움이 됩니다.

```
숫자를 입력하세요: 5
21


숫자를 입력하세요: 50
105
```

제6장 연습문제

1. for문을 이용하여 '나는 당신을 사랑합니다!!' 5회 반복 출력되도록 프로그램 하시오.

2. for문을 이용하여 1부터 10까지 합계를 구하여 출력하는 프로그램을 작성하시오.

3. 키보드에서 정수값을 입력받으면 1부터 입력받은 값까지 합계를 구하여 출력하는 프로그램을 작성하시오.

4. 키보드에서 50보다 큰 정수값을 입력받으면 1부터 입력받은 값까지 중에서 3의 배수의 합계를 구하여 출력하는 프로그램을 작성하시오.

5. while문을 사용하여 1부터 100까지 합계를 구하여 출력하는 프로그램을 작성하시오.

6. 반복문을 사용하여 3단 구구단을 출력하는 프로그램을 작성하시오.

7. 1부터 합을 구하여 그 합이 500이 넘어가는 시점의 숫자와 합을 출력하는 프로그램을 작성하시오.

8. while문을 사용하여 '사랑합니다!!'을 무한 반복하여 출력하는 프로그램을 작성하시오.

9. 1부터 50까지의 숫자 중에서 3과 4의 최소공배수를 구하는 프로그램을 작성하시오.

10. 1부터 50까지 값 중에서 3의 배수만을 출력하는 프로그램을 작성하시오.(단, continue 사용)

제7장

컬렉터

1. 리스트(list)
2. 딕셔너리(Dictionary)
3. 튜플(Tuple)
   연습문제

제7장

컬렉션(collection)

학습목표

- 컬렉션의 종류를 알아보고 종류별로 응용 프로그램을 작성하여 보자.
- 리스트(list)의 개념과 응용프로그램을 작성하여 보자.
- 딕셔너리(dictionary)의 개념과 응용프로그램을 작성하여 보자.
- 튜플(Tuple)의 개념과 응용프로그램을 작성하여 보자.

파이썬의 컬렉션은 데이터를 저장하고 관리합니다. 종류로는 리스트(list), 딕셔너리(dictionary), 튜플(tuple), 집합(set)이 있습니다. 이 책에서는 집합 컬렉션을 제외하고 설명하겠습니다.

1 리스트(list)

예를 들어 5명의 과목의 점수를 저장하는 프로그램을 작성하려면 변수 5개를 사용해야 합니다. a1, a2, a3, a4, a5처럼 변수를 사용해야 합니다. 5명의 성적을 프로그램에 적용한다고 생각하면 25개의 변수를 사용해야 하는 불편이 있습니다. 사람도 많아지고 과목도 많아진다면 엄청난 개수의 변수를 사용해야 합니다. 이와 같은 불편을 해결하기 위해 list 자료형을 사용하는 것입니다.

리스트는 여러 개의 값을 순서를 가지고 저장하며, 가변적인 구조를 가지고 있습니다. 또한 중복된 값도 허용하며, 데이터의 타입이 달라도 무방합니다.

```
list_score = [100, 95, 80, 90, 77]
list_name = ["홍길동", "홍길순", "임지영", "임승민", "하수식", "엄청나"]
list_all = ["대한민국", 1200, True, [1, 2], "서울"]
```

위 예제를 보면 같은 형(type)의 자료형을 저장하는 것은 당연하고 전혀 다른 형을 저장할 수 있습니다. 또한 리스트 안에 리스트를 담을 수도 있습니다.

1) 리스트 사용 방법

처음부터 초깃값을 아는 경우 위 코드처럼 정의하고 사용하면 되지만 초깃값을 모르는 경우 다음과 같이 정의합니다.

```
list_total = [ ]
```

정의된 리스트는 append()라는 함수를 사용하여 추가할 수 있습니다.

```
1 list_total.append(10)
2 list_total.append(20)
3 list_total.append("정수")
4 print(list_total)
```

1행~3행의 append() 함수는 list_total 변수에 값을 추가합니다. 자료형이 달라도 관계없습니다.

```
[10, 20, '정수']
```

위와 같은 방법으로 자료를 저장할 수도 있지만 반복문과 함께 저장할 수도 있습니다.

```
1 list_for = []
2 for i in range(11) :
3     list_for.append(i)
4 print(list_for)
```

2행의 반복문은 리스트 변수와 잘 어울립니다. 3행에서 값을 계속 추가합니다.

```
[0, 1, 2, 3, 4, 5, 6, 7, 8, 9, 10]
```

2) 인덱싱(Indexing)

리스트의 내용은 항상 모두 출력할 수는 없습니다. 원하는 위치에 있는 자료를 출력할 수도 있습니다. 그렇기 위해서는 인덱스를 이용하면 됩니다. 파이썬에서 리스트의 인덱스는 0부터 시작하기 때문에 주의해야 합니다.

이번에는 앞에서 사용한 list_name의 리스트 변수 내용을 확인해 보겠습니다.

index / 리스트 내용	홍길동	홍길순	임지영	임승민	하수식	엄청나
양수 index	0	1	2	3	4	5
음수 index	-6	-5	-4	-3	-2	-1

리스트는 앞쪽에서부터 읽는 경우 0부터 시작하고, 뒤부터 읽는 경우 -1부터 점점 작아집니다.

이번에는 리스트의 내용을 역으로 출력하겠습니다.

```
1 list_name = ["홍길동", "홍길순", "임지영", "임승민", "하수식", "엄청나"]
2 for i in range(-1, -7, -1) :
3    print(list_name[i], end = " ")
```

2행은 역으로 출력하기 위해 음수의 인덱스 -1부터 시작하여 -6에 끝납니다. 증가값은 -1씩입니다.

```
엄청나 하수식 임승민 임지영 홍길순 홍길동
```

리스트에 리스트의 구조를 가진 값을 출력합니다.

```
list_index = [10, "대한민국", True, [1, 2, 3]]
print("list_index[0]의 내용: ", list_index[0])
print("list_index[1]의 내용: ", list_index[1])
print("list_index[2]의 내용: ", list_index[2])
print("list_index[3]의 내용: ", list_index[3])
```

위의 결과는 list_index의 리스트 내용을 0번째 인덱스부터 3번째 인덱스까지 출력합니다. 3번째 인덱스값은 리스트입니다.

```
list_index[0]의 내용:  10
list_index[1]의 내용:  대한민국
list_index[2]의 내용:  True
list_index[3]의 내용:  [1, 2, 3]
```

3) 리스트의 수정(List Updating)

리스트의 내용을 수정하고 싶을 때는 원하는 위치에 수정하고 싶은 내용을 대입하면 됩니다. 위 리스트 내용을 수정해 보겠습니다.

```
list_index[0] = 100
list_index[1] = "서울"
list_index[2] = False
list_index[3] = "리스트 자료 대입"
print(list_index)
```

리스트 내용들이 수정된 것을 알 수 있습니다.

```
[100, '서울', False, '리스트 자료 대입']
```

리스트의 내용을 for 반복문을 이용하여 수정해 보겠습니다. 리스트에 0부터 9까지 10개의 값을 저장하고 출력된 자료를 각 값에 10을 곱하여 다시 출력하는 프로그램입니다.

```
list_a = []
for i in range(10) :
    list_a.append(i)
print(list_a)

for i in range(10) :
    list_a[i] = i*10

print("-----------------------------")
for i in range(10) :
    print("list_a[", i, "]", list_a[i])
```

리스트의 자료형을 print() 함수로 전체를 출력할 수 있지만, 편집해서 출력하기가 어렵습니다. 이런 문제를 해결하기 위한 방법으로 반복문과 함께 사용하면 좋습니다.

```
[0, 1, 2, 3, 4, 5, 6, 7, 8, 9]
-----------------------------
list_a[ 0 ] 0
list_a[ 1 ] 10
list_a[ 2 ] 20
list_a[ 3 ] 30
list_a[ 4 ] 40
list_a[ 5 ] 50
list_a[ 6 ] 60
list_a[ 7 ] 70
list_a[ 8 ] 80
list_a[ 9 ] 90
```

리스트의 내용을 다양한 방법으로 출력하겠습니다.

```
1  list_na = ["대한민국", "미국", "일본", "중국", "영국"]
2
3  for i in list_na :
4      print(i)
5  print("----------------------------------------")
6  for i in list_na :
7      print(i, end="==>")
8  print("\n----------------------------------------")
9  for i in range(5) :
10     print(i,".번째 나라: ", list_na[i], sep=" ")
```

3행은 list_na의 내용을 0부터 끝까지 출력합니다. 리스트의 내용을 처음부터 끝까지 어떤 변화 없이 출력하고 싶으면 index를 사용할 필요 없이 출력하면 됩니다.

9행은 index를 이용하여 하나씩 원하는 형태로 출력합니다. 리스트의 내용을 출력하는 방법은 다양한 방법이 존재합니다.

```
대한민국
미국
일본
중국
영국
----------------------------------------
대한민국==>미국==>일본==>중국==>영국==>
----------------------------------------
0 .번째 나라:  대한민국
1 .번째 나라:  미국
2 .번째 나라:  일본
3 .번째 나라:  중국
4 .번째 나라:  영국
```

4) 슬라이싱(Slicing) 이용하기

다음은 리스트의 자료 중 원하는 자료만 추출해 보겠습니다. list_city의 리스트에 우리나라와 세계의 도시를 대입하겠습니다.

```
list_city = ["서울", "워싱턴", "부산", "베이징", "대전", "동경", "인천"]
```

다양하게 자료를 추출하겠습니다.

```
print(list_city[2:5])
```

3번째 도시부터 5번째 도시를 출력합니다. 인덱스 값은 2부터 4까지입니다.

```
['부산', '베이징', '대전']
```

```
print(list_city[5:])
```

5번째 위치부터 끝까지 도시를 출력합니다.

```
['동경', '인천']
```

```
print(list_city[:2])
```

처음부터 2번째 전까지 0과 1번째 인덱스의 값을 출력합니다.

```
['서울', '워싱턴']
```

```
print(list_city[:])
```

리스트의 모든 내용을 출력합니다.

```
['서울', '워싱턴', '부산', '베이징', '대전', '동경', '인천']
```

```
print(list_city[0:6:2])
```

[ ]에 콜론(:)을 두 개 사용하면 다음과 같은 의미입니다.
   [처음값 : 마지막값-1: 증가값]
0부터 5까지 2칸씩 증가하면서 출력합니다.

```
['서울', '부산', '대전']
```

```
print(list_city[0::2])
```

0부터 끝까지 2칸씩 증가하면서 출력합니다.

```
['서울', '부산', '대전', '인천']
```

```
print(list_city[::-1])
```

리스트의 마지막부터 처음까지 역으로 출력합니다.

```
['인천', '동경', '대전', '베이징', '부산', '워싱턴', '서울']
```

```
print(list_city[::-2])
```

리스트의 마지막부터 처음까지 -2씩 역으로 출력합니다.

```
['인천', '대전', '부산', '서울']
```

5) 리스트 삽입(List Insert)

이번에는 리스트의 중간에 필요한 부분을 삽입하기 위해서는 insert() 함수를 사용합니다. insert() 함수는 가장 앞쪽인 0번째 인덱스를 삽입하기 위해 다른 값들을 프로그래머가 의도적으로 뒤로 밀어서 공간을 확보하여 저장하지 않아도 됩니다. 파이썬의 리스트는 자동으로 빈 공간이 확보되어 저장됩니다. 프로그래머 입장에서는 매우 간편해졌다고 생각할 수 있습니다.

리스트에 "하마"를 저장합니다.

```
list_insert = ["하마"]
print(list_insert)
```

"하마"는 0번째 인덱스에 저장되었습니다.

```
['하마']
```

```
list_insert.insert(0, "사자")
print(list_insert)
```

0번째 인덱스에 "사자"를 저장하고 "하마"는 1번째 인덱스로 자동 이동됩니다.

```
['사자', '하마']
```

1번째 인덱스에 "코끼리"를 저장하고 "하마"는 2번째 인덱스로 자동 이동됩니다.

```
list_insert.insert(1, "코끼리")
print(list_insert)
```

```
['사자', '코끼리', '하마']
```

6) 리스트 삭제(List Delete)

리스트의 내용 중 필요하지 않은 부분은 삭제할 필요가 있습니다. 삭제에 도움을 주는 키워드와 함수입니다.

- 리스트를 인덱스로 삭제: del, pop()
- 리스트를 값으로 삭제: remove()
- 리스트 내용 모두 삭제: clear()

리스트 변수에 과일의 이름을 대입합니다.

```
list_del = ["사과", "수박", "배", "꿀", "귤", "포도"]
```

list_del의 리스트 내용을 모두 출력합니다. index 변수를 이용하여 의도적으로 인덱스 값과 내용을 출력합니다.

```
index = 0
for i in list_del :
    print("[", index, "] = ", i)
    index = index + 1
```

index 변수를 이용하여 의도적으로 인덱스 값과 내용을 출력합니다.

```
[ 0 ] = 사과
[ 1 ] = 수박
[ 2 ] = 배
[ 3 ] = 꿀
[ 4 ] = 귤
[ 5 ] = 포도
```

```
del list_del[3]

index = 0
for i in list_del :
    index = index + 1
    print("[", index, "] = ", i)
```

del 키워드를 이용하여 3번째 인덱스 값("꿀")을 지우고 모든 내용을 출력합니다. 리스트의 내용 중 "꿀"값이 사라지고 다른 값들은 당겨져서 저장된 것을 알 수 있습니다.

```
[ 0 ] = 사과
[ 1 ] = 수박
[ 2 ] = 배
[ 3 ] = 귤
[ 4 ] = 포도
```

파이썬의 리스트는 원하는 위치의 값을 지우면 비워두지 않고 뒤에 내용들이 앞으로 당겨져 저장됩니다.

```
list_del.pop(0)
index = 0
for i in list_del :
    index = index + 1
    print("[", index, "] = ", i)
```

이번에는 pop() 함수를 이용하여 0번째 위치하는 "사과"를 지우고 출력합니다.

```
[ 0 ] = 수박
[ 1 ] = 배
[ 2 ] = 귤
[ 3 ] = 포도
```

remove() 함수는 내용을 이용하여 값을 지웁니다.

```
list_del.remove("배")

index = 0
for i in list_del :
    index = index + 1
    print("[", index, "] = ", i)
```

리스트에서 "배"를 지우겠습니다. pop() 함수는 인덱스를 이용하여 지우지만 remove() 함수는 저장된 내용으로 지우는 함수입니다.

```
[ 0 ] = 수박
[ 1 ] = 귤
[ 2 ] = 포도
```

clear() 함수를 이용하여 리스트 전체 내용을 지워 보겠습니다.

```
list_del.clear()
print(list_del)
```

모든 내용이 지워지고 리스트 자료형 형태만 출력됩니다.

```
[]
```

7) 리스트 요소 찾기(Find list elements)

리스트 요수 중 원하는 내용이 있는지 찾고 싶으면 in을 사용하고, 반대의 경우에는 not in을 사용하면 됩니다.

```
list_in = ["아시아", "유럽", "아프리카", "아메리카"]

if "유럽" in list_in :
    print("유럽은 리스트에 저장되어 있습니다.")
else:
    print("유럽은 리스트에 없습니다.")
```

list_in 리스트에 "유럽"이 있는지 확인하는 프로그램입니다.

```
유럽은 리스트에 저장되어 있습니다.
```

```
list_in = ["아시아", "유럽", "아프리카", "아메리카"]

if "아메리카" not in list_in :
    print("아메리카는 리스트에 저장되어 있습니다.")
else:
    print("아메리카는 리스트에 없습니다.")
```

list_in 리스트에 "아메리카"가 없는지 확인하는 프로그램입니다.

```
아메리카는 리스트에 없습니다.
```

8) 리스트 정렬(List Sort)

리스트의 내용을 정렬하기 위해서는 sort() 함수를 사용하면 됩니다. 리스트의 내용을 정렬하지 않고 출력하겠습니다.

```
list_sort = [30, 50, 10, 40, 20]
print(list_sort)
```

리스트의 모든 내용이 출력됩니다.

```
[30, 50, 10, 40, 20]
```

sort() 함수를 이용하여 오름차순 정렬 후 출력합니다.

```
list_sort.sort()
print(list_sort)
```

리스트의 내용을 정렬하고 출력합니다.

```
[10, 20, 30, 40, 50]
```

이번에는 리스트의 내용을 내림차순으로 정렬하여 출력하겠습니다.

```
list_sort.sort(reverse = True)
print(list_sort)
```

sort() 함수의 reverse 매개변수에 True를 보내면 자동으로 역순으로 출력되는 것을 알 수 있습니다.

```
[50, 40, 30, 20, 10]
```

다음은 정렬 알고리즘을 사용하여 정렬하고 그 결과를 출력합니다. 결과는 sort() 함수를 사용한 것과 같은 결과입니다. 아래와 같은 복잡한 알고리즘을 사용할 필요 없이 sort() 함수를 사용하면 되지만 다양한 응용 과정이 필요하므로 모두 알아두는 것도 좋은 방법입니다.

```
1 list_sort = [30, 50, 10, 40, 20]
2 print(list_sort)
3 for i in range(4):
4    for j in range(i+1, 5):
5        if list_sort[i] > list_sort[j]:
6            temp = list_sort[i]
7            list_sort[i] = list_sort[j]
8            list_sort[j] = temp
9 print(list_sort)
```

선택 정렬 알고리즘으로 리스트의 내용들을 오름차순 정렬하고 출력합니다.
5행은 앞쪽의 값이 크면 6행~8행까지를 이용하여 자료를 교환합니다.

```
[30, 50, 10, 40, 20]
[10, 20, 30, 40, 50]
```

9) 리스트 복사(List Copy)

리스트를 복사하는 방법에는 얕은 복사(shallow copy)와 깊은 복사(deep copy)로 나눌 수 있습니다. 얕은 복사 방법은 대입 연산자(=)를 사용하면 됩니다.

리스트를 복사하고 출력하겠습니다.

```
1 list_digit = [1, 2, 3, 4, 5]
2 list_copy = list_digit
3 print(list_digit)
4 print(list_copy)
```

리스트를 복사했으므로 결과는 같습니다.
2행은 list_digit을 list_copy에 대입합니다.
3행~4행은 두 리스트의 내용을 출력합니다.

```
[1, 2, 3, 4, 5]
[1, 2, 3, 4, 5]
```

이번에는 원본 리스트의 내용을 바꿔서 다시 출력하겠습니다.

```
1 list_digit = [1, 2, 3, 4, 5]
2 list_copy = list_digit
3 list_digit[0] = 100
4 print(list_digit)
5 print(list_copy)
```

3행은 list_digit의 0번째 인덱스 내용을 100으로 바꿉니다. 4행과 5행은 같은 결과를 출력합니다.

```
[100, 2, 3, 4, 5]
[100, 2, 3, 4, 5]
```

얕은 복사는 원본 내용과 복사된 내용이 같은 리스트를 가리키기 때문에 변경된 내용을 공유합니다.

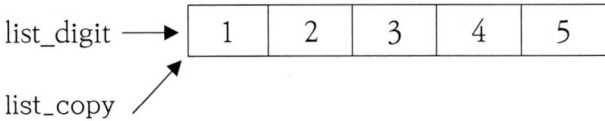

복사라고는 하지만 같은 곳을 서로 다른 리스트의 이름으로 가리키는 모양입니다. 그러니 당연히 결과도 같은 내용이 출력됩니다.

이번에는 깊은 복사 방법을 copy() 함수를 사용하여 프로그램을 작성합니다.

```
1 list_origin = [100, 200, 300, 400, 500, 600]
2 list_copy = list_origin.copy()
3 list_origin[0] = 1
4 print(list_origin)
5 print(list_copy)
```

2행의 copy() 함수로 복사하는 경우 원본과 복사본은 같지 않습니다.

```
[1, 200, 300, 400, 500, 600]
[100, 200, 300, 400, 500, 600]
```

위 코드는 원본 내용을 바꿔도 복사된 리스트는 변경되지 않은 것을 알 수 있습니다. 아래 그림을 보면 두 리스트는 서로 다른 메모리에 위치합니다.

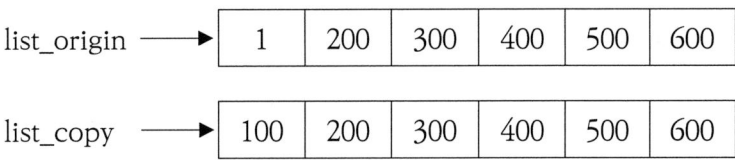

이번에는 list()와 슬라이싱([:])을 이용하여 깊은 복사를 프로그램하겠습니다.

```
 1 list_origin = [100, 200, 300, 400, 500, 600]
 2 list_copy = list_origin[:]
 3 list_origin[0] = 1
 4 print(list_origin)
 5 print(list_copy)
 6 print("*"*20)
 7 list_origin = [100, 200, 300, 400, 500, 600]
 8 list_copy = list(list_origin)
 9 list_origin[0] = 1
10 print(list_origin)
11 print(list_copy)
```

2행은 슬라이싱을 이용하여 복사합니다. list_origin을 바꿔도 복사된 list_copy의 내용은 변경되지 않았습니다. 깊은 복사 방법으로 복사되었습니다.

8행은 리스트로 복사합니다. 결과는 2행과 같이 깊은 복사되어 원본을 바꿔도 복사된 내용은 변경되지 않습니다.

```
[1, 200, 300, 400, 500, 600]
[100, 200, 300, 400, 500, 600]
-------------------------------
[1, 200, 300, 400, 500, 600]
[100, 200, 300, 400, 500, 600]
```

복사된 리스트의 내용이 변경되지 않은 것을 알 수 있습니다. 1차원 구조에서는 위 3가지 모두 깊은 복사이지만 2차원 이상의 구조는 다른 결과를 출력합니다.

```
1  import copy
2  list_rectangle = [["파이썬", "자바"], ["C언어", "R언어"]]
3  list_copy1 = list_rectangle
4  list_copy2 = list_rectangle.copy()
5  list_copy3 = list(list_rectangle)
6  list_copy4 = list_rectangle[:]
7  list_copy5 = copy.deepcopy(list_rectangle)
8  list_rectangle[1][1] = "HTML"
9  print(f"{'list_rectangle':<15} = {list_rectangle}") # 원본 리스트
10 print(f"{'list_copy1':<15} = {list_copy1}") # 대입
11 print(f"{'list_copy2':<15} = {list_copy2}") # copy() 함수
12 print(f"{'list_copy3':<15} = {list_copy3}") # list() 함수
13 print(f"{'list_copy4':<15} = {list_copy4}") # slicing[:]
14 print(f"{'list_copy5':<15} = {list_copy5}") # copy 모듈의 deepcopy() 함수
```

2행은 2차원 구조로 저장된 리스트입니다.
3행은 대입 연산자를 이용하여 복사합니다.
4행은 copy() 함수로 복사합니다.
5행은 list() 함수로 복사합니다.
6행은 슬라이싱으로 복사합니다.
7행은 deepcopy() 함수로 복사합니다.
8행은 list_rectangle의 값을 바꿉니다.
10행~13행은 값이 모두 바뀌어 출력되었습니다.

14행은 바뀌지 않은 내용이 출력되었습니다.

```
list_rectangle  = [['파이썬', '자바'], ['C언어', 'HTML']]
list_copy1      = [['파이썬', '자바'], ['C언어', 'HTML']]
list_copy2      = [['파이썬', '자바'], ['C언어', 'HTML']]
list_copy3      = [['파이썬', '자바'], ['C언어', 'HTML']]
list_copy4      = [['파이썬', '자바'], ['C언어', 'HTML']]
list_copy5      = [['파이썬', '자바'], ['C언어', 'R언어']]
```

2차원 구조의 리스트는 copy module의 deepcopy() 함수를 이용해야 깊은 복사가 됩니다. 1차원 구조의 리스트에서는 깊은 복사가 되었던 방법이 2차원 구조에서는 얕은 복사가 됩니다.

10) 리스트 비교(List Compare)

두 개의 리스트를 비교하기 위해서는 관계 연산자를 사용하면 됩니다.

리스트 변수 2개에 각각 다른 값을 넣고 비교해 보겠습니다.

```
lista = [ 10, 10, 30, 40]
listb = [ 10, 30, 20, 10, 50]
print("lista > listb => ", lista > listb)
```

비교 방법은 lista와 listb의 첫 번째 값을 비교하여 같으면 두 번째 값을 비교합니다. 두 번째도 같으면 다음의 내용을 계속 비교합니다. 아래 내용은 lista와 listb의 0번째 인덱스 값은 같고, lista의 1번째 인덱스 내용이 listb의 인덱스 내용보다 작으므로 False가 출력됩니다.

```
lista > listb =>  False
```

```
lista = [10, 10, 30, 40]
listb = [10, 30, 20, 10, 50]
print("lista < listb => ", lista < listb)
```

lista와 listb의 0번째 인덱스 내용은 같고, listb의 1번째 인덱스 내용이 lista의 인덱스 내용보다 크므로 True가 출력됩니다.

```
lista < listb =>  True
```

listc와 listd는 같지 않습니다.

```
listc = [1, 2, 3, 4]
listd = [1, 2, 3]
print("listc != listd => ", listc != listd)
```

```
listc != listd =>  True
```

liste와 listf는 같습니다.

```
liste = [1, 2, 3, 4]
listf = [1, 2, 3, 4]
print("liste == listf => ", liste == listf)
```

```
liste == listf =>  True
```

11) 리스트 연산(List Operation)

리스트 연산이란 두 개의 리스트를 "+" 나 "*"를 이용하여 연산할 수 있습니다.
리스트 변수 list_x에 값을 배정하고 출력합니다.

```
list_x = [1, 2, 3, 4]
print("list_x = ", list_x)
```

```
list_x =  [1, 2, 3, 4]
```

리스트 list_y에 값을 배정하고 출력합니다.

```
list_y = [5, 6, 7, 8]
print("list_y = ", list_y)
```

```
list_y =  [5, 6, 7, 8]
```

리스트 list_x와 list_y를 더하여 list_z에 대입하고 출력합니다. 당연하지만 list_x의 내용은 변하지 않았습니다.

```
list_z = list_x + list_y
print("list_x + list_y = ", list_z)
```

```
list_x + list_y =  [1, 2, 3, 4, 5, 6, 7, 8]
```

extend() 함수를 이용하여 리스트 list_xx에 list_y를 추가하고 출력합니다. list_xx의 내용이 달라진 것을 알 수 있습니다.

```
list_xx = [10, 20, 30, 40]
list_xx.extend(list_y)
print("list_xx + list_y = ", list_xx)
```

```
list_xx + list_y =  [10, 20, 30, 40, 5, 6, 7, 8]
```

곱하기(*) 연산을 사용하여 리스트의 내용을 3번 더하고 출력합니다.

```
list_x = [1, 2, 3, 4]
list_aaa = list_x * 3
print("list_x * 3 = ", list_aaa)
```

```
list_x * 3 =  [1, 2, 3, 4, 1, 2, 3, 4, 1, 2, 3, 4]
```

리스트이 길이를 구하는 함수 len() 이용하여 길이를 구하고 출력합니다.

```
list_len = len(list_aaa)
print("list_len의 길이 = ", list_len)
```

```
list_len의 길이 =  12
```

12) 리스트 내포(List Comprehension)

리스트는 반복문과 매우 친밀한 관계를 유지하고 있습니다. 이런 반복문을 리스트 밖에서 사용하는 것이 아니라 리스트의 [ ] 안에서 사용하는 것이 리스트 내포입니다.

리스트 내포를 이용하여 모두 출력합니다.

```
list_flower = ["동백", "코스모스", "진달래", "개나리", "채송화"]
print([i for i in list_flower])
```

```
['동백', '코스모스', '진달래', '개나리', '채송화']
```

리스트 내포를 사용하여 문자들을 두 번 더해 flower에 리스트 변수에 저장하고 출력합니다.

```
flower = [ i*2 for i in list_flower]
print(flower)
```

```
['동백동백', '코스모스코스모스', '진달래진달래', '개나리개나리', '채송화채송화']
```

list_digit에 들어 있는 숫자 중 짝수를 찾아 digit 변수에 넣고 출력합니다.

```
list_digit = [10, 30, 5, 6, 7, 23, 1]
digit = [ i for i in list_digit if i % 2 == 0 ]
print(digit)
```

```
[10, 30, 6]
```

13) 2차원 이상 리스트

리스트에 리스트를 넣어 마치 2차원 배열처럼 사용하는 것을 말합니다. 2차원 이상도 사용할 수 있지만 여기서는 2차원 배열만 설명합니다.

2차원 리스트를 만들어 출력합니다.

```
list_array = [[10, 20, 30], [40, 50], [60, 70, 80, 90]]
for row in list_array:
    print(row)
```

list_array 리스트에 임의의 값을 대입합니다. 행별로 리스트를 출력합니다.

```
[10, 20, 30]
[40, 50]
[60, 70, 80, 90]
```

이번에는 2차원 리스트 변수의 내용을 일렬로 출력합니다.

```
list_array = [[10, 20, 30], [40, 50], [60, 70, 80, 90]]
for row in list_array:
    for col in row:
        print(col, end=" ")
```

print() 함수는 내용을 출력하고 줄 바꿈을 하지 않습니다.

```
10 20 30 40 50 60 70 80 90
```

리스트를 이용하여 3행 4열의 행렬을 만듭니다.

```
list_arr = []
print(list_arr)
```

먼저 1차원 리스트를 만들어 출력합니다.

```
[]
```

2차원 리스트의 틀을 만들어 봅니다.

```
list_arr = [[], [], []]
print(list_arr)
```

```
[[], [], []]
```

1차원 리스트에 각 행에 3개의 숫자를 채워 4개의 열을 만듭니다.

```
list_arr = []
list_arr = [[1] * 4]
list_arr += [[2] * 4]
list_arr += [[3] * 4]
print(list_arr)
```

```
[[1, 1, 1, 1], [2, 2, 2, 2], [3, 3, 3, 3]]
```

위와 같은 방법은 for문에서도 이용이 가능합니다.

```
list_arr = []
  for i in range(1,4):
      list_arr += [[i] * 4];
  print(list_arr)
```

```
[[1, 1, 1, 1], [2, 2, 2, 2], [3, 3, 3, 3]]
```

이차원 리스트를 다양한 방법으로 이용해보겠습니다. 먼저 5행 5열 이차원 리스트를 0으로 초기화합니다.

```
listOfList = []

  for i in range(5):
      listOfList += [[0] * 5
  print(listOfList)
```

5행 5열 이차원 리스트를 0으로 초기화합니다.

```
[[0, 0, 0, 0, 0], [0, 0, 0, 0, 0], [0, 0, 0, 0, 0], [0, 0, 0, 0, 0], [0, 0, 0, 0, 0]]
```

초기화된 2차원 리스트를 출력하지만 모두 출력되기 때문에 화면에는 원하는 대로 출력하기 어렵습니다.

다음은 1부터 25까지 출력하겠습니다.

```
n = 1
for i in range(len(listOfList)):
    for j in range(len(listOfList[i])):
        listOfList[i][j] = n
        n = n + 1
print(listOfList)
```

```
[[1, 2, 3, 4, 5], [6, 7, 8, 9, 10], [11, 12, 13, 14, 15], [16, 17, 18, 19, 20], [21, 22, 23, 24, 25]]
```

2차원 리스트를 행렬의 모양으로 출력합니다.

```
for i in range(len(listOfList)):
    for j in range(len(listOfList[i])):
        print(f"{listOfList[i][j]:3d}", end=" ")
    print()
```

```
 1  2  3  4  5
 6  7  8  9 10
11 12 13 14 15
16 17 18 19 20
21 22 23 24 25
```

2 딕셔너리(Dictionary)

딕셔너리는 키와 값을 데이터로 저장하고, 키값으로 데이터를 관리하는 구조입니다. 당연히 데이터들을 키로 관리하므로 순서는 중요하지 않습니다. 리스트와는 다르게 중괄호({ })로 정의하고, 사용할 때는 대괄호([ ])를 사용합니다.

1) 딕셔너리 정의와 생성(Dictionary Define and Create)

```
dictionary = { key1: value1, key2: value2, key3: value3, ...}
```

딕셔너리 변수에 중괄호를 사용하여 정의합니다. 중괄호 안에는 키(key)와 값(value)을 콜론(:)으로 구분하여 정의합니다. 키는 문자열이나 숫자들로 정의할 수 있습니다. 중괄호 안에서는 유일해야 합니다. 값은 어떤 자료형이어도 관계없습니다.

```
dic = { "apple": "사과", "banana": "바나나", "cake": "케이크", "orange": "오렌지" }
```

위 dic 변수는 4개의 키와 값을 가지고 있는 딕셔너리입니다. "apple"은 키이고, "사과"는 값입니다.

딕셔너리의 변수만 정의하고 싶으면 중괄호({ })를 사용합니다.

```
dic1 = { }
```

2) 딕셔너리 접근(Dictionary Approach)

dic2 변수에 1월부터 5월까지 영어로 저장합니다.

```
dic2 = { 1: "January", 2: "February", 3: "March", 4: "April", 5: "May" }
```

대괄호([ ])에 키를 이용하여 요소에 접근할 수 있습니다.

```
print(dic2[2])
```

키 값이 2인 자료를 출력합니다.

```
February
```

또 다른 방법은 get() 함수를 사용하여 접근할 수 있습니다.

```
print(dic2.get(3))
```

키 값이 3인 자료를 출력합니다.

```
March
```

키가 없는 요소에 접근하면 다음과 같은 결과가 나오니 주의해야 합니다.

```
print(dic2[6])
```

```
Traceback (most recent call last):
  File "C:/Users/INTEL-I/AppData/Local/Programs/Python/Python311/char7_21.py",
line 6, in <module>
    print(dic2[6])
KeyError: 6
```

```
print(dic2.get(6))
```

```
None
```

딕셔너리에 없는 값을 함수와 키로 접근하면 다르지만 오류 메시지를 출력합니다.

3) 딕셔너리 추가와 삭제(Dictionary Append and Delete)

새로운 항목을 추가하기 위해서는 새로운 키를 추가하면 됩니다. 값이 중복된 것은 전혀 문제가 되지 않습니다.

```
dic2[6] = 'June'
print(dic2)
```

키 값 6에 'June'을 추가하고 출력합니다.

```
{1: 'January', 2: 'February', 3: 'March', 4: 'April', 5: 'May', 6: 'June'}
```

```
dic2[13] = 'January'
print(dic2)
```

추가하고 출력하면 키가 1인 경우와 13인 경우 값들의 내용은 모두 "January"인 것을 알 수 있습니다. 딕셔너리의 내용이 같아도 전혀 문제가 되지 않습니다.

```
{1: 'January', 2: 'February', 3: 'March', 4: 'April', 5: 'May', 6: 'June',
13: 'January'}
```

이번에는 같은 키를 사용하여 다른 내용을 저장하여 내용을 변경해 보겠습니다.

```
dic2[13] = 'January+12'
print(dic2)
```

키 13의 내용을 업데이트하고 출력합니다.

```
{1: 'January', 2: 'February', 3: 'March', 4: 'April', 5: 'May', 6: 'June',
13: 'January+12'}
```

키는 중복 불가능하며 값은 중복되어도 문제가 없습니다. 위 프로그램처럼 키가 중복되면 키의 연결된 값이 변경됩니다. 문자열은 ' '나 " " 모두 가능하니 자유롭게 사용할 수 있습니다.

4) 딕셔너리 활용

print() 함수를 이용하여 딕셔너리 내용을 출력하면 정해진 출력형식으로 출력됩니다. 키와 값을 다양하게 출력할 수 있습니다.

```
for j in dic2:
    print(j, "==>", dic2[j])
```

for문을 이용하여 딕셔너리를 출력합니다.

```
1 ==> January
2 ==> February
3 ==> March
4 ==> April
5 ==> May
6 ==> June
13 ==> January+12
```

키가 딕셔너리에 존재하고 있는지 확인해 보겠습니다.

```
false = 10 in dic2
print(false)
```

키 10은 dic2에 존재하지 않으므로 거짓(False)입니다.

```
False
```

이번에는 1이 dic2에 존재하는지 확인합니다.

```
true = 1 in dic2
print(true)
```

키 1은 dic2에 존재하므로 참(True)입니다.

```
True
```

이번에는 sorted() 함수를 이용하여 키를 정렬하겠습니다.

```
print(sorted(dic2))
```

딕셔너리의 값이 정렬된 것이 아니고 킷값이 정렬됩니다.

```
[1, 2, 3, 4, 5, 6, 13]
```

values() 함수를 이용하여 값을 정렬하겠습니다.

```
print(sorted(dic2.values()))
```

```
['April', 'February', 'January', 'January+12', 'June', 'March', 'May']
```

3 튜플(Tuple)

튜플은 리스트와 유사하지만, 정의된 자료는 변경할 수 없다는 것이 리스트와 다릅니다. 리스트보다 불편한 점도 있지만 속도 면에서는 리스트보다 빠릅니다.

1) 튜플 정의 및 생성(Tuple Define and Create)

튜플은 일반적으로 소괄호(( ))를 열고 요소를 정의하면 됩니다.

```
tup1 = (1, 2, 3, 4)
print(tup1)
```

```
(1, 2, 3, 4)
```

튜플은 리스트와 같이 다양한 자료형을 섞어 저장할 수 있습니다.

```
tup2 = ("Sun", "Mon", 1, 2)
print(tup2)
```

```
('Sun', 'Mon', 1, 2)
```

한 개의 요소를 저장할 경우는 반드시 요소 뒤에 콤마(,)를 찍으면 됩니다. 왜냐하면 콤마를 사용하지 않으면 일반 정수로 인식합니다.

```
tup3 = (1, )
print(tup3)
```

```
(1,)
```

이번에는 소괄호만을 사용하여 튜플 형태로 저장해 보겠습니다. 결과는 일반 정수로 출력됩니다. tup4는 튜플 변수가 아니고 일반 변수입니다.

```
tup4 = (1)
print(tup4)
```

```
1
```

튜플은 소괄호를 사용하지 않아도 튜플로 인정합니다.

```
tup5 = "Lee", "Park", "Kim"
print(tup5)
```

```
('Lee', 'Park', 'Kim')
```

요소가 없는 튜플 변수는 소괄호(( ))만 정의합니다.

```
tup6 = ( )
print(tup6)
```

```
()
```

튜플 요소에 또 다른 튜플 형식으로 저장해도 됩니다.

```
tup7 = ("Jan", "Feb", ("Sun", "Mon", "Tue"), "Mar")
print(tup7)
```

```
('Jan', 'Feb', ('Sun', 'Mon', 'Tue'), 'Mar')
```

튜플 요소에 리스트 형식으로 저장해도 됩니다.

```
tup8 = ("Jan", "Feb", ["Sun", "Mon", "Tue"], "Mar")
print(tup8)
```

```
('Jan', 'Feb', ['Sun', 'Mon', 'Tue'], 'Mar')
```

튜플 요소에 또 딕셔너리 형식으로 저장해도 됩니다.

```
tup9 = ("Jan", "Feb", {"Sun": 1, "Mon": 2, "Tue": 3}, "Mar")
print(tup9)
```

```
('Jan', 'Feb', {'Sun': 1, 'Mon': 2, 'Tue': 3}, 'Mar')
```

2) 튜플 요소 접근(Tuple Approach)

튜플도 리스트와 마찬가지로 인덱스는 0부터 시작합니다.

```
tup2 = ("Sun", "Mon", 1, 2)
print(tup2[1])
```

```
Mon
```

튜플 요소 중 다른 튜플에 접근하는 방법과 튜플의 내용 접근 방법입니다.

```
tup7 = ("Jan", "Feb", ("Sun", "Mon", "Tue"), "Mar")
print(tup7[2])
```

```
('Sun', 'Mon', 'Tue')
```

tup7의 요소 중 2번째 요소('Sun', 'Mon', 'Tue') 중 첫 번째 요소에 접근할 수 있습니다.

```
tup7 = ("Jan", "Feb", ("Sun", "Mon", "Tue"), "Mar")
print(tup7[2][1])
```

```
Mon
```

튜플 요소 중 리스트의 내용 접근하는 방법입니다.

```
tup8 = ("Jan", "Feb", ["Sun", "Mon", "Tue"], "Mar")
print(tup8[2])
```

```
['Sun', 'Mon', 'Tue']
```

튜플 요소 중 리스트의 내용 접근하는 방법입니다. tup8의 요소 중 2번째 요소['Sun', 'Mon', 'Tue'] 중 0번째 요소에 접근하면 됩니다.

```
print(tup8[2][0])
```

```
Sun
```

튜플 요소 중 딕셔너리에 접근하는 방법입니다.

```
tup9 = ("Jan", "Feb", {"Sun": 1, "Mon": 2, "Tue": 3}, "Mar")
print(tup9[2])
```

```
{'Sun': 1, 'Mon': 2, 'Tue': 3}
```

딕셔너리의 구체적인 내용에 접근하는 방법도 가능합니다. tup9의 요소 중 2번째 요소 {'Sun': 1, 'Mon': 2, 'Tue': 3}에서 키가 'Sun'인 요소에 접근합니다.

```
print(tup9[2]["Sun"])
```

```
1
```

튜플의 요소를 변경해 보겠습니다. 튜플의 요소를 변경하면 다음과 같은 오류 메시지가 출력됩니다.

```
tup1[0] = 10
```

```
Traceback (most recent call last):
  File "C:/Users/INTEL-I/AppData/Local/Programs/Python/Python311/chap7_31.py", line 31, in <module>
    tup1[0] = 10
TypeError: 'tuple' object does not support item assignment
```

튜플의 내용을 변경하지 마세요.

3) 튜플 함수(Tuple Function)

다양한 함수를 사용하여 튜플을 활용할 수 있습니다. len() 함수를 이용하여 튜플의 길이를 구해보겠습니다.

tup7의 길이를 구합니다.

```
tup7 = ("Jan", "Feb", ("Sun", "Mon", "Tue"), "Mar")
print(len(tup7))
```

튜플의 길이는 가장 바깥쪽의 길이를 구하기 때문에 4가 됩니다.

```
4
```

tup7의 요소인 튜플의 길이를 구합니다.

```
print(len(tup7[2]))
```

("Sun", "Mon", "Tue")의 길이는 세 개입니다.

```
3
```

tup8의 요소인 리스트 길이를 구합니다. 튜플의 요소로 리스트를 저장해도 튜플을 요소로 저장한 위 코드와 결과는 같습니다.

```
tup8 = ("Jan", "Feb", ["Sun", "Mon", "Tue"], "Mar")
print(len(tup8[2]))
```

```
3
```

tup9의 요소인 딕셔너리의 길이를 구합니다. 튜플의 요소로 딕셔너리를 저장해도 튜플을 요소로 저장한 위 코드와 결과는 같습니다.

```
tup9 = ("Jan", "Feb", {"Sun": 1, "Mon": 2, "Tue": 3}, "Mar")
print(len(tup9[2]))
```

```
3
```

이번에는 max()와 min() 함수를 이용하여 최댓값과 최솟값을 구해보겠습니다. tup1의 정수 중 가장 큰 수를 구합니다.

```
tup1 = (1, 2, 3, 4)
print(max(tup1))
```

```
4
```

tup5의 문자열 중 가장 큰 수를 구합니다. 문자열의 크기 비교는 가장 앞에 있는 문자들부터 사전적으로 비교해서 큰 것을 비교합니다.

```
tup5 = "Lee", "Park", "Kim"
print(max(tup5))
```

문자 'P'는 'L'이나 'K'보다 뒤에 위치하므로 가장 큰 값이 됩니다.

```
Park
```

이번에는 자료형이 혼합된 tup2의 가장 큰 값을 구해 봅니다. 그러나 tup2는 정수와 문자열이 혼합되어 크기를 구할 수 없어 오류가 발생합니다.

```
tup2 = ("Sun", "Mon", 1, 2)
print(max(tup2))
```

```
Traceback (most recent call last):
  File "C:/Users/INTEL-I/AppData/Local/Programs/Python/Python311/chap7_31.py", line 38, in <module>
    print(max(tup2))
TypeError: '>' not supported between instances of 'int' and 'str'
```

min() 함수를 사용하여 tup1의 정수 중 가장 작은 수를 구합니다.

```
tup1 = (1, 2, 3, 4)
print(min(tup1))
```

```
1
```

tup5의 문자열 중 가장 작은 수를 구합니다. 문자열의 크기는 가장 앞에 있는 문자들부터 사전적으로 비교해서 작은 것을 비교합니다.

```
tup5 = "Lee", "Park", "Kim"
print(min(tup5))
```

```
Kim
```

이번에는 tup2의 가장 작은 값을 구합니다. 그러나 tup2는 정수와 문자열이 혼합되어 크기를 구할 수 없어 오류가 발생합니다.

```
tup2 = ("Sun", "Mon", 1, 2)
print(min(tup2))
```

```
Traceback (most recent call last):
  File "C:/Users/INTEL-I/AppData/Local/Programs/Python/Python311/chap7_31.py", line 42, in <module>
    print(min(tup2))
TypeError: '<' not supported between instances of 'int' and 'str'
```

tuple() 함수를 이용하여 리스트를 튜플로 바꾸어 출력합니다.

```
list1 = [10, 20, 30, 40]
print(tuple(list1))
```

```
(10, 20, 30, 40)
```

4) 튜플 활용

튜플을 이용하여 편리한 기능들을 설명합니다. 먼저 여러 변수에 튜플을 이용하여 저장하겠습니다.

```
a, b, c, d = 100, 200, 300, 400
print(a, b, c, d)
```

```
100 200 300 400
```

```
name = ("Lee", "Park", "Kim", "Choi")
e, f, g, h = name
print(e, f, g, h)
```

튜플 변수 name을 변수 각각에 저장합니다.

```
Lee Park Kim Choi
```

이번에는 두 변수의 내용을 바꿔보겠습니다. 다른 언어에서는 일반적으로 다음과 같이 임시 변수에 값을 저장하여 값을 바꿉니다.

```
1  x = 10
2  y = 20
3
4  t = x
5  x = y
6  y = t
7  print("x =", x, " y =", y)
```

일반적으로 x와 y를 바꾸려면 새로운 변수(t)를 활용해야 합니다.

```
x = 20   y = 10
```

이번에는 튜플을 이용하여 쉽게 두 변수의 내용을 바꿔보겠습니다.

```
x = 10
y = 20
x, y = (y, x)
print("x =", x, " y =", y)
```

```
x = 20   y = 10
```

리스트를 이용해도 다음과 같이 쉽게 두 변수의 내용을 바꿀 수 있습니다.

```
x = 10
y = 20
x, y = [y, x]
print("x =", x, " y =", y)
```

```
x = 20   y = 10
```

in과 not in을 이용하여 포함 관계를 확인하겠습니다.

```
tup2 = ("Sun", "Mon", 1, 2)
print("Sun" in tup2)
```

"Sun"이 tup2에 포함되어 있나를 확인합니다. 포함되어 있으니 True입니다.

```
True
```

```
tup2 = ("Sun", "Mon", 1, 2)
print("Wed" not in tup2)
```

"Wed"가 tup2에 포함되지 않아 True가 됩니다.

```
True
```

이번에는 연산자들을 튜플에 적용합니다. 먼저 '*' 연산자를 이용하여 요소들을 반복합니다.

```
tuple1 = (10, 20, 30)
tuple2 = tuple1 * 3
print(tuple2)
```

```
(10, 20, 30, 10, 20, 30, 10, 20, 30)
```

'+' 연산자를 이용하여 두 튜플을 결합하겠습니다.

```
tup1 = (1, 2, 3, 4)
tup2 = ("Sun", "Mon", 1, 2)
tuple3 = tup1 + tup2
print(tuple3)
```

```
(1, 2, 3, 4, 'Sun', 'Mon', 1, 2)
```

제7장　　연습문제

1. 파이썬에서 컬렉션의 종류를 기술하시오.

2. 리스트 문법으로 옳은 것을 모두 고르시오.
   1) i = []
   2) i = [10, 20, 30]
   3) i = ["사랑", 123, '합니다']
   4) i = [3.14159, 'f', 100]

3. 딕셔너리에 대한 설명중 올바르지 않은 것을 모두 고르시오.
   1) 중괄호 {}로 표현한다.
   2) append() 함수를 사용할 수 없다.
   3) 읽기 및 쓰기가 모두 가능하다.
   4) 항목의 추가 및 삭제는 가능한데 변경은 못한다.

4. 다음 프로그램의 결과값을 쓰시오.

```
list_index = [5, "대한민국", True, [0, 1, 2]]
print("list_index[0]의 내용: ", list_index[0])
print("list_index[1]의 내용: ", list_index[1])
print("list_index[2]의 내용: ", list_index[2])
print("list_index[3]의 내용: ", list_index[3])
```

5. 다음 프로그램의 결과값을 쓰시오.

```
list_total = [ ]
list_total.append("빨간")
list_total.append("사과")
list_total.append("맛있어?")
print(list_total)
```

6. 다음 프로그램의 결과값을 쓰시오.

```
list_name = ["홍길동", "홍길순", "임지영", "임승민", "하수식", "엄청나"]
for i in range(-1, -5, -1) :
   print(list_name[i], end = " ")
```

7. 다음 프로그램의 결과값을 쓰시오.

```
list1 = ['짜장면','짬뽕','우동' ]
list2 = list1
print(list2)
list1[0]='짜장밥'
list2.append('잡채밥')
print(list2)
```

8. 다음 프로그램의 결과값을 쓰시오.

```
list_a = []
for i in range(10) :
    list_a.append(i)
print(list_a)

for i in range(10) :
    list_a[i] = i*100

print("------------------------------")
for i in range(10) :
    print("list_a[", i, "]", list_a[i])
```

9. 다음 프로그램의 결과값을 쓰시오.

```
list_city = ["서울", "평택", "부산", "파리", "대전", "동경", "인천"]
print(list_city[::-2])
```

10. 리스트를 사용하여 거북이 50마리의 리스트를 만든 후, 거북이가 중앙에서 자신의 지정된 위치까지 이동한 결과를 출력하는 프로그램을 작성하시오. 단 거북이 1마리의 1차원 리스트는 7개의 형태로 구성하고, 거북이는 화면 중앙(0,0)에서 지정된 위치(X,Y)까지 선을 그리고 이동하고 크기와 색상을 모두 임의의 값으로 추출한다.
[거북이, X위치, Y위치, 거북이크기, 거북이색상(R), 거북이색상(G), 거북이색상(B)]

제8장

함수(Function)

1. 함수 정의(Function Define)
2. 매개변수(Parameter)
3. 키워드 매개변수(Keyword Parameter)
4. 가변 매개변수(Variable Parameter)
5. 기본 매개변수(Default Parameter)
6. 리턴(Return)
7. 변수 유효 범위(Variable Scope)
8. 재귀 함수(Recursive Function)
9. 람다(Lambda)
연습문제

제8장

함수(Function)

학습목표

- 함수의 개념을 알아보고 응용 프로그램을 작성하여 보자.
- 사용자 정의함수를 알아보고 함수를 작성하여 보자.
- 매개변수의 개념과 응용프로그램을 작성하여 보자.
- 기본 매개변수를 파악하고 응용프로그램을 작성하여 보자.
- 재귀함수를 알아보고 응용프로그램을 작성하여 보자.

　함수는 어떤 일을 할 수 있는 프로그램의 모임으로 생각하면 됩니다. 예를 들어 두 숫자의 평균을 구하는 일이 필요하다고 생각하면 두 개의 숫자를 입력받아 평균을 구하는 함수를 작성하면 됩니다. 파이썬 라이브러리에 두 개의 숫자를 더하는 함수가 존재하면 우리는 함수를 작성하지 않고 직접 그 함수를 불러 사용하면 됩니다.

　프로그램을 편하게 작성해도 되는데 힘들게 함수의 형식을 맞추면서 함수를 작성해야 할까요? 이유는 여러 가지가지 있습니다.

　첫 번째로 의미 있는 내용들을 모아 놓고 필요할 때 다시 사용하면 편리합니다.

　두 번째는 같은 일을 여러 번 반복해야 하는데 그 내용이 매우 크다고 생각해 보겠습니다. 그러면 같은 일은 하기 위한 프로그램의 길이는 길어질 수 있습니다. 이러한 문제점들은 함수를 한 번만 작성하고 그 함수를 계속 불러 사용하면 됩니다. 그 외에 다른 이유도 있지만 여겨서는 여기까지 설명하겠습니다.

　함수의 종류를 보면 파이썬에서 제공하거나 사용자들이 작성한 함수를 내가 사용하기 위해서는 그 함수들을 불러와 사용해야 하는데 그런 함수들을 라이브러리라고 합니다. 또는 파이썬에 내장된 함수를 내장 함수라고 부르기도 합니다. 다음으로는 내가 직접 함수를 작성하고 활용해야 하는데 그런 함수를 사용자 정의 함수라고 합니다. 지금부터는 사용자 정의 함수를 만드는 과정과 사용하는 방법들을 나열합니다.

1 함수 정의(Function Define)

```
def 함수이름(매개변수1, 매개변수2, ...) :
    함수 내의 코드
    ...
    [return ...]
```

사용자 정의 함수는 "def"로 시작하고 함수의 이름은 사용자 마음대로 정의할 수 있습니다. 그렇지만 의미 있게 정의하는 것을 권장합니다.

간단하게 예를 들어 설명하겠습니다.

```
def func_print(name):      # ---> 함수 헤드 부분
    print(name, "입니다")   # ---> 함수 바디 부분

func_print("임꺽정")        # ---> 메인 code
```

```
임꺽정 입니다
```

함수 이름은 "func_print"이고, 매개변수 "name"은 메인 코드에서 보내온 값 "임꺽정"을 입력받아 출력하는 프로그램입니다.

다음은 함수 hello()는 매개변수 없이 "반갑습니다"만 출력하는 함수입니다.

```
def hello():
    print("반갑습니다")

hello()
```

```
반갑습니다
```

파이썬 코드를 많이 작성해 보지 않았을 경우는 들여쓰기에 신중하여야 합니다.

```
1 def plus(a, b):
2     c = a + b
```

```
3    print(f"{a} + {b} = {c}")
4     print("끝입니다")
5
6  x = 100
7  y = 200
8  plus(x, y)
```

위 코드는 4행의 print() 함수에 한 칸 띄어쓰기를 더 사용한 프로그램입니다. C언어나 자바 등의 언어에서는 문제없이 작성되지만 파이썬에서는 들여쓰기가 매우 중요합니다. 위쪽 코드와 같은 칸에 맞추는 것이 중요하니 꼭 기억하시기 바랍니다.

```
오류 발생
```

사용자 정의 함수를 작성하는 방법 중 제일 간단한 것은 매개변수 없이 함수를 작성하는 것입니다. 다양하게 매개변수의 개수를 작성할 수 있습니다. 다음 단원에서는 매개변수에 대하여 자세히 설명하겠습니다.

2 매개변수(Parameter)

함수 입장에서 전달받은 값을 매개변수라고 합니다. 다시 말해 함수를 정의할 때 사용되는 변수를 말합니다. 매개변수는 함수를 정의할 때 사용되는 변수를 의미하고, 함수를 호출하는 곳은 인자라고 합니다. 인자는 실제로 함수가 호출될 때 넘겨주는 변수의 값을 말합니다. 당연히 숫자, 문자 등 모든 데이터 타입이 가능합니다. 인자를 실매개 변수(actual parameter)라고 불리기도 하고, 매개변수를 형식 매개변수(formal parameter)라고 불리기도 합니다.

인자와 매개변수의 개수가 같아야 합니다.

```
def func_two(a, b):
    c = a + b
    print(f"{a} + {b} = {c}")

func_two(10, 20)
```

매개변수가 2개인 함수를 실행하기 위해서는 함수를 부르는 곳의 인자 개수도 2개 존재해야 합니다. 인자의 개수가 많거나 적은 경우 오류를 발생합니다.

```
10 + 20 = 30
```

func_two(10, 20, 30)에 인자의 개수를 세 개 넣고 함수를 부르는 경우 다음과 같은 오류가 발생합니다.

```
Traceback (most recent call last):
  File "C:/Users/INTEL-I/AppData/Local/Programs/Python/Python311/chap8_1.py", line 5, in <module>
    func_two(10, 20, 30)
TypeError: func_two() takes 2 positional arguments but 3 were given
```

func_two(10)에 인자를 한 개만 넣고 함수를 부른 경우에는 다음과 같은 오류를 발생합니다.

```
Traceback (most recent call last):
  File "C:/Users/INTEL-I/AppData/Local/Programs/Python/Python311/chap8_1.py", line 5, in <module>
    func_two(10)
TypeError: func_two() missing 1 required positional argument: 'b'
```

3 키워드 매개변수(Keyword Parameter)

매개변수의 개수, 위치 그리고 인자의 개수, 위치가 일치해야 합니다. 아래 함수를 보고 설명하면 다음과 같습니다. 매개변수의 첫 번째는 "이름"이고 두 번째는 "주소"입니다. 그러므로 인자의 위치도 똑같이 첫 번째는 "이름"이고 두 번째는 "주소"가 위치해야 합니다.

```
1 def func_address(name, address):
2     print(f"당신의 이름은 {name}이며, 주소는 {address}입니다")
3
4 func_address("홍길동", "평택시")
```

"홍길동"은 name에 전달되고, "평택시"는 address에 전달됩니다.

```
당신의 이름은 홍길동이며, 주소는 평택시입니다
```

다음 코드는 "홍길동"과 "평택시"를 바꿔서 실행해 보겠습니다.

```
def func_address(name, address):
    print(f"당신의 이름은 {name}이며, 주소는 {address}입니다")

func_address("평택시", "홍길동")
```

이번에는 "평택시"은 name에 전달되고, "홍길동"는 address에 전달되어 잘못된 결과를 출력합니다.

```
당신의 이름은 평택시이며, 주소는 홍길동입니다
```

당연히 출력 결과가 잘못되었습니다. 우리가 코드를 작성한다고 생각하면 함수들의 매개변수를 매 순간 순서를 외워서 작성하기 힘들 수도 있습니다. 그런 경우 키워드 매개변수가 필요합니다. func_address() 함수의 인수를 사용하는 방법으로 키워드를 사용하여 다시 부르겠습니다.

```
1  def func_address(name, address):
2      print(f"당신의 이름은 {name}이며, 주소는 {address}입니다")
3
4  func_address(address="평택시", name="홍길동")
```

4행은 매개변수의 위치가 앞뒤로 바뀌어도 키워드를 사용하여 결과는 옳게 나왔습니다.

```
당신의 이름은 홍길동이며, 주소는 평택시입니다
```

4 가변 매개변수(Variable Parameter)

프로그램하면서 가장 많이 사용 중인 print() 함수는 매개변수의 개수가 몇 개일까요? 어느 때는 한 개만 전달하고 어느 때는 두 개 또 어느 때는 많은 수의 매개변수를 전달하여 출력합니다. 그래도 에러 없이 출력이 잘 되는 것을 알 수 있습니다. 어떻게 하면 매개변수의 개수를 자유자재로 조정할 수 있을까요? 정답은 간단합니다. 바로 가변 매개변수를 사용하면 됩니다. 다음의 프로그램을 이용하여 가변 매개변수를 자세히 설명하겠습니다.

```
1  def func_city(city, *name):
2      print(f"{city}에 살고 있는 사람들의 이름은", end = " ")
3      for j in name:
4          print(j, end = " ")
5      print("입니다")
6      print("-"*75)
7      print("가변 매개변수 name을 print() 함수로만 출력 :", name)
8  func_city("대전시", "가나다", "나대로", "대신해")
```

1행은 city의 매개변수에 "대전시"가 대입되었고 나머지 "가나다", "나대로", "대신해"는 가변 매개변수 name에 대입되었습니다. 가변 매개변수 name을 print() 함수만을 이용해서 출력하면 튜플의 구조로 출력합니다.

가변 매개변수는 '*'를 이용하여 나머지 인수를 변수 하나에 모두 저장한다는 의미입니다. name 변수에는 3개의 값이 저장된 튜플 형의 시퀀스로 되어 있습니다.

```
대전시에 살고 있는 사람들의 이름은 가나다 나대로 대신해 입니다
---------------------------------------------------------------------------
가변 매개변수 name을 print() 함수로만 출력 : ('가나다', '나대로', '대신해')
```

이번에는 가변 매개변수와 일반 매개변수의 순서를 바꿔서 작성해 보겠습니다.

```
1  def func_city(*name, city):
2      print(f"{city}에 살고 있는 사람들의 이름은", end = " ")
3      for j in name:
4          print(j, end = " ")
5      print("입니다")
6      print("-"*75)
7      print("가변 매개변수 name을 print() 함수로만 출력 :", name)
8  func_city("대전시", "가나다", "나대로", "대신해")
```

결과는 오류입니다. 가변 매개변수 name은 "대전시"부터 "대신해"까지 모두 자기 자신에 대입하고, city는 대입 받은 것이 없다고 오류를 발생합니다. 그래서 일반 매개변수와 가변 매개변수의 순서를 바꾸면 오류를 발생합니다.

```
Traceback (most recent call last):
  File "C:/Users/INTEL-I/AppData/Local/Programs/Python/Python311/chap8/chap8_plus.py", line 8, in <module>
    func_city("대전시", "가나다", "나대로", "대신해")
TypeError: func_city() missing 1 required keyword-only argument: 'city'
```

이런 문제를 해결하기 위한 방법은 키워드 매개변수와 같이 사용하면 됩니다.

위 코드를 다음과 같이 수정해 보겠습니다.

```
def func_city(*name, city):
    print(f"{city}에 살고 있는 사람 이름은", end = " ")
    for j in name:
        print(j, end = " ")
    print("입니다")

func_city("가나다", "나대로", "대신해", city = "대전시")
```

```
대전시에 살고 있는 사람의 이름은 가나다 나대로 대신해 입니다
```

5 기본 매개변수(Default Parameter)

이번 프로그램은 nation에 데이터를 입력하지 않으면 기본적으로 "대한민국"으로 저장해야 한다고 생각하고, 코드를 작성한다면 어떻게 해야 할까요? 다행히 이런 경우에 사용할 수 있는 기본 매개변수가 있습니다. 특별히 정의하지 않으면 기본적인 값을 저장하는데 이런 값이 저장된 변수를 기본 매개변수라고 합니다.

```
1  def func_nation(city, nation="대한민국"):
2      print(f"{nation}의 수도는 {city}입니다")
3
4  n = input("나라: ")
5  c = input("수도: ")
6
7  if not n:
8      func_nation(c)
9  else:
10     func_nation(c, n)
```

7행은 n 변수에 아무것도 입력하지 않으면 참이 되어, 8행을 실행하고 n에 나라 이름을 입력하면 10번이 실행됩니다. 아래의 결과를 보면 "나라"에는 "프랑스"를 입력하고, "수도"에는 "파리"라고 입력하면 if 조건이 맞지 않아 func_nation(c, n) 함수를 실행하므로 정상

적인 값이 출력됩니다.

> 나라: 프랑스
> 수도: 파리
> 프랑스의 수도는 파리입니다

이번에는 "나라"의 입력값에 아무것도 입력하지 않았습니다. 그 결과 if 조건이 맞지 않아 8행의 func_nation(c)를 실행하지만 정상적으로 실행됩니다. c의 변수값은 아무것도 존재하지 않지만 기본값이 "대한민국"이므로 잘 출력되었습니다.

> 나라:
> 수도: 서울
> 대한민국의 수도는 서울입니다

다음 코드는 1부터 100까지의 합을 다양한 방법으로 작성하겠습니다.

```
1  def func_total(start=1, end=100):
2      tot = 0
3      for j in range(start, end+1):
4          tot += j
5      print(f"{start} ~ {end}까지의 합 = {tot}")
6
7  func_total()
8  func_total(end = 10)
9  func_total(start = 90)
10 func_total(1, 20)
11 func_total(end = 20, start = 11)
```

1행은 start의 값과 end의 값을 기본값으로 각각 1과 100을 넣고, 다양한 방법으로 함수를 불러 출력하고 있습니다.

> 1 ~ 100까지의 합 = 5050
> 1 ~ 10까지의 합 = 55
> 90 ~ 100까지의 합 = 1045
> 1 ~ 20까지의 합 = 210
> 11 ~ 20까지의 합 = 155

다음 프로그램은 가변 매개변수와 기본 매개변수를 사용하는 프로그램입니다. 취미들을 열거한 후에 한 달에 사용할 횟수를 출력하려 하지만 결과는 엉망이 되었습니다.

```
1 def fun_hobby(*hobby, num = 2):
2     for j in hobby:
3         print(j, end = " ")
4     print(f"은 한달에 {num}번 가능합니다")
5
6 fun_hobby("탁구", "바둑", 3)
```

6행의 인수 3은 취미가 아니고 원하는 횟수이었는데 취미로 인식하고 출력하였습니다.

```
탁구 바둑 3 은 한달에 2번 가능합니다
```

이런 문제를 해결하기 위해 키워드 매개변수를 사용하면 됩니다. 위 코드를 다음과 같이 수정하겠습니다.

```
fun_hobby("탁구", "바둑", num = 3)
```

6행의 인수 3을 키워드 매개변수로 사용하면 원하는 결과를 출력합니다.

```
탁구 바둑 은 한달에 3번 가능합니다
```

가변 매개변수와 일반 매개변수를 같이 사용하는 경우 키워드 매개변수를 사용하면 됩니다.

또한 아래와 같이 바꿔도 오류가 나니 주의하시기 바랍니다.

```
fun_hobby(num = 3, "탁구", "바둑")
```

6 리턴(Return)

지금까지 함수 사용 방법은 함수를 부르면 함수에서 모든 일을 처리하고 처리 순서만 메인 코드로 이동하였습니다. 지금부터는 함수에서 연산한 결과를 메인 코드 부분으로 가져와 사용할 수 있는 방법의 하나로 return 키워드를 사용하겠습니다.

1부터 원하는 숫자까지 홀수의 합을 구하는 프로그램입니다.

```
 1 def func_sum(n):
 2     tot = 0
 3     for j in range(1, n+1):
 4         if j % 2 == 1:
 5             tot += j
 6     return tot
 7
 8 num = int(input("원하는 숫자를 입력하세요: "))
 9 total = func_sum(num)
10 print(total)
```

1행의 func_sum()함수는 원하는 결과를 구하고, 그 값을 return 키워드를 이용하여 메인 코드에 넘겨주는 프로그램입니다. 6행의 return에서 넘겨준 tot값을 9행의 변수 total에 저장되어 10행에서 출력합니다.

```
원하는 숫자를 입력하세요: 100
2500
```

위 코드에서 함수의 이름은 변수와 같이 다른 변수에 대입할 수 있고, 직접 출력도 가능합니다. 또한 아래 코드의 12행처럼 다른 함수의 인자로 사용할 수 있습니다.

```
 1 def func_sum(n):
 2     tot = 0
 3     for j in range(1, n+1):
 4         if j % 2 == 1:
 5             tot += j
 6     return tot
 7
 8 def func_print(n):
 9     print(n)
10
11 num = int(input("원하는 숫자를 입력하세요: "))
12 func_print(func_sum(num))
```

```
원하는 숫자를 입력하세요: 200
10000
```

메인 함수로 값을 보낼 것이 없으면 return 키워드를 쓰지 않아도 되고 또는 return 키워드만 사용해도 됩니다. 또한 여러 개의 return을 사용해도 됩니다.

```
1  def func_digit(su):
2      if su == 1:
3          return "one"
4      elif su == 2:
5          return "two"
6      elif su == 3:
7          return "three"
8      else:
9          return
10
11 print(func_digit(1))
12 print(func_digit(0))
13 print(func_digit(3))
```

```
one
None
three
```

프로그램 코드에 따라 return 키워드 다음에 값을 리턴하고, 원하지 않으면 값을 리턴하지 않아도 됩니다. 그러나 리턴한 값이 없으면 "None"과 같 메시지가 출력됩니다. 그러므로 리턴한 값이 없으면 print() 함수를 사용하지 않습니다. 또한 return이 너무 많아도 좋은 프로그램이라고 생각할 수 없습니다.

다음 코드는 함수에서 2개 이상의 값을 메인 코드로 보내는 프로그램입니다.

```
1  def func_sung(k, m, e):
2      tot = k + m + e
3      ave = tot/3
4      return (tot, ave)
5
6  kor = int(input("국어 : "))
7  math = int(input("수학 : "))
8  eng = int(input("영어 : "))
9  total, average = func_sung(kor, math, eng)   # total = tot, average = ave
```

```
10  print(f"국어: {kor}, 수학: {math}, 영어: {eng}의 합은 {total}이고 평균은
    {average}입니다")
11  print("*" * 70)
12  tuple1 = func_sung(100, 90, 80)      # tuple1[0] = tot, tuple1[1] = ave
13  print(f"국어: {100}, 수학: {90}, 영어: {80}의 합은 {tuple1[0]}이고 평균은
    {tuple1[1]}입니다")
```

함수에서 합과 평균을 동시에 return 하려면 4행처럼 튜플이나 리스트를 사용하면 됩니다. return 키워드 다음에 보낸 순서대로 9행처럼 메인 코드에서 값을 입력받으면 됩니다. 또 다른 방법은 12행처럼 튜플을 이용하여 코드를 작성하면 됩니다.

```
국어 : 100
수학 : 90
영어 : 80
국어: 100, 수학: 90, 영어: 80의 합은 270이고 평균은 90.0입니다
```

리스트 인자를 함수의 매개변수로 보내서 처리하고, 그 리스트 값을 다시 받아오는 프로그램을 만들고 설명하겠습니다.

```
1  lst1 = [10, 20, 'a', 40, 50]
2
3  def func_list(lst):   # 매개변수로 리스트 타입을 받음
4      n = 0
5      for j in lst:
6          n += 1
7          print(f"{n}. {j}")
8      lst[2] = 30
9      return lst
10
11 print("main list 출력")   # 함수를 사용하지 않고 main code에서 출력
12 for j in range(len(lst1)):
13     print(f"{j}. {lst1[j]}")
14
15 print("\nfunction list 출력")   #
16 print(func_list(lst1))
17
18 print("\n수정된 main list 출력")
19 for j in range(len(lst1)):
20     print(f"{j}. {lst1[j]}")
```

12행과 13행 리스트 변수 lst1의 요소들을 출력하고, 16행은 그 리스트 값을 func_list() 함수의 매개변수로 전달합니다.

```
main list 출력
0. 10
1. 20
2. a
3. 40
4. 50
```

3행은 func_list() 함수는 lst로 값을 받고, 5행~8행은 리스트를 출력하고, 3번째 요소값을 30으로 변경합니다. 그리고 그 값을 리턴하고 16행은 리스트를 한 번에 출력합니다.

```
function list 출력
1. 10
2. 20
3. a
4. 40
5. 50
[10, 20, 30, 40, 50]
```

19행과 20행은 변경된 리스트의 값을 번호를 붙여 출력합니다. 인덱스 값을 출력하는 방법으로 range()와 len() 함수를 사용할 수도 있지만, func_list() 함수의 n을 활용하는 방법도 있습니다.

```
수정된 main list 출력
0. 10
1. 20
2. 30
3. 40
4. 50
```

다음은 딕셔너리를 값을 매개변수로 활용하는 방법의 코드입니다.

```
1  dic = { "1": "사과", "2": "수박", "3": "바나나", "4": "참외", "5": "포도" }
2
3  def func_dictionary(dict):
4      for key in dict:
5          print(f"{key}. {dict[key]}")
6
7      dict["6"] = "배"
8      return dict
9  print("main dictionary 출력")
10 print(dic)
11
12 print("\nfunction dictionary 출력")
13 print(func_dictionary(dic))
14
15 print("\n수정된 main dictionary 출력")
16 for key in dic:
17     print(f"키: {key}. 값: {dic[key]}")
```

딕셔너리를 매개변수로 사용하는 함수도 리스트와 같이 값을 받아 사용할 수 있습니다. 10행의 메인 코드에서 딕셔너리를 출력하고, 5행의 func_dictionary() 함수에서도 딕셔너리 값을 출력합니다. 출력 후 새로운 값을 추가하여 리턴된 값을 13행의 print() 함수를 이용하여 출력하고, 16행과 17행은 for문을 사용하여 출력합니다.

```
main dictionary 출력
{'1': '사과', '2': '수박', '3': '바나나', '4': '참외', '5': '포도'}
function dictionary 출력
1. 사과
2. 수박
3. 바나나
4. 참외
5. 포도
{'1': '사과', '2': '수박', '3': '바나나', '4': '참외', '5': '포도', '6': '배'}
```

```
수정된 main dictionary 출력
키: 1,   값: 사과
키: 2,   값: 수박
키: 3,   값: 바나나
키: 4,   값: 참외
키: 5,   값: 포도
키: 6,   값: 배
```

7 변수 유효 범위(Variable Scope)

변수는 위치하는 곳에 따라 값을 크게 전역변수(Global Variable)와 지역변수(Local Variable)로 생각할 수 있습니다. 전역변수는 프로그램 전반에 사용되어 사용이 편리하지만, 프로그램 종료 때까지 메모리에서 없어지지 않습니다. 그러므로 전역변수들이 많으면 메모리를 차지하고 있는 내용도 많다고 생각하면 됩니다. 지역변수는 그와는 반대로 그 지역에서 만들어지고 사용할 수 있으며, 사용이 끝나면 사라집니다. 그러나 메인 코드 부분이나 다른 지역 코드에서 무조건 사용할 수는 없습니다.

메인 코드에서 위치하는 전역변수와 함수에서 정의하고 사용하는 지역변수를 예를 들어 보겠습니다.

```
1  e_a = 10
2
3  def func_variable():
4      print(f"함수 외부의 값은 {e_a}입니다")
5      i_a = 20
6      print(f"함수 내부의 값은 {i_a}입니다")
7
8  print(e_a)
9  print(i_a)
```

8행은 메인 코드에서 e_a라는 전역변수의 값은 잘 출력됩니다.

9행은 func_variable()의 지역변수 i_a는 정의되지 않았다고 오류가 발생합니다. 우리는 분명히 func_variable() 함수에서 i_a 변수에 20을 대입했습니다. 그러나 메인 코드에서는 존재하는지 알 수 없습니다. 왜냐하면 지역변수는 지역 함수 등에서 만들고 함수가 코드가 끝나면 지역변수도 종료합니다. 그래서 i_a 변수가 존재하지 않는다고 오류를 발생합니다.

```
10
Traceback (most recent call last):
  File "C:/Users/INTEL-I/AppData/Local/Programs/Python/Python311/char8_5.py", line 9, in <module>
    print(i_a)
NameError: name 'i_a' is not defined. Did you mean: 'e_a'?
```

이번에는 func_variable() 함수를 부르는 프로그램으로 수정하겠습니다.

```
1  e_a = 10
2
3  def func_variable():
4      print(f"함수 외부의 값은 {e_a}입니다")
5      i_a = 20
6      print(f"함수 내부의 값은 {i_a}입니다")
7
8  print(e_a)
9  func_variable()
10 print(i_a)
```

```
10
함수 외부의 값은 10입니다
함수 내부의 값은 20입니다
Traceback (most recent call last):
  File "C:/Users/INTEL-I/AppData/Local/Programs/Python/Python311/char8_5.py", line 10, in <module>
    print(i_a)
NameError: name 'i_a' is not defined. Did you mean: 'e_a'?
```

그래도 함수의 내용을 출력하고 오류를 발생합니다. 어떻게 하면 함수 내부의 지역변수를 메인 프로그램에서 사용할 수 있을까요? 바로 return 키워드를 사용하면 됩니다.

이번에는 func_variable() 함수를 약간 수정하고 출력해 보겠습니다.

```
1  e_a = 10
2
3  def func_variable():
4      print(f"함수 외부의 값은 {e_a}입니다")
```

```
 5      i_a = 20
 6      print(f"함수 내부의 값은 {i_a}입니다")
 7      return i_a
 8
 9  print(e_a)
 1  aa = func_variable()
11  print(aa)
```

5행의 i_a 변수를 7행에서 리턴합니다.
10행은 함수 func_variable()로부터 리턴된 값(i_a)을 aa에 저장합니다.

```
10
함수 외부의 값은 10입니다
함수 내부의 값은 20입니다
20
```

함수 내부의 값을 다른 함수나 메인 프로그램에서 마음대로 사용하는 방법은 좋은 프로그램이 아닙니다. 다른 방법도 있을 수 있지만 지금은 초심자의 입장으로 설명하니 꼭 기억하시기 바랍니다.

또 하나의 문제는 func_variable()에서 외부 변수 e_a의 값을 사용했다는 것입니다. 물론 프로그램 코드상으로는 문제를 일으키지 않았습니다. 그러나 다음과 같은 경우를 생각해 보겠습니다. 내가 정의한 func_variable() 함수를 다른 곳에서 사용하고 싶다고 생각해 보겠습니다.

다른 프로그램에서 func_variable()를 사용한다고 생각하고 프로그램을 작성합니다.

```
1  def func_variable():
2      print(f"함수 외부의 값은 {e_a}입니다")
3      i_a = 20
4      print(f"함수 내부의 값은 {i_a}입니다")
5      return i_a
6
7  func_variable()
```

```
Traceback (most recent call last):
  File "C:/Users/INTEL-I/AppData/Local/Programs/Python/Python311/chap8_6.py", line 7, in <module>
    func_variable()
  File "C:/Users/INTEL-I/AppData/Local/Programs/Python/Python311/chap8_6.py", line 2, in func_variable
    print(f"함수 외부의 값은 {e_a}입니다")
NameError: name 'e_a' is not defined. Did you mean: 'i_a'?
```

오류 메시지는 e_a 변수가 정의되지 않아 오류를 발생합니다. 오류를 해결하기 위해서는 전에 사용하던 메인 프로그램에서 e_a라는 변수를 가져와야 합니다. 또는 그에 맞는 변수를 생성하여 값을 넣어주고 함수를 실행하면 오류를 해결할 수 있습니다. 이런 식으로 사용하면 함수를 다시 사용하는 것의 의미가 없습니다. 특별한 경우가 아니고는 함수에서 전역변수 사용을 자제하면 좋습니다.

다음은 전역변수를 할 수 없이 사용하는 프로그램을 작성하고 설명합니다. 함수를 부를 때마다 부른 횟수를 출력하는 함수입니다.

```
1 def func_count():
2     count = 0
3     count += 1
4     print(f"함수를 {count} 번 불렀습니다")
5
6 for j in range(5):
7     func_count()
```

원하는 결과는 함수를 부를 때마다 숫자가 증가하는 값을 출력하려고 합니다. 하지만 count 변수의 값을 3행에서 증가하고 출력하지만 계속해서 1만 출력됩니다. 이유는 2행의 count를 0으로 초기화했기 때문입니다. count 변수가 함수의 지역변수이기 때문입니다. 이런 경우 전역변수를 이용하면 쉽게 해결할 수 있습니다.

```
함수를 1번 불렀습니다
함수를 1번 불렀습니다
함수를 1번 불렀습니다
함수를 1번 불렀습니다
함수를 1번 불렀습니다
```

코드를 간단히 수정하고 실행해 보겠습니다.

```
1 count = 0
2 def func_count():
3     count += 1
4     print(f"함수를 {count}번 불렀습니다")
5
6 for j in range(5):
7     func_count()
```

```
Traceback (most recent call last):
  File "C:/Users/INTEL-I/AppData/Local/Programs/Python/Python311/chap8_6.py", lin
e 7, in <module>
    func_count()
  File "C:/Users/INTEL-I/AppData/Local/Programs/Python/Python311/chap8_6.py", lin
e 3, in func_count
    count += 1
UnboundLocalError: cannot access local variable 'count' where it is not associate
d with a value
```

전역 변수를 함수에서 사용할 수 있지만 코드를 수정하니 오류를 발생합니다. 이런 문제를 해결할 수 있는 예약어는 바로 global 키워드입니다. 함수에 수정하고 싶은 외부 변수에 global 키워드를 넣고 프로그램을 수정합니다.

```
1 count = 0
2 def func_count():
3     global count
4     count += 1
5     print(f"함수를 {count}번 불렀습니다")
6
7 for j in range(5):
8     func_count()
```

3행은 외부의 변수를 수정하는 경우 global 키워드를 써주면 오류를 해결할 수 있습니다.

```
함수를 1번 불렀습니다
함수를 2번 불렀습니다
함수를 3번 불렀습니다
함수를 4번 불렀습니다
함수를 5번 불렀습니다
```

이번에는 리스트 변수를 함수에 전달하고 수정하겠습니다.

```
1 glist = ["Korea", "Japan", "China"]
2
3 def func_glist():
4     print(glist)
5     glist.append("England")
6     print(glist)
7
8 func_glist()
```

외부의 리스트 내용을 5행에서 수정하지만, 오류가 발생하지 않고 잘 출력되는 것을 알수 있습니다. 이유는 일반 변수와 리스트 변수는 메모리 구조가 다르기 때문입니다.

```
함수를 1번 불렀습니다
함수를 2번 불렀습니다
함수를 3번 불렀습니다
함수를 4번 불렀습니다
함수를 5번 불렀습니다
['Korea', 'Japan', 'China']
['Korea', 'Japan', 'China', 'England']
```

다음은 리스트 내용을 모두 다시 정의하겠습니다.

```
1 glist = ["Korea", "Japan", "China"]
2
3 def func_glist():
4     print(glist)
5     glist = [1, 2, 3, 4]
6     print(glist)
7
8 func_glist()
```

5행처럼 리스트의 내용을 재정의하면 오류가 발생합니다. 이런 문제를 해결하기 위해서는 어떤 방법을 사용할까요? 일반 변수와 같이 global 키워드를 사용하면 됩니다.

```
Traceback (most recent call last):
  File "C:/Users/INTEL-I/AppData/Local/Programs/Python/Python311/chap8_6.py", line 18, in <module>
    func_glist()
  File "C:/Users/INTEL-I/AppData/Local/Programs/Python/Python311/chap8_6.py", line 14, in func_glist
    print(glist)
UnboundLocalError: cannot access local variable 'glist' where it is not associated with a value
```

global 키워드를 추가하고 다시 실행하겠습니다.

```
1 glist = ["Korea", "Japan", "China"]
2
3 def func_glist():
4     global glist
5     print(glist)
6     glist = [1, 2, 3, 4]
7     print(glist)
8
9 func_glist()
```

오류 없이 출력된 것을 알 수 있습니다. 함수에서 외부 변수를 수정하는 경우 4행의 global 키워드를 꼭 기억하시기 바랍니다.

```
함수를 1번 불렀습니다
함수를 2번 불렀습니다
함수를 3번 불렀습니다
함수를 4번 불렀습니다
함수를 5번 불렀습니다
['Korea', 'Japan', 'China']
[1, 2, 3, 4]
```

8 재귀 함수(Recursive Function)

재귀는 자기 자신을 되부르는 것이므로 재귀함수는 자신의 함수를 호출하는 것을 말합니다. 재귀함수를 알아보기 위해 재귀함수와 일반 함수를 사용하여 같은 결과를 출력하는 코드를 각각 작성하여 보겠습니다.

팩토리얼 구하는 코드를 for문을 이용하여 작성합니다.

```
1 def func_for(n):
2     tot = 1
3     for j in range(1, n+1):
4         tot *= j
5     return tot
6
7 print(f"for문으로 팩토리얼 구하기: {func_for(10)}")
```

1부터 n까지 for문을 이용하여 계속 곱해나가면 팩토리얼을 구할 수 있습니다.
2행은 tot의 초기값으로 1을 대입합니다.
4행은 j를 1부터 n까지 곱하고, 그 값을 리턴합니다.

```
for문으로 팩토리얼 구하기: 3628800
```

이번에는 재귀함수를 이용하여 팩토리얼 프로그램을 작성하겠습니다.

```
1  def func_fact(n):
2      if n == 1:
3          return 1
4      else:
5          return n * func_fact(n-1)
6
7  print(f"recursive function로 팩토리얼 구하기 : {func_fact(10)}")
```

func_fact() 함수에서 n이 1일 경우 1을 리턴하고, 1이 아닌 경우 n값에 n보다 1작은 숫자를 곱하면 다시 자신을 부릅니다. 이것을 1까지 반복하면 모든 수를 곱하는 경우와 같습니다.

다음은 n이 5라고 가정하고 설명합니다.

```
5 * func_fact(4)
= 5 * 4 * func_fact(3)
= 5 * 4 * 3 * func_fact(2)
= 5 * 4 * 3 * 2 * func_fact(1)
= 5 * 4 * 3 * 2 * 1
recursive function로 팩토리얼 구하기 : 3628800
```

다음 프로그램은 팩토리얼과 피보나치 수열을 구하는 코드입니다. 함수가 실행되는 동안의 시간을 각각 구해보겠습니다.

```
1   import time
2
3   def func_for(n):
4       tot = 1
5       for j in range(1, n+1):
6           tot *= j
7       return tot
8
9   def func_fact(n):
10      if n == 1:
11          return 1
12      else:
```

```
13          return n * func_fact(n-1)
14
15 def func_fibo(n):
16     if n == 1:
17         return 1
18     if n == 2:
19         return 1
20     else:
21         return func_fibo(n-1) + func_fibo(n-2)
22
23 start = time.time()
24 print(f"for문으로 팩토리얼 구하기: {func_for(10)}")
25 end = time.time()
26 print(f"시간 : {end - start}")
27
28 start = time.time()
29 print(f"recursive function로 팩토리얼 구하기 : {func_fact(10)}")
30 end = time.time()
31 print(f"시간 : {end - start}")
32
33 start = time.time()
34 print(f"피보나치 구하기 : {func_fibo(40)}")
35 end = time.time()
36 print(f"시간 : {end - start}")
```

3행~7행은 for문 이용하여 n까지 팩토리얼을 구하고 리턴합니다.

9행~13행은 재귀함수를 이용하여 n까지 팩토리얼을 구하고 리턴합니다.

15행~21행은 재귀함수를 이용하여 n까지 피보나치를 구하고 리턴합니다.

23행은 함수의 시작 전 시간이고, 25행은 함수의 실행 후 시간입니다.

26행은 시간의 차를 구합니다.

```
for문으로 팩토리얼 구하기: 3628800
시간 : 0.020022153854370117
recursive function로 팩토리얼 구하기 : 3628800
시간 : 0.007258176803588867
피보나치 구하기 : 102334155
시간 : 11.628049850463867
```

9 람다(Lambda)

람다는 이름 없는 함수를 정의하는 데 사용되며 쓰는 방법도 간단합니다. 이름이 없으므로 한 번 사용이 가능하며, 비교적 간단한 함수에서 사용합니다. 당연히 여러 문장을 사용할 수 없습니다.

두 값을 더하는 간단한 함수입니다.

```
def func_plus(a, b):
    return a + b
```

위와 같은 함수를 람다로 표현해 보겠습니다.

```
plus = lambda a, b: a + b
```

위 함수들을 활용하는 방법은 일반 함수와 람다는 같습니다.

```
print(func_plus(10, 20))
print(plus(100, 200))
```

```
30
300
```

일반적으로 map(), filter(), sorted()와 같은 함수들과 함께 사용합니다.

간단한 리스트를 만들겠습니다.

```
jumsu = [85, 65, 79, 78, 68]
```

위 jumsu 리스트의 점수를 10점씩 더하는 람다를 만들어 보겠습니다.

```
out = list(map(lambda x: x + 10, jumsu))
print(out)
```

```
[95, 75, 89, 88, 78]
```

map() 함수는 리스트, 딕셔너리와 튜플 등에서 사용합니다.

```
map(함수, 반복할 객체)
```

위 map()의 람다 함수는 x값에 10을 하다는 함수입니다. 반복적인 객체는 jumsu 리스트 이므로 각각의 값을 10씩 더하여 출력합니다.

제8장　　　　　연습문제

1. 지역변수와 전역변수의 차이점을 기술하시오.

2. 매개변수가 2개이고, 두수의 평균을 구하여 평균값을 반환하는 사용자 정의 함수를 정의하시오.

3. 매개변수가 무엇인지 기술하시오.

4. 다음 프로그램의 결과값을 쓰시오.

```
def func_address(name, address):
    print(f"당신의 이름은 {name}이며, 주소는 {address}입니다")

func_address("평택시", "한국인")
```

5. 가변 매개변수에 대하여 기술하시오.

6. 다음 프로그램의 결과값을 쓰시오.

```
def func_city(*name, city):
    print(f"{city}에 살고 있는 사람 이름은", end = " ")
    for j in name:
        print(j, end = " ")
    print("입니다")

func_city("한국인", "나대로", "대신해", city = "평택시")
```

7. 다음 프로그램의 결과값을 쓰시오.

```
def func_total(start=1, end=100):
    tot = 0
    for j in range(start, end+1):
        tot += j
    print(f"{start} ~ {end}까지의 합 = {tot}")

func_total(end = 20, start = 11)
```

8. 다음 프로그램에서 입력값이 50일 경우 결과값을 쓰시오.

```
def func_sum(n):
    tot = 0
    for j in range(1, n+1):
        if j % 2 == 1:
            tot += j
    return tot

num = int(input("원하는 숫자를 입력하세요: "))
total = func_sum(num)
print(total)
```

9. 재귀함수가 무엇인지 기술하시오.

10. 람다(lambda)에 대하여 기술하시오.

제9장

모둘과 표준함수

1. 모듈(Module)
2. 패키지(Package)
3. 표준 라이브러리(Standard Libraries)
4. 외부 라이브러리(External Libraries)
연습문제

제9장

모듈과 표준함수

학습목표

- 모듈의 개념을 알아보고 응용 프로그램을 작성하여 보자.
- 수학 관련 모듈을 알아보고 함수를 작성하여 보자.
- 모듈을 만들고 응용프로그램을 작성하여 보자.
- 표준 라이브러리를 파악하고 응용프로그램을 작성하여 보자.
- 외부 라이브러리를 알아보고 응용프로그램을 작성하여 보자.

---

1 모듈(Module)

모듈은 파이썬의 파일로 변수, 함수, 클래스 등을 포함하고 있습니다. 모듈은 다시 사용할 수 있는 코드로 되어 있습니다. 그러면 모듈을 사용하는 이유는 무엇일까요? 프로그램을 작성하다 보면 실력이 늘어 좋은 프로그램을 만들었다고 생각해 보겠습니다. 다른 곳에서 또 사용한다고 가정할 경우 모든 내용을 복사하여 다시 사용해야 합니다. 이런 문제를 해결하기 위해 모듈은 파이썬 파일로 만듭니다. 필요한 함수나 클래스 등을 저장하고 불러와 사용할 수 있는 개념입니다.

모듈을 사용하는 방법은 import라고 쓰고, 파일이름에서 확장자를 제외한 이름을 쓰면 됩니다.

1) 모듈 정의(Module Define)

```
import 파일이름
```

2) 모듈 사용(Using Module)

먼저 수학 함수인 math 모듈의 함수에 대하여 정리합니다.

함수 이름	함수 의미
ceil(x)	x를 올림
floor(x)	x를 내림
factorial(x)	x의 팩토리얼 구하기
gcd(x, y)	x와 y의 최대공약수
sqrt(x)	x의 제곱근
modf(x)	x의 값을 정수와 소수로 분리
log(x, y)	y는 밑, x 로그값
cos(x)	x의 코사인
sin(x)	x의 사인
tan(x)	x의 탄젠트
radians(x)	x의 라디안 값
pow(x, y)	x의 y제곱 승

math 모듈을 이용하여 간단한 코드를 작성합니다.

```
1  import math
2
3  print(f"3.5의 올림: {math.ceil(3.5)}")
4  print(f"3.5의 내림: {math.floor(3.5)}")
5  print(f"5의 팩토리얼: {math.factorial(5)}")
6  print(f"16의 제곱근: {math.sqrt(16)}")
```

모듈의 함수를 사용하기 위해서는 모듈명.함수이름() 형식으로 접근합니다.

```
3.5의 올림: 4
3.5의 내림: 3
5의 팩토리얼: 120
16의 제곱근: 4.0
```

모듈 math의 함수를 사용하려면 항상 "math"이라고 붙여야 합니다. 긴 이름일 경우 오래 걸리고 불편합니다. 이름을 간단히 줄여 사용하는 방법으로 코드를 바꾸겠습니다.

```
1 import math as m #math의 긴 이름을 m으로 줄여서 사용
2
3 print(f"3.5의 올림: {m.ceil(3.5)}")
4 print(f"3.5의 내림: {m.floor(3.5)}")
5 print(f"5의 팩토리얼: {m.factorial(5)}")
6 print(f"16의 제곱근: {m.sqrt(16)}")
```

import ~ as 구문은 "math"를 "m"으로 바꾸어 사용해도 "m"을 "math" 모듈을 인식하고 프로그램합니다. 정답은 위와 같습니다.

from ~ import 구문으로 import 문을 수정해서 사용하겠습니다.

```
1 from math import ceil, floor, factorial, sqrt
2
3 print(f"3.5의 올림: {ceil(3.5)}")
4 print(f"3.5의 내림: {floor(3.5)}")
5 print(f"5의 팩토리얼: {factorial(5)}")
6 print(f"16의 제곱근: {sqrt(16)}")
```

from ~ import 절에서는 사용하는 함수만 import 뒤에 적어주면 모듈의 이름을 사용하지 않아도 됩니다.

또 다른 방법은 math 모듈의 모든 함수를 사용하는 경우 다음과 같이 정의할 수 있습니다.

```
from math import *
```

3) 모듈 만들기

두 개의 간단한 프로그램을 만들고 모듈로 정의하여 사용하는 방법입니다. 먼저 프로그램 코드에 함수를 정의하겠습니다. 파일이름은 "module_star.py"로 정의합니다.

```
1 def func_rectangle(row, col):   # 별('*')을 이용한 사각형 모양
2     for x in range(row):
3         for y in range(col):
4             print("*", end = " ")
```

```
 5        print()
 6 def func_triangle(row, col):   # 별('*')을 이용한 삼각형 모양
 7     for x in range(row):
 8         for y in range(x+1):
 9             print("*", end = " ")
10         print()
```

"module_star.py" 프로그램은 함수만 정의되어 있어서 프로그램을 실행해도 아무런 결과도 출력되지 않습니다.

이번에는 "module_star.py"을 실행시킬 메인 프로그램을 만들겠습니다. 메인 프로그램의 이름은 "module_main.py"로 정의하고 프로그램합니다.

```
1 from module_star import *   #방금 만든 파이썬 파일이름
2
3 row = int(input("행의 개수: "))
4 col = int(input("열의 개수: "))
5
6 print("별 모양으로 사각형 모양을 만듭니다")
7 func_rectangle(row, col)
8 print("\n별 모양으로 삼각형 모양을 만듭니다")
9 func_triangle(row, col)
```

1행은 "module_star" 모듈을 사용하고, 모듈의 함수를 모두 사용한다고 정의합니다.

7행은 "row"와 "col"을 인수로 하는 func_rectangle() 함수를 부릅니다. 별 모양으로 사각형 모양을 출력합니다.

```
행의 개수: 5
열의 개수: 5
별 모양으로 사각형 모양을 만듭니다
* * * * *
* * * * *
* * * * *
* * * * *
* * * * *

별 모양으로 삼각형 모양을 만듭니다
*
* *
* * *
* * * *
* * * * *
```

4) 엔트리 포인트(Entry Point)

이번에는 "__name__"의 의미와 쓰임에 대하여 알아보겠습니다. "__name__"을 활용한 간단한 프로그램을 만들기 위해 "module_star.py"와 "module_main.py" 프로그램을 조금 수정해 보겠습니다. 먼저 "module_star.py"의 내용을 다음과 같이 수정하고 파일을 이름을 "module_star_entry.py"로 변경한 후 "module_entry" 폴더에 저장합니다.

```
1  def func_rectangle(row, col):   # 별('*')일 이용한 사각형 모양
2      for x in range(row):
3          for y in range(col):
4              print("*", end = " ")
5          print()
6  def func_triangle(row, col):    # 별('*')일 이용한 삼각형 모양
7      for x in range(row):
8          for y in range(x+1):
9              print("*", end = " ")
10         print()
11 print(__name__)
12 if __name__ == "__main__":
13     print("프로그램의 진입점은 module_star_entry.py입니다.")
```

"__name__"은 현재 프로그램을 실행하고, 프로그램이 시작되는 경우 프로그램의 시작 시점인지 아니면 다른 프로그램에서 불려와 실행되었는지를 판단할 수 있습니다. 위 프로그램의 결과를 보면 현재 프로그램(module_star_entry.py)에서 시작했기 때문에 if 조건이 True가 되어 "__main__"이라는 글자가 출력되었습니다. 만약에 다른 프로그램에서 "module_star_entry.py"을 불러온다면, "module_star_entry"와 같은 값만 출력됩니다. 왜냐하면 "module_star_entry"이 엔트리 포인트가 아니기 때문입니다.

> __main__
> 프로그램의 진입점은 module_star_entry.py입니다.

실습하기 위해 "module_main.py" 파일을 "module_entry" 폴더에 "module_main_entry.py" 저장하고 실행합니다.

```
1  from module_star_entry import *
2
```

```
3  row = int(input("행의 개수: "))
4  col = int(input("열의 개수: "))
5
6  print("별 모양으로 사각형 모양을 만듭니다")
7  func_rectangle(row, col)
8  print("\n별 모양으로 삼각형 모양을 만듭니다")
9  func_triangle(row, col)
```

위 프로그램은 "module_star_entry"라고 출력되었습니다. 위 코드의 13행은 if 조건이 옳지 않으므로 아무것도 출력되지 않았습니다. 그리고 일반적인 모듈 사용 방법으로 "module_main_entry.py"에서 "module_star_entry.py"를 실행시킨 함수들의 결과만 출력됩니다.

```
module_star_entry
행의 개수: 5
열의 개수: 5
별 모양으로 사각형 모양을 만듭니다
* * * * *
* * * * *
* * * * *
* * * * *
* * * * *

별 모양으로 삼각형 모양을 만듭니다
*
* *
* * *
* * * *
* * * * *
```

그러면 왜 엔트리 포인트가 중요한지 생각해 보겠습니다. 이유는 간단합니다. 함수를 가지고 있는 프로그램이 어떤 경우에는 main 프로그램처럼 사용하고, 또 다른 경우에는 다른 프로그램의 함수 용도로만 사용할 수 있기 때문입니다.

확인하기 위해 "module_star_entry.py"를 다음과 같이 수정하고 실행해 보겠습니다.

```
1  def func_rectangle(row, col):
2      for x in range(row):
3          for y in range(col):
4              print("*", end = " ")
5          print()
6  def func_triangle(row, col):
7      for x in range(row):
8          for y in range(x+1):
```

```
9            print("*", end = " ")
10        print()
11
12 if __name__ == "__main__":
13     print("프로그램의 진입점은 module_star_entry.py입니다.")
14     print("사각형 모양")
15     func_rectangle(10, 10)
16     print()
17     print("삼각형 모양")
18     func_triangle(10, 10)
```

"module_star_entry.py"에서 직접 실행했으므로 if 조건의 "__name__"이 "__main__"과 같으므로 출력되었습니다. 즉 엔트리 포인터가 "module_star_entry.py"입니다.

```
프로그램의 진입점은 module_star_entry.py입니다.
사각형 모양
* * * * * * * * * *
* * * * * * * * * *
* * * * * * * * * *
* * * * * * * * * *

삼각형 모양
*
* *
* * *
* * * *
```

이번에는 "module_main_entry.py"에서 실행해 보겠습니다.

```
행의 개수: 5
열의 개수: 5
별 모양으로 사각형 모양을 만듭니다
* * * * *
* * * * *
* * * * *
* * * * *
* * * * *

별 모양으로 삼각형 모양을 만듭니다
*
* *
* * *
* * * *
* * * * *
```

이번에는 "module_star_entry.py"의 함수만 실행했습니다. if 조건이 False이므로 실행되지 않은 것을 알 수 있습니다.

2 패키지(Package)

패키지는 모듈들의 모임이며, 모듈 각각의 기능을 수행하는 모음입니다. 패키지의 장점은 코드의 재사용성과 관리가 쉽다는 것입니다. 모듈들을 폴더로 정리하면, 그 폴더의 모임은 패키지가 됩니다. 기존에 존재하는 패키지를 설치하기 위해서는 pip(Python Package Index)라는 패키지 관리자를 사용하면 됩니다. 자신이 직접 패키지를 만들 수도 있지만 기존에 있는 패키지를 활용할 수 있기에 알아두는 것이 좋습니다.

지금부터 패키지를 만들어 보겠습니다. 앞에서 모듈을 만들어 보았기 때문에 좀 더 쉽게 만들 수 있습니다.

먼저 "package" 폴더에 "calculator_package" 폴더를 만듭니다. 그리고 "calculator_package" 폴더 아래에 "add.py, subtract.py, multiply.py, divide.py"의 파일을 각각 만듭니다.

```
1  <add.py>
2  def func_add(x, y):
3      return x + y
4
5  <subtract.py>
6  def func_subtract(x, y):
7      return x - y
8
9  <multiply.py>
10 def func_multiply(x, y):
11     return x * y
12
13 <divide.py>
14 def func_divide(x, y):
15     return x / y
```

1행, 5행, 9행, 13행은 실제로 프로그램하지 않고, 4개의 프로그램을 만듭니다.

다음은 "package" 폴더에 "calculator_main.py" 프로그램을 다음과 같이 작성하고 실행합니다.

```
1 import calculator_package.add as a
2 import calculator_package.subtract as s
3 import calculator_package.multiply as m
4 import calculator_package.divide as d
5
6 x = 10
7 y = 2
8 print(f"{x} + {y} = {a.func_add(x, y)}")
9 print(f"{x} - {y} = {s.func_subtract(x, y)}")
10 print(f"{x} * {y} = {m.func_multiply(x, y)}")
11 print(f"{x} / {y} = {d.func_divide(x, y)}")
```

1행은 "calculator_package.add"의 의미는 "calculator_package" 밑의 "add.py"라는 불러와 a라고 이름을 재정의합니다. 8행은 재정의된 "a"와 "add.py"의 함수 func_add()를 실행합니다.

```
10 + 2 = 12
10 - 2 = 8
10 * 2 = 20
10 / 2 = 5.0
```

모든 모듈은 한 번에 불러보기 위해 다음과 같이 수정해 보겠습니다.

```
1 from calculator_package import *
2
3 x = 10
4 y = 2
5 print(f"{x} + {y} = {add.func_add(x, y)}")
6 print(f"{x} - {y} = {subtract.func_subtract(x, y)}")
7 print(f"{x} * {y} = {multiply.func_multiply(x, y)}")
8 print(f"{x} / {y} = {divide.func_divide(x, y)}")
```

1행은 내가 작성한 4개의 파일을 모두 사용하기 위하여 "*"를 사용했지만 오류를 발생합니다. 기존의 모듈들은 오류가 없었습니다.

```
Traceback (most recent call last):
  File "C:/Users/INTEL-I/AppData/Local/Programs/Python/Python311/package/calcula
tor_main.py", line 5, in <module>
    print(f"{x} + {y} = {add.func_add(x, y)}")
NameError: name 'add' is not defined
```

이 문제를 해결하기 위해 "calculator_package" 폴더 밑에 "__init__.py" 파일을 만들어 줍니다. "__init__.py" 파일은 "calculator_package"가 패키지라는 것을 알려줍니다. 또한 이름 그대로 초기화 작업을 도와줍니다. 다시 폴더 정리를 하겠습니다.

```
<package> 폴더
    <calculator_package> 폴더
        __init__.py
        add.py
        subtract.py
        multiply.py
        divide.py
    calculator_main.py
```

위 내용은 프로그램을 작성하는 것이 아닌 폴더와 파일들의 위치입니다.

__init__.py 파일에는 다음과 같이 __all__ 리스트를 작성합니다.

```
__all__ = ["add", "subtract", "multiply", "divide"]
```

이렇게 프로그램을 완성하고 "calculator_main" 파일에서 프로그램을 실행하면 앞의 결과와 같이 오류 없이 출력됩니다.

```
10 + 2 = 12
10 - 2 = 8
10 * 2 = 20
10 / 2 = 5.0
```

3 표준 라이브러리(Standard Libraries)

표준 라이브러리는 내장된 모듈들의 모임이라고 생각하면 됩니다. 당연히 따로 설치할 필요가 없습니다. 특히 표준 라이브러리는 프로그램 작성에 기본적으로 도움을 줍니다. 표준 라이브러리들은 많이 존재하지만 자주 사용하는 몇 가지 모듈을 살펴보겠습니다.

모듈 이름	내용
datetime	날짜와 시간을 처리하는 데 유용한 모듈
random	난수 생성과 관련된 기능을 제공하는 모듈
math	수학적 함수와 상수를 제공하는 모듈
os	운영 체제와 상호작용할 수 있는 기능을 제공하는 모듈
sys	시스템과 관련된 함수를 제동하는 모듈
urllib	URL 처리와 관련된 기능을 제공하는 모듈
csv	CSV 파일을 읽고 쓰는 데 유용한 기능을 제공하는 모듈
json	JSON 데이터 형식을 다루는 모듈
sqlite3	SQLite 데이터베이스와 상호작용할 수 있는 기능을 제공하느 모듈

1) datetime 모듈

날짜와 시간을 처리하기 위하여 함수와 클래스를 제공합니다. Date, Time, DateTime, TimeDelta 등의 클래스와 메서드로 구성되었습니다.
- datetime.date : 년, 월, 일 정보
- datetime.time: 시, 분, 초, 마이크로 초 정보
- datetime.datetime: 날짜와 시간
- datetime.timedelta: 두 날짜(시간)의 차이

datetime 모듈을 이용하여 프로그램을 작성하고 설명합니다. 먼저 현재 날짜와 시간(마이크로초 포함)을 출력합니다.

```
import datetime
# 현재 날짜와 시간
now1 = datetime.datetime.now()
print(f"현재 날짜와 시간_now(): {now1}")
```

```
현재 날짜와 시간_now(): 2025-02-02 12:40:28.416216
```

now1(datetime.datetime.now()) 객체의 데이터 타입을 출력합니다.

```
# now1 데이터 타입
print(f"now1의 데이터 타입: {type(now1)}")
```

```
now1의 데이터 타입: <class 'datetime.datetime'>
```

현재 날짜와 시간(마이크로초 포함)을 출력합니다.

```
# 현재 날짜와 시간 정보
today1 = datetime.datetime.today()
print(f"현재 날짜와 시간 정보_datetime.datetime.today(): {today1}")
```

```
현재 날짜와 시간 정보_datetime.datetime.today(): 2025-02-02 12:40:28.462600
```

현재 날짜를 출력합니다.

```
# 현재 날짜 정보
today2 = datetime.date.today()
print(f"현재 날짜 정보_datetime.date.today(): {today2}")
```

```
현재 날짜 정보_datetime.date.today(): 2025-02-02
```

지정된 날짜와 시간을 출력합니다.

```
# 지정된 날짜와 시간
datetime1 = datetime.datetime(2024, 12, 25, 15, 30, 1)
print(f"지정된 날짜와 시간_datetime.datetime(2024, 12, 25, 15, 30, 1): {datetime1}")
```

```
지정된 날짜와 시간_datetime.datetime(2024, 12, 25, 15, 30, 1): 2024-12-25 15:30:01
```

지정된 날짜만 출력합니다.

```
# 날짜 지정
day1 = datetime.date(2024, 5, 5)
print(f"날짜 지정_datetime.date(2024, 5, 5): {day1}")
```

```
날짜 지정_datetime.date(2024, 5, 5): 2024-05-05
```

지정된 시간을 출력합니다.

```
# 시간 지정
time1 = datetime.time(10, 11, 12)
print(f"시간 지정_datetime.time(10, 11, 12): {time1}")
```

시간 지정_datetime.time(10, 11, 12): 10:11:12

날짜와 시간을 지정한 후 시간 정보만을 출력합니다.

```
# 날짜와 시간 지정 후 시간 정보
time2 = datetime.datetime(24, 9, 20, 10, 11, 12).time()
print(f"날짜와 시간 지정 후 시간 정보_datetime.datetime(24, 9, 20, 10, 11, 12).time(): {time2}")
```

날짜와 시간 지정 후 시간 정보_datetime.datetime(24, 9, 20, 10, 11, 12).time(): 10:11:12

날짜 지정한 후 날짜 정보를 출력합니다.

```
# 날짜 지정 후 날짜 정보
date2 = datetime.datetime(2024, 10, 10).date()
print(f"날짜 지정 후 날짜 정보_datetime.datetime(2024, 10, 10).date(): {date2}")
```

날짜 지정 후 날짜 정보_datetime.datetime(2024, 10, 10).date(): 2024-10-10

현재 날짜에 정보 중 날짜만 출력합니다.

```
# 현재 날짜 정보
date3 = datetime.datetime.now().date()
print(f"현재 날짜 정보_datetime.datetime.now().date(): {date3}")
```

현재 날짜 정보_datetime.datetime.now().date(): 2025-02-02

now1(현재 날짜와 시간)에 1시간 후를 출력합니다.

```
# now1(현재 날짜와 시간) + 1시간
replace1 = now1.replace(hour = 1)
print(f"now1(현재 날짜와 시간) + 1시간_now1.replace(hour = 1): {replace1}")
```

> now1(현재 날짜와 시간) + 1시간_now1.replace(hour = 1): 2025-02-02 01:40:28.416216

1970/1/1을 기준으로 지정된 시간을 밀리초로 출력합니다.

```
# Unix Timestamp(1970/1/1부터 밀리초)
posix1 = datetime.datetime(1970,1,2,10,0,0).timestamp()
print(f"Unix Timestamp(1970/1/1부터 밀리초)_datetime.datetime(1970,1,2,10, 0,0). timestamp(): {posix1}")
```

> Unix Timestamp(1970/1/1부터 밀리초)_datetime.datetime(1970,1,2,10,0,0). timestamp ( ): 90000.0

현재 날짜의 요일을 숫자로 출력하는 weekday() 함수와 리스트를 이용하여 요일을 출력합니다. weekday() 함수의 값은 월요일(=0), ... 일요일(=6)로 지정합니다.

```
# 현재 날짜 요일을 숫자로 표시(월요일 - 0)
weekday1 = ["월", "화", "수", "목", "금", "토", "일"] [datetime.datetime.now().weekday()]
print(f"현재 날짜 요일_datetime.datetime.now().weekday(): {weekday1}")
```

> 현재 날짜 요일_datetime.datetime.now().weekday(): 일

isoweekday() 함수는 월요일을 1부터 시작하여 일요일은 7을 리턴합니다. 요일을 구할 수 있는 함수입니다.

```
# 현재 날짜 요일을 숫자로 표시(월요일 - 1)
isoweekday1 = datetime.datetime.now().isoweekday()
print(f"현재 날짜 요일 숫자(월요일-1)_datetime.datetime.now().isoweekday(): {isoweekday1}")
```

> 현재 날짜 요일 숫자(월요일-1)_datetime.datetime.now().isoweekday(): 7

날짜와 시간을 스트링으로 변환합니다. 다양한 형식코드가 있지만 몇 개만 예를 들어 출력하겠습니다. %Y은 년도 전체를 출력합니다. 예를 들어 2024년일 경우 24년을 출력하지 않

고 2024년을 출력합니다. %m은 월, %d는 일, %H는 24시간 표시, %M은 분 그리고 %S는 초를 출력합니다.

```
# datetime1의 날짜와 시간을 스트링 변환
strftime1 = datetime1.strftime("%Y년 %m월 %d일 %H시 %M분 %S초")
print(strftime1)
```

```
2024년 12월 25일 15시 30분 01초
```

%y는 년도를 축약하여 출력, %B와 %b는 월을 영어로 출력, %p는 오전/오후 출력 그리고 %I는 12시간 표시로 출력합니다.

```
# datetime1의 날짜와 시간을 스트링 변환
strftime2 = datetime1.strftime("%y %B(%b) %A(%a) %p %I시 %M분 %S초")
print(strftime2)
```

```
24 December(Dec) Wednesday(Wed) PM 03시 30분 01초
```

%U는 그 해의 현재 주를 표시하고 %j는 그 해의 현재까지의 지난 일을 표시하고 출력합니다.

```
# datetime1의 날짜의 주와 날짜
strftime3 = datetime1.strftime("%Y년-%m월-%d일: %U주(%j일)")
print(strftime3)
```

```
2024년-12월-25일: 51주(360일)
```

timedelta() 클래스를 이용하여 날짜와 시간을 변경할 수 있습니다. 3일 후 12시간을 지난 날짜 표시입니다.

```
# 현재 날짜와 시간에 3일 12시간 더 함
now2 = datetime.datetime.now() + datetime.timedelta(days = 3, hours = 12)
print(f"현재 날짜와 시간에 3일 12시간을 더함: {now2}")
```

```
현재 날짜와 시간에 3일 12시간을 더함: 2025-02-06 00:40:28.671025
```

변수를 사용하여 날짜와 시간을 구합니다.

```
# 현재 날짜와 시간을 변수로 구하기
now = datetime.datetime.now()
print("현재 날짜와 시간")
print(f"날짜: {now.year}년 {now.month}월 {now.day}일")
print(f"시간: {now.hour}시 {now.minute}분 {now.second}초")
```

```
현재 날짜와 시간
날짜: 2025년 2월 2일
시간: 12시 40분 28초
```

format() 함수를 이용하여 형식에 맞게 출력합니다.

```
# format()을 이용한 현재 날짜와 시간
print(now.strftime("%Y{} %m{} %d{} %H{} %M{} %S{} %U{} %j{}").format
(*"년월일시분초주일"))
```

```
2025년 02월 02일 12시 40분 28초 05주 033일
```

datetime.datetime에 대한 정보입니다. 사용할 수 있는 변수와 함수들입니다.

```
# datetime.datetime에 대한 정보
print(dir(datetime.datetime))
```

```
['__add__', '__class__', '__delattr__', '__dir__', '__doc__', '__eq__',
'__format__', '__ge__', '__getattribute__', '__getstate__', '__gt__',
'__hash__', '__init__', '__init_subclass__', '__le__', '__lt__', '__ne__',
'__new__', '__radd__', '__reduce__', '__reduce_ex__', '__repr__', '__rsub__',
'__setattr__', '__sizeof__', '__str__', '__sub__', '__subclasshook__',
'astimezone', 'combine', 'ctime', 'date', 'day', 'dst', 'fold', 'fromisocalendar',
'fromisoformat', 'fromordinal', 'fromtimestamp', 'hour', 'isocalendar',
'isoformat', 'isoweekday', 'max', 'microsecond', 'min', 'minute', 'month', 'now',
'replace', 'resolution', 'second', 'strftime', 'strptime', 'time', 'timestamp',
'timetuple', 'timetz', 'today', 'toordinal', 'tzinfo', 'tzname', 'utcfromtimestamp',
'utcnow', 'utcoffset', 'utctimetuple', 'weekday', 'year']
```

2) random 모듈

다양한 방법으로 난수를 제공하는 표준 라이브러리입니다. 무작위로 수를 생성하거나, 시퀀스에서 데이터를 무작위 선택할 수 있습니다. 주요 기능은 게임, 데이터 샘플링, 무작위 선택, 암호학적 보안 등의 용도로 활용됩니다.

random 모듈을 이용한 프로그램을 작성하고 설명합니다.

random을 import하고 실행시 마다 같은 값을 출력하기 위해 seed( ) 함수를 사용합니다.

```
import random

# 난수 시드 설정 - 실행시 마다 같은 결과 출력
random.seed(59)
```

0.0이상 그리고 1.0미만인 소수를 반환합니다.

```
# 0.0이상 1.0 미만 부동소수점 난수 반환
print(f"0.0이상 1.0 미만 부동소수점 난수 반환: {random.random()}")
```

0.0이상 1.0 미만 부동소수점 난수 반환: 0.22418547484732643

1부터 100까지의 임의의 정수를 반환합니다.

```
# 1과 100사이의 정수 반환
print(f"1과 100사이의 정수 반환: {random.randint(1, 100)}")
```

1과 100사이의 정수 반환: 84

1.0부터 100.0사이의 임의의 소수를 반환합니다.

```
# 1.0과 100.0사이의 부동소수점 난수 반환
print(f"1.0과 100.0사이의 부동소수점 난수 반환: {random.uniform(1.0, 100.0)}")
```

1.0과 100.0사이의 부동소수점 난수 반환: 94.62861728289488

1부터 99사이의 수 중 2의 간격만 임의의 수를 반환합니다.

```
# 1부터 100-1까지 중 2의 간격으로 정수 반환
print(f"1부터 99까지 중 2의 간격으로 정수 반환: {random.randrange(1, 100, 2)}")
```

1부터 99까지 중 2의 간격으로 정수 반환: 3

리스트(lst)에서 하나를 선택하여 반환합니다.

```
lst = [10, 20, 30, 40, 50]

# 시퀀스(lst)에서 하나를 선택
print(f"시퀀스(lst)에서 하나를 선택: {random.choice(lst)}")
```

```
시퀀스(lst)에서 하나를 선택: 20
```

리스트(lst)에서 중복이 가능한 3개를 선택합니다.

```
# 시퀀스(lst)에서 중복 가능 여러 개 선택
print(f"시퀀스(lst)에서 중복 가능 여러 개 선택: {random.choices(lst, k=3)}")
```

```
시퀀스(lst)에서 중복 가능 여러 개 선택: [50, 40, 40]
```

리스트(lst)에서 중복 없이 3개를 선택합니다.

```
# 모집단(lst)에서 중복 없이 3개 반환
print(f"모집단(lst)에서 중복 없이 3개 반환: {random.sample(lst, 3)}")
```

```
모집단(lst)에서 중복 없이 3개 반환: [10, 40, 20]
```

리스트(lst)의 요소들을 무작위로 섞습니다.

```
# lst의 요소를 무작위로 섞음
print(f"lst의 원본 데이터: {lst}")
random.shuffle(lst)
print(f"lst의 요소를 무작위로 섞음: {lst}")
```

```
lst의 원본 데이터: [10, 20, 30, 40, 50]
lst의 요소를 무작위로 섞음: [50, 20, 10, 30, 40]
```

3) os 모듈

운영 체제와 상호작용할 수 있고 파일 관리, 디렉터리 관리 등에 도움을 주는 표준 라이브러리입니다. 파일명 반환, 삭제, 존재 유무 판단 등을 도와주며, 디렉터리나 경로 확인, 유무 확인, 디렉터리명 반환 등을 도와주는 모듈입니다.

os 모듈을 이용하여 프로그램을 작성하고 설명합니다. 먼저 getcwd() 함수는 현재 작업 디렉터리 위치를 절대 위치로 출력합니다.

```
import os

# 현재 디렉터리 반환
print(f"현재 디렉터리: {os.getcwd()}")
print()
```

현재 디렉터리: C:\Users\INTEL-I\AppData\Local\Programs\Python\Python311\chap9

listdir() 함수는 원하는 위치의 디렉터리와 파일들을 출력합니다. 윈도우 환경에서는 역슬래시('\')로 디렉터리를 구분하지만, 파이썬 프로그램에서는 슬래시('/')로 구분합니다. C드라이브 아래에 위치하는 Windows 디렉터리의 파일과 디렉터리를 출력합니다.

```
# 지정된(C:\Windows) 디렉터리 목록
print(f"C:\Windows의 디렉터리의 목록: {os.listdir('C:/Windows')}")
print()
```

C:\Windows의 디렉터리의 목록: ['addins', 'AhnInst.log', 'appcompat', 'Application Data', 'apppatch', 'AppReadiness', 'assembly', 'AsTaskSched.dll', 'bcastdvr', 'bfsvc.exe', 'BitLockerDiscoveryVolumeContents', 'Boot', 'bootstat.dat', 'Branding', 'BrowserCore', 'CbsTemp', 'comsetup.log', 'Containers', 'court', 'CSC', 'Cursors', 'debug', 'diagerr.xml', 'diagnostics', 'DiagTrack', 'diagwrn.xml', 'DigitalLocker', 'Downloaded Program Files', 'DtcInstall.log', 'ELAMBKUP', 'en-US', 'explorer.exe', 'Fonts', 'GameBarPresenceWriter', 'Globalization', 'HancomIME', 'Help', 'HelpPane.exe', 'hh.exe', 'hipiw.dll', 'IdentityCRL', 'ImageSAFERSvc.exe', 'IME', 'IMGSF50Svc.exe', 'ImmersiveControlPanel', 'InboxApps', 'INF', 'InputMethod', 'Installer', 'isRS-000.tmp', 'ko-KR', 'L2Schemas', 'LanguageOverlayCache', 'Language_trs.ini', 'LiveKernelReports', 'Logs', 'Media', 'mib.bin', 'Microsoft.NET', 'Migration', 'Minidump', 'ModemLogs', 'NMStarter26.exe', 'NMUninst18.exe', 'NMUpdate26.exe', 'notepad.exe', 'OCR', 'Offline Web Pages', 'Panther', 'PCHEALTH', 'Performance', 'PFRO.log', 'PLA', 'PolicyDefinitions', 'Prefetch', 'PrintDialog', 'Professional.xml', 'progress.ini', 'Provisioning', 'py.exe', 'pyshellext.amd64.dll', 'pyw.exe', 'regedit.exe', 'Registration', 'RemotePackages', 'rescache', 'Resources', 'SchCache', 'schemas',

```
'security', 'ServiceProfiles', 'ServiceState', 'servicing', 'Setup', 'setupact.log',
'setuperr.log', 'ShellComponents', 'ShellExperiences', 'SHELLNEW', 'SKB',
'SoftwareDistribution', 'Speech', 'Speech_OneCore', 'splwow64.exe', 'System',
'system.ini', 'System32', 'SystemApps', 'SystemResources', 'SystemTemp',
'SysWOW64', 'TAPI', 'Tasks', 'Temp', 'tracing', 'twain_32', 'twain_32.dll',
'unins000.dat', 'unins000.exe', 'UUS', 'Vss', 'WaaS', 'Web', 'win.ini',
'WindowsShell.Manifest', 'WindowsUpdate.log', 'winhlp32.exe', 'WinSxS',
'WMSysPr9.prx', 'write.exe', 'WUModels']
```

chdir( ) 함수는 작업 디렉터리를 변경합니다. 작업 디렉터리의 위치를 'eclipse'로 변경합니다. 'eclipse'가 없으면 원하는 디렉터리를 대신 사용합니다. getcwd( ) 함수는 현재 자신의 작업 위치를 출력합니다.

```
# 현재 디렉터리 변경 및 확인
os.chdir("C:/eclipse")
print(f"C:\eclipse로 작업 디렉터리 변경: {os.getcwd()}")
print()
```

```
C:\eclipse로 작업 디렉터리 변경: C:\eclipse
```

mkdir( )는 'make directory'의 약자로 디렉터리를 만듭니다. makedirs( ) 함수는 중첩 디렉터리를 생성합니다. 'aaa'라는 디렉터리를 만들고, 'bbb' 밑에 'ccc'를 만들고 출력합니다.

```
# 디렉터리 생성
os.mkdir("aaa")

# 중첩 디렉터리 생성
os.makedirs("bbb/ccc")

# 디렉터리 목록
print(f"디렉터리 목록: {os.listdir()}")
print()
```

```
디렉터리 목록: ['.eclipseproduct', 'aaa', 'artifacts.xml', 'bbb', 'configuration',
'dropins', 'eclipse.exe', 'eclipse.ini', 'eclipsec.exe', 'features', 'p2', 'plugins',
'readme', 'workspace']
```

path.exists() 함수는 디렉터리나 파일이 존재하는지를 True/False로 보여줍니다.

```
# 지정된 경로가 존재하는지 확인
print(f"디렉터리(aaa) 확인 유무: {os.path.exists('aaa')}")
print()
```

```
디렉터리(aaa) 확인 유무: True
```

rename() 함수는 이름을 변경합니다. 아래 코드에서는 aaa 디렉터리를 xxx로 변경하며, 변경된 내용을 출력합니다.

```
# 파일이나 디렉터리 이름 변경
print("aaa를 xxx로 이름 변경")
os.rename('aaa', 'xxx')
print(f"디렉터리 목록: {os.listdir()}")
print()
```

```
aaa를 xxx로 이름 변경
디렉터리 목록: ['.eclipseproduct', 'artifacts.xml', 'bbb', 'configuration', 'dropins', 'eclipse.exe', 'eclipse.ini', 'eclipsec.exe', 'features', 'p2', 'plugins', 'readme', 'workspace', 'xxx']
```

rmdir() 함수는 디렉터리를 삭제하며, removedirs()는 중복 디렉터리를 삭제합니다. 위 코드에서 변경된 'xxx'와 'bbb/ccc'를 지우고 출력합니다.

```
# 디렉터리 삭제
os.rmdir("xxx")

# 중복 디렉터리 삭제
os.removedirs("bbb/ccc")

# 디렉터리 목록
print("디렉터리 삭제: 'xxx', 'bbb/ccc'")
print(f"디렉터리 목록: {os.listdir()}")
print()
```

디렉터리 삭제: 'xxx', 'bbb/ccc'
디렉터리 목록: ['.eclipseproduct', 'artifacts.xml', 'configuration', 'dropins', 'eclipse.exe', 'eclipse.ini', 'eclipsec.exe', 'features', 'p2', 'plugins', 'readme', 'workspace']

system()은 시스템 명령어를 실행합니다. 'zzz'를 만들고 목록을 보여줍니다.

```python
# 시스템 명령어 실행
print("시스템 명령어 'mkdir zzz' 실행")
os.system("mkdir zzz")
print(f"디렉터리 목록 확인: {os.listdir()}")
print()
```

시스템 명령어 'mkdir zzz' 실행
디렉터리 목록 확인: ['.eclipseproduct', 'artifacts.xml', 'configuration', 'dropins', 'eclipse.exe', 'eclipse.ini', 'eclipsec.exe', 'features', 'p2', 'plugins', 'readme', 'workspace', 'zzz']

4) sys 모듈

파이썬 인터프리터와 관련된 다양한 기능을 제공하는 표준 라이브러리 중 하나입니다. 이 모듈은 명령줄 인수처리, 프로그램의 실행 환경에 대한 정보, 프로그램의 동작 방식, 표준 입출력 제어, 인터프리터 종료, 경로 관리 등을 할 수 있습니다.

- sys.argv: 명령행 인수를 처리합니다. 명령행의 인수를 가져올 수 있으며, 인수들은 리스트 형태로 제공
- sys.version: 인터프리터 버전 정보를 확인합니다.
- sys.platform: 플랫폼의 정보를 확인합니다.
- sys.path: 모듈 경로를 관리합니다. 경로는 리스트로 제공되며, 수정하여 모듈 검색 경로를 변경할 수 있습니다.
- sys.stdin, sys.stdout, sys.stderr: 표준 입출력을 제어합니다. 표준 입력, 출력, 오류 스트림에 접근합니다.
- sys.exit(): 인터프리터를 종료합니다. 프로그램을 종료할 수 있으며, 종료 코드를 받을 수 있습니다.
- sys.getsizeof(): 메모리 사용량을 확인합니다.

4 외부 라이브러리(External Libraries)

외부 라이브러리는 파이썬 기본 라이브러리에 포함되지 않은 패키지로, 다양한 기능들을 제공하는 라이브러리들을 설치할 수 있습니다. 외부 라이브러리들은 다양한 분야에서 프로그래머들을 돕고 있습니다.

주요 라이브러리를 보면 다음과 같습니다.

라이브러리	라이브러리 설명
numpy	수치 계산을 위한 라이브러리
pandas	데이터 분석과 조작 라이브러리
matplotlib	데이터 시각화 라이브러리
seaborn	데이터 시각화 라이브러리
scikit-learn	머신러닝을 위한 가장 인기 있는 라이브러리 중 하나
pytorch	Facebook에서 개발한 딥러닝 라이브러리
tensorflow	Google에서 개발한 오픈 소스 딥러닝 라이브러리
requests	HTTP 요청을 쉽게 처리할 수 있는 라이브러리
Flask	웹 애플리케이션 개발을 위한 경량 프레임워크

1) 외부 라이브러리 설치

윈도우에서 외부 라이브러리(외부 모듈)를 설치하려면 우선 'Window key + R'을 눌러 'cmd'를 치고 실행합니다. 그러면 다음과 같은 화면이 출력되며 명령을 실행할 수 있습니다.

외부 라이브러리를 설치하는 방법입니다.

```
pip install 외부 라이브러리(모듈)
```

numpy 외부 라이브러리를 실행합니다.

```
pip install numpy
```

numpy 설치된 후 화면입니다.

```
C:\Users\INTEL-I>pip install numpy
Collecting numpy
  Obtaining dependency information for numpy from https://files.pythonhosted.org/packages/66/a3/4139296b481ae7304a435810
46b8f8a20da6a8dfe0ee47a844cade796603/numpy-2.2.2-cp311-cp311-win_amd64.whl.metadata
  Downloading numpy-2.2.2-cp311-cp311-win_amd64.whl.metadata (60 kB)
     ────────────────────────────────────── 60.8/60.8 kB 816.2 kB/s eta 0:00:00
Downloading numpy-2.2.2-cp311-cp311-win_amd64.whl (12.9 MB)
     ────────────────────────────────────── 12.9/12.9 MB 11.3 MB/s eta 0:00:00
Installing collected packages: numpy
Successfully installed numpy-2.2.2

[notice] A new release of pip is available: 23.2.1 -> 25.0
[notice] To update, run: python.exe -m pip install --upgrade pip
```

설치된 외부 라이브러리의 목록을 확인하겠습니다.

```
pip list
```

```
C:\Users\INTEL-I>pip list
Package         Version
--------------- -------
beautifulsoup4  4.12.2
blinker         1.7.0
click           8.1.7
colorama        0.4.6
Flask           3.0.0
itsdangerous    2.1.2
Jinja2          3.1.2
MarkupSafe      2.1.3
numpy           2.2.2
pip             23.2.1
pygame          2.5.2
setuptools      65.5.0
soupsieve       2.5
Werkzeug        3.0.1

[notice] A new release of pip is available: 23.2.1 -> 25.0
[notice] To update, run: python.exe -m pip install --upgrade pip
```

numpy 라이브러리의 정보를 확인해 보겠습니다.

```
pip show numpy
```

```
C:\Users\INTEL-I>pip show numpy
Name: numpy
Version: 2.2.2
Summary: Fundamental package for array computing in Python
Home-page:
Author: Travis E. Oliphant et al.
Author-email:
License: Copyright (c) 2005-2024, NumPy Developers.
        All rights reserved.
```

기존의 외부 라이브러리를 업그레이드하기 위해서는 다음과 같습니다.

```
pip intall —upgrade 외부 라이브러리
```

기존의 외부 라이브러리를 지우려면 다음과 같습니다.

```
pip unintall  외부 라이브러리
```

2) numpy 외부 라이브러리

numpy는 파이썬의 고성능 과학 계산용 외부 라이브러리이지만 표준 라이브러리처럼 많이 사용합니다. 속도가 빠르고 메모리 효율도 좋으며, 벡터나 행렬 그리고 다차원 리스트에 유리합니다.

파이썬에서 numpy로 간단한 코드를 작성하겠습니다.

numpy 설치 후 numpy를 import합니다.

```
import numpy as np
```

1차원(벡터-vector), 2차원(행렬-matrix) 그리고 3차원(텐서-tensor)을 numpy 배열로 저장하고 출력합니다.

```
array1 = np.array([1, 2, 3, 4, 5])
print("1차원 배열")
print(array1)
print()
```

```
1차원 배열
[1 2 3 4 5]
```

```
array2 = np.array([[10, 20, 30], [40, 50, 60], [70, 80, 90]])
print("2차원 배열")
print(array2)
print()
```

```
2차원 배열
[[10 20 30]
 [40 50 60]
 [70 80 90]]
```

```
array3 = np.array([[[10, 20, 30],
                    [40, 50, 60],
                    [70, 80, 90]],
                   [[11, 21, 31],
                    [41, 51, 61],
                    [71, 81, 91]],
                   [[12, 22, 32],
                    [42, 52, 62],
                    [72, 82, 92]]])
print("3차원 배열")
print(array3)
print()
```

```
3차원 배열
[[[10 20 30]
  [40 50 60]
  [70 80 90]]

 [[11 21 31]
  [41 51 61]
  [71 81 91]]

 [[12 22 32]
  [42 52 62]
  [72 82 92]]]
```

numpy 배열 연산을 해 보겠습니다.

```
print("1차원 배열의 수에 각각 10 더하기")
print(array1 + 10)
print()

print("2차원 배열의 수에 각각 10 곱하기")
print(array2 * 10)
```

```
1차원 배열의 수에 각각 10 더하기
[11 12 13 14 15]

2차원 배열의 수에 각각 10 곱하기
[[100 200 300]
 [400 500 600]
 [700 800 900]]
```

제9장 연습문제

1. 모듈에 대하여 기술하시오.

2. 다음 수학 함수에 대하여 함수의미를 쓰시오.

함수 이름	함수 의미
ceil(x)	x를 올림
floor(x)	
factorial(x)	x의 팩토리얼 구하기
gcd(x, y)	
sqrt(x)	x의 제곱근
modf(x)	
log(x, y)	y는 밑, x 로그값
cos(x)	x의 코사인
sin(x)	x의 사인
tan(x)	x의 탄젠트
radians(x)	x의 라디안 값
pow(x, y)	

3. 다음 프로그램에서 4, 4를 입력하였을 경우 결과값을 쓰시오.

```
from module_star import *
def func_triangle(row, col):   # 별('*')을 이용한 삼각형 모양
    for x in range(row):
        for y in range(x+1):
            print("*", end = " ")
        print()

row = int(input("행의 개수: "))
col = int(input("열의 개수: "))

print("\n별 모양으로 삼각형 모양을 만듭니다")
func_triangle(row, col)
```

4. 패키지에 대하여 기술하시오.

5. 다음은 표준 라이브러리에 대한 설명이다. 빈 내용을 채우시오.

모듈 이름	내용
datetime	날짜와 시간을 처리하는 데 유용한 모듈
random	
math	수학적 함수와 상수를 제공하는 모듈
os	운영 체제와 상호작용할 수 있는 기능을 제공하는 모듈
sys	
urllib	URL 처리와 관련된 기능을 제공하는 모듈
csv	
json	JSON 데이터 형식을 다루는 모듈
sqlite3	

6. 다음의 결과값을 쓰시오.

```
# 현재 날짜 정보
today2 = datetime.date.today()
print(f"현재 날짜 정보_datetime.date.today(): {today2}")
```

7. 다음은 외 라이브러리에 대한 설명이다. 빈 칸에 설명을 쓰시오.

라이브러리	라이브러리 설명
numpy	
pandas	데이터 분석과 조작 라이브러리
matplotlib	
seaborn	데이터 시각화 라이브러리
scikit-learn	
pytorch	Facebook에서 개발한 딥러닝 라이브러리
tensorflow	
requests	HTTP 요청을 쉽게 처리할 수 있는 라이브러리
Flask	웹 애플리케이션 개발을 위한 경량 프레임워크

8. numpy 외부 라이브러리를 설치하는 명령문을 쓰시오.

9. numpy 라이브러리의 정보를 출력하는 명령문을 쓰시오.

10. numpy 라이브러리을 지우는 명령문을 쓰시오.

제10장

객체지향 프로그래밍

1. 객체지향 프로그래밍 개념
2. 클래스
3. 생성자
4. 인스턴스 변수
5. 클래스 변수
6. 클래스 상속
7. 오버로딩과 오버라이딩

제10장

객체지향 프로그래밍

학습목표

- 객체지향 프로그래밍 개념을 이해하고 객체지향 프로그램을 작성하여 보자.
- 클래스, 생성자를 이해하고 예제 프로그램을 작성하고 실행하여 보자.
- 인스턴스와 클래스 상속을 이해하고 예제 프로그램을 작성하여 보자.
- 오버로딩과 오버라이딩의 개념을 파악하고, 터틀 그래프를 활용하여 도형을 출력하는 응용 프로그램을 작성하여 보자.

---

1 객체지향 프로그래밍 개념

객체지향 프로그래밍(OOP: Object Oriented Programming)은 C++, 자바 등 프로그램 언어에서 기본적으로 다루어지는 부분이다. 객체 지향 프로그래밍(OOP)은 프로그램 설계 방법론의 일종으로 명령형 프로그래밍에 속한다.

프로그램을 단순히 데이터와 처리 방법으로 나누는 것이 아니라, 프로그램을 수많은 '객체(object)'라는 기본 단위로 나누고 이들의 상호 작용으로 서술하는 방식이다.

객체는 프로그램에서 사용되는 데이터 또는 식별자에 의해 참조되는 공간을 의미하며 값을 저장 할 변수와 작업을 수행 할 메소드를 서로 연관된 것들끼리 묶어서 만든 것을 객체라고 할 수 있다.

객체지향 프로그래밍을 지원하는 언어로는 C++, C#, Java, Python, JavaScript, Ruby, Swift 등이 있다. 객체지향 프로그래밍의 장점과 단점은 다음과 같다.

〈표 10-1〉 객체지향 프로그래밍의 장점과 단점

장점	클래스 단위로 모듈화시켜서 개발하기 때문에 업무 분담이 편리하고 대규모 소프트웨어 개발에 적합하다. 클래스 단위로 수정이 가능하기 때문에 유지 보수가 편리하다. 클래스를 재사용하거나 상속을 통해 확장함으로써 코드 재사용이 용이하다.
단점	처리속도가 상대적으로 느리다. 객체의 수가 많아짐에 따라 용량이 커질 수 있다. 설계시 많은 시간과 노력이 필요하게 될 수 있다.

2 클래스

〈표 10-2〉 클래스 표현 예

```
class 테니스대회:
    ## 경기종목 선택 메서드
        단식 종목 선택
        복식 종목 선택
    ## 출전선수 출력 메서드
        단식 종목 선수
        복식 종목 선수
```

클래스(class)란 동일한 속성과 메스드를 가진 객체를 생성하기 위한 템플릿을 의미하고 템플릿은 컴퓨터 소프트웨어가 사용하는 표준화된 비실행 파일의 하나인 것을 의미한다.
클래스는 현실의 추상화된 사물을 현실화를 위해 컴퓨터 안에서 구현하기 위한 개념인데 테니스 대회를 가지고 표현하면 단식과 복식이 있는데 클래스로 표현하면 경기 종목 선택 메서드와 출선 선수 출력 메서드로 할 수 있다.

<표 10-3> 클래스와 객체, 메서드 정의

클래스	부품 객체를 만들기 위한 청사진, 설계도, 템플릿을 말한다. 추상화의 과정을 통해 형성된다. 같은 문제 도메인에 속하는 속성(attribute)과 행위(behavior)를 정의한다. 객체지향 프로그램의 기본적인 사용자 정의 데이터 타입을 정의한다.
객체	1. 메모리에 로딩된 클래스를 통해 클래스를 템플릿으로 하여 메모리 상에 생성된 정보를 말하며 인스턴스 2. 자신 고유의 속성을 가지며 클래스에서 정의한 행위 수행 3. 객체의 행위는 클래스에서 정의된 행위에 대한 정의를 공유함으로써 메모리를 효율적으로 사용
메서드	메시지(Message)라고도 부른다. 클래스로부터 생성된 객체 사용 시 객체에 명령을 내리는 행위이다. 객체가 가지고 있는 메서드를 호출한다. 객체에 메시지를 전달한다. 한 객체의 속성을 조작할 목적으로 사용한다. 객체 간의 통신은 메시지 전달을 통해 이루어진다.

클래스 생성하는데 클래스 이름은 Tennis라고 선언하고 클래스 이름의 첫 글자는 대문자로 선언하는 것이 관례이다. 다른 식별자와 차별화를 두기 위해 대문자로 사용한다.

<표 10-4> 클래스 생성 예

```
Class Tennis :
    ## 경기 종목 필드
        단식종목 = " "
        출전인원 = 0

    ## 출전 인원 출력 메서드
        def single_game(self, 출전 인원 입력 변수)
        # 단식 종목 출전 인원을 입력받도록 하는 명령 수행
```

다음은 테니스 대회에 참가하는 경기종목에서 단식경기 출전 종목과 참가 인원수를 출력하기 위한 클래스와 메서드를 생성하는 프로그램을 작성하여 보자.

〈표 10-5〉 테니스 클래스 소스 코드1

```
1  ## 테니스 클래스 정의 소스1
2
3  class Tennis : # 클래스 생성
4      game_choice = " "          # 필드 선언
5      apply_cnt = 0
6
7      def  tennis_single(self, value) :        # 메서드 선언 및 매개변수
8          self.apply_cnt = value
9
10 ## main program
11
12 print("=" * 40)
13 print("테니스 대회 클래스를 생성하는 프로그램 ")
14 print("-" * 60)
15
16 print("1. 클래스 생성완료 : Tennis")
17 print("-" * 60)
18 print("2. 인스턴스 생성 : myTennis ")
19 print("-" * 60)
```

3행~8행은 Tennis 클래스를 생성하였고, 4행~5행은 경기 종목과 출선선수 인원수를 처리 위한 필드 변수를 선언한다. 7행은 단식 경기를 위한 tennis_single() 메서드를 선언하고 매개변수로 self, value를 사용한다. 8행은 self.apply_cnt = value로 출선선수 인원수를 대입하게 된다.

〈표 10-6〉 테니스 클래스 소스 코드2

```
20 ## 테니스 클래스 정의 소스2
21
22 myTennis = Tennis()      # 인스턴스명 = 클래스명()
23
24 print("3. 인스턴스 속성 지정 : 경기종목과 출선선수 인원")
```

```
25 print("-" * 60)
26
27 myTennis.game_choice = "단식"
28 myTennis.apply_cnt = 0
29
30 print("4. 메서드를 호출하여 인스턴스 출력")
31 print("-" * 60)
32
33 myTennis.tennis_single(10)   # 메서드 호출
34 print(" => 출전종목 : %s" % myTennis.game_choice)
35 print(" => 출전인원 : %d명" % myTennis.apply_cnt)
36 print("-" * 60)
37 print("== 프로그램 종료")
38 print("-" * 60)
```

22행은 Tennis 클래스의 속성을 가진 myTennis 인스턴스를 생성하고 27행과 28행은 객체의 속성을 설정하고 33행에서 myTennis.tennis_single( ) 메서드를 호출하여 34행~35행에서 값을 출력하게 된다.

프로그램 실행 결과는 다음과 같다.

```
==============================================
테니스 대회 클래스를 생성하는 프로그램
----------------------------------------------
1. 클래스 생성완료 : Tennis
----------------------------------------------
2. 인스턴스 생성 : myTennis
----------------------------------------------
3. 인스턴스 속성 지정 : 경기종목과 출선선수 인원
----------------------------------------------
4. 메서드를 호출하여 인스턴스 출력
----------------------------------------------
 => 출전종목 : 단식
 => 출전인원 : 10명
----------------------------------------------
== 프로그램 종료
```

〈그림 10-1〉 테니스 클래스 실행 결과

3 생성자

생성자는 인스턴스를 생성하면서 필드값을 초기화시키는 함수를 말하며, 사용할 클래스의 메모리에 객체를 생성하는 역할을 수행한다.

기본 생성자는 __init__()라는 이름을 갖는데, 생성자의 기본 형식은 다음과 같다.

〈표 10-7〉 기본 생성자

```
class 클래스 이름 :
    def __init__(self) :
        # 초기화를 수행할 코드 입력 부분
```

매개변수가 있는 기본 생성자는 __init__(self, 매개변수)이다.
매개변수가 있는 기본 생성자 프로그램을 작성하여 보자.

〈표 10-8〉 매개변수를 사용한 기본 생성자

```
1  ## 매개변수가 있는 테니스 클래스 정의 소스
2
3  class Tennis :  # 클래스 생성
4      game_choice = " "      # 경기 종목 필드 선언
5      apply_cnt = 0          # 출선 선수 인원수 필드 선언
6
7      def __init__(self, single, apply) :   # 매개변수가 이는 기본 생성자 선언
8          self.game_choice = single
9          self.apply_cnt = apply
```

3행~9행은 Tennis 클래스를 생성하였고, 4행~5행은 경기 종목과 출선선수 인원수를 처리 위한 필드 변수를 선언한다. 7행~9행은 기본 생성자 __init__(self, single, apply)를 선언하여 인스턴스 생성을 클래스에서 실행되도록 선언하였다. 매개변수로 apply를 사용한다. 8행과 9행은 self.game_choice = single로 대입, self.apply_cnt = apply로 변수값을 대입하게 된다.

〈표 10-9〉 매개변수를 사용한 기본 생성자 소스2

```
10  ## 매개변수가 있는 테니스 클래스 정의 소스2
11  # main program
12
13  print("=" * 40)
14  print("매개변수가 있는 기본 생성자 프로그램 ")
15  print("-" * 60)
16
17  print("1. 클래스 생성완료 : Tennis")
18  print("-" * 60)
19  print("2. 인스턴스 생성 : _init__(self, 매개변수) ")
20  print("-" * 60)
21  print("3. 클래스에서 선언한 메서드 호출 인스턴스 출력")
22  print("-" * 60)
23  myTennis = Tennis("단식", 10)      # 인스턴스명 = 클래스명()
24
25  print(" => 출전종목 : %s" % myTennis.game_choice)
26  print(" => 출전인원 : %d명" % myTennis.apply_cnt)
27  print("-" * 60)
28  print("== 프로그램 종료")
29  print("-" * 60)
```

23행은 myTennis = Tennis("단식", 10)로 메서드를 호출하고 매개변수의 값을 "단식", 10으로 입력되도록 하여 25행~26행에서 출력하게 된다.

다음은 매개변수를 사용한 생성자 실행결과를 나타낸 것이다.

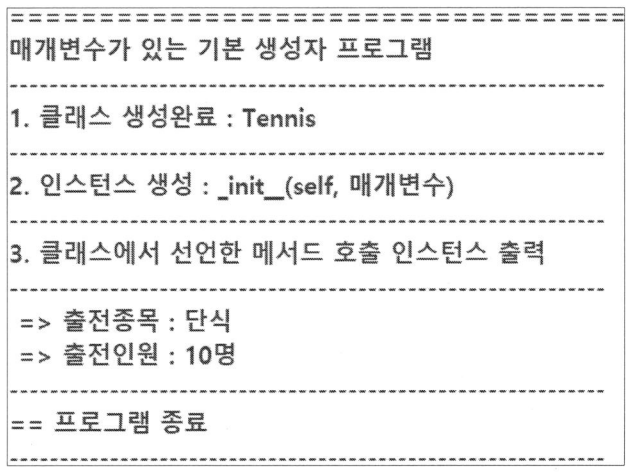

〈그림 10-2〉 매개변수 사용 실행화면

다음은 객체지향 프로그램에서 사용되는 다양한 구성요소인 클래스, 인스턴스, 필드, 메서드, 생성자 등을 활용하는 프로그램을 작성하여 보자.

〈표 10-10〉 다양한 구성요소를 사용한 생성자

```
1   ## 테니스 클래스 정의 소스
2
3   class Tennis :  # 클래스 생성
4       game_choice = " "       # 필드 선언
5       apply_cnt = 0
6
7       def __init__(self, single, apply) :    # 매개변수가 있는 기본 생성자 선언
8           self.game_choice = single
9           self.apply_cnt = apply
10      def get_single(self):
11          return self.game_choice
12      def get_apply(self):
13          return self.apply_cnt
14  # main program
15
16  print("=" * 40)
17  print("객체지향 구성요소를 적용한 프로그램 ")
18  print("-" * 60)
19
20  print("1. 클래스 생성완료 : Tennis")
21  print("-" * 60)
22  print("2. 인스턴스 생성 : _init__(self, 매개변수) ")
23  print("-" * 60)
24  print("3. 클래스에서 선언한 메서드 호출 인스턴스 출력")
25  print("-" * 60)
26  mySelf1 = Tennis("단식", 10)      # 인스턴스명 = 클래스명()
27  mySelf2 = Tennis("복식", 12)      # 인스턴스명 = 클래스명()
28
29  print(" => %s종목에 %d명이 출전." % (mySelf1.get_single(), mySelf1.get_apply()))
```

```
30  print(" => %s종목에 %d명이 출전." % (mySelf2.get_single(), mySelf2.get_
    apply()))
31  print("-" * 60)
32  print("== 프로그램 종료")
33  print("-" * 60)
```

7행에서 매개변수가 있는 기본 생성자를 __init__(self, single, apply) 선언하고, 각각의 매개변수에 대하여 10행에서 def get_single(self)로 12행에서 get_apply(self) 메서드를 선언하여 사용하도록 한다.

26행~27행에서 메서드를 호출하여, 매개변수 값을 입력하도록 하여 29행~30행에서 값을 출력하도록 한다.

다음은 다양한 구성요소를 사용한 실행결과를 나타낸 것이다.

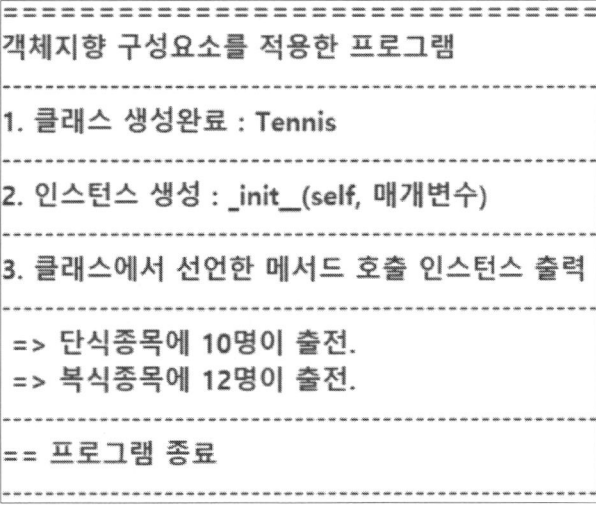

〈그림 10-3〉 다양한 구성요소 사용한 실행 결과 화면

4 인스턴스 변수

인스턴스 변수(Instance variable)는 클래스에 정의된 변수로 인스턴스화 된 클래스의 객체가 별도의 사본이나 인스턴스를 가지고 있는 변수를 의미한다.
Tennis 클래스의 game_choice와 apply_cnt 필드가 인스턴스 변수라고 할 수 있다.

5 클래스 변수

클래스 변수(class variable)는 클래스 안에 공간이 할당된 변수를 말하며, 별도의 공간을 사용하지 않고 여러 인스턴스 변수가 클래스 변수의 공간을 공유해서 사용하게 된다.

인스턴스 변수와 클래스 변수의 형식이 동일한 경우 차별화하여 사용하고자 하면 인스턴스 변수는 self를 붙여 self.game_choice처럼 선언하여 사용한다. 클래스 변수는 Tennis.city_cnt처럼 앞에 클래스명을 붙여서 사용하면 된다.

다음은 인스턴스 변수와 클래스 변수를 사용하는 예제 프로그램을 작성하여 보자.

〈표 10-11〉 인스턴스 변수와 클래스 변수 사용한 예제

```
1  ## 테니스 클래스 정의 소스
2
3  class Tennis :       # 클래스 생성
4      game_choice = ""        # 인스턴스 변수
5      apply_cnt = 0           # 인스턴스 변수
6      city_cnt = 0            # 클래스 변수(출전시도)
7
8      def __init__(self) :       # 기본 생성자 선언
9          self.game_choice = ""  # 인스턴스 변수 값 사용
10         Tennis.city_cnt += 1   #클래스 변수값 사용
11
12 # main program
13
14 print("=" * 40)
15 print("인스턴스 변수와 클래스 변수를 적용한 프로그램 ")
16 print("-" * 60)
17 mySelf1, mySelf2 = None, None
18
19 mySelf1 = Tennis()       # 인스턴스명 = 클래스명()
20 mySelf1.game_choice = "단식"
21 print(" => 경기종목: %s " % mySelf1.game_choice) # 인스턴스 변수 값을 출력
22 print(" => 출전도시: %d개 시도 " % Tennis.city_cnt) # 클래스 변수값을 출력
23 print("-" * 60)
```

```
24
25  mySelf2 = Tennis()        # 인스턴스명 = 클래스명()
26  mySelf2.game_choice = "단식"
27  print(" => 경기종목: %s "  % mySelf2.game_choice)
28  print(" => 출전도시: %d개 시도 "  % Tennis.city_cnt)
29  print("-" * 60)
30  print("== 프로그램 종료")
31  print("-" * 60)
```

3행은 클래스를 선언하였고, 4행과 5행이 인스턴스 변수를 선언하고 사용하는 것이고, 6행이 클래스 변수가 된다. 9행은 인스턴스 변수인데 self.game_choice처럼 앞에 self를 붙여서 사용하여 인스턴스 변수를 확인할 수 있다. 10행은 Tennis.city_cnt처럼 앞에 클래스명을 붙여서 사용하여 클래스 변수라는 것을 확인할 수 있다.

21행과 27행은 인스턴스 값을 출력하고, 22행과 28행은 클래스 변수값을 출력하게 된다.

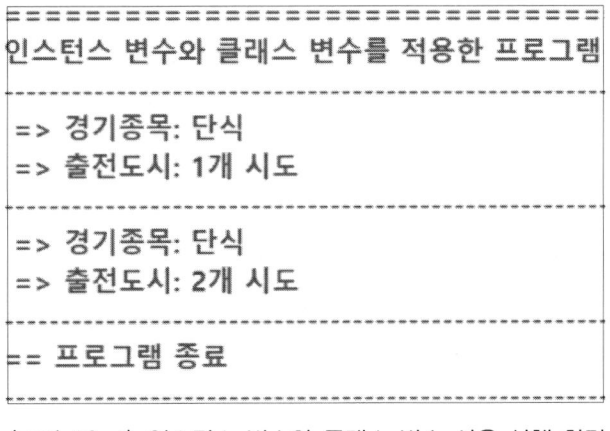

〈그림 10-4〉 인스턴스 변수와 클래스 변수 사용 실행 화면

6 클래스 상속

상속(Inheritance)은 기존 클래스로부터 필드와 메서드 등을 물려받아서 새로운 하위 클래스를 만든 것을 말한다.

클래스 상속 관계란 슈퍼(super) 클래스를 서브(sub) 클래스가 상속받아서 인스턴스 변수와 메서드 등을 사용할 수 있도록 관계 설정을 해주는 것을 말한다.

슈퍼 클래스와 서브 클래스의 상속관계가 설정되도록 하는 형식은 다음과 같다.

〈표 10-12〉 슈퍼 클래스와 서브 클래스 형식 정의

```
## 슈퍼 클래스와 서브 클래스 정의

class  슈퍼 클래스 :   # 클래스 생성
    인스턴스 변수
    슈퍼 클래스 메서드 정의

class 서브클래스(슈퍼 클래스) :
    인스턴스 변수
    서브클래스 메서드 정의
```

슈퍼 클래스에 존재하는 변수를 서브 클래스에서 상속 받아 사용하는 프로그램을 작성하자.

〈표 10-13〉 상속 클래스 변수 사용한 예제

```
1  ## 상속 클래스 정의 소스
2
3  class Tennis : # 슈퍼 클래스 생성
4      game_choice = ""          # 인스턴스 변수
5      apply_cnt = 0             # 인스턴스 변수
6      city_cnt = 0              # 슈퍼 클래스 변수(출전시도)
7
8  class SubTennis(Tennis) :
9      def __init__(self) :      # 기본 생성자 선언
10         self.game_choice = "" # 인스턴스 변수 사용
11         Tennis.city_cnt += 1  # 슈퍼 클래스 변수 사용
12
13 # main program
14
15 print("=" * 40)
16 print("상속관계 클래스 변수를 적용한 프로그램 ")
17 print("-" * 60)
18 mySelf1, mySelf2 = None, None
```

```
19
20  mySelf1 = SubTennis()      # 서브 클래스 인스턴스 생성
21  mySelf1.game_choice = "단식"
22  print(" => 경기종목: %s "  % mySelf1.game_choice)
23  print(" => 출전도시: %d개 시도 "  % Tennis.city_cnt)
24  print("-" * 60)
25
26  mySelf2 = SubTennis()      # 서브 클래스 인스턴스 생성
27  mySelf2.game_choice = "단식"
28  print(" => 경기종목: %s "  % mySelf2.game_choice)
29  print(" => 출전도시: %d개 시도 "  % Tennis.city_cnt)
30  print("-" * 60)
31  print("== 프로그램 종료")
32  print("-" * 60)
```

3행은 슈퍼 클래스(Tennis)를 선언하고, 4행과 5행은 인스턴스 변수를 설정, 6행은 슈퍼 클래스 변수를 설정하여 사용하고자 하였다. 8행은 슈퍼 클래스에서 선언한 변수를 상속받아서 서브 클래스에서 사용하도록 메소드를 정의한 것이다. 20행과 26행은 서브 클래스 인스턴스를 생성한다.

다음은 상속 관계로 정의된 슈퍼 클래스와 서브 클래스를 사용한 프로그램의 결과 화면을 나타내고 있다.

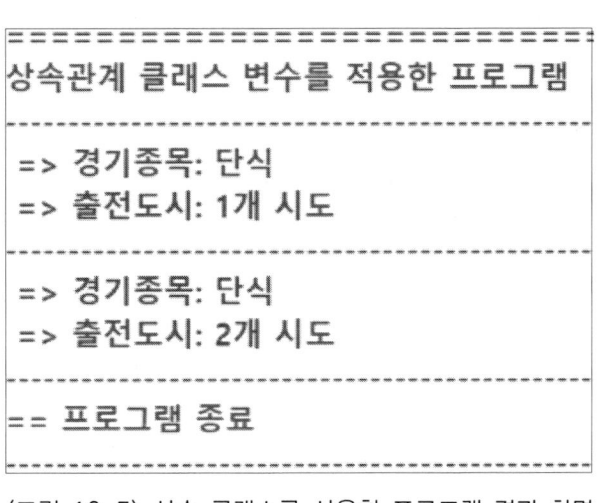

〈그림 10-5〉 상속 클래스를 사용한 프로그램 결과 화면

7 오버로딩과 오버라이딩

오버로딩(Overloading)이란 상속관계에 있는 슈퍼 클래스와 서브 클래스에 동일한 이름의 메서드를 중복해서 정의하는 것을 말한다. 즉 오버로딩은 같은 이름의 메소드를 매개변수의 타입이나 개수를 다르게 하여 여러 번 정의하는 것을 의미합니다. 이를 통해 같은 이름의 메소드가 다양한 입력에 대응할 수 있습니다.

오버라이딩(Overriding)은 상속받은 메소드의 내용을 자식 클래스에서 변경하는 것을 의미합니다. 이를 통해 부모 클래스의 메소드를 자식 클래스에 맞게 재정의할 수 있습니다. 왜냐하면 오버로딩은 메소드의 다형성을 제공하고, 오버라이딩은 상속받은 메소드를 자식 클래스의 요구에 맞게 수정할 수 있게 하기 때문이다.

상속, 오버로딩, 오버라이딩은 객체 지향 프로그래밍에서 코드의 재사용성, 유지 보수성, 다형성을 향상시키는 데 중요한 역할을 한다. 다음은 오버로딩과 오버라이딩 예제이다.

〈표 10-14〉 오버로딩과 오버라이딩 예제

```
class Shape { # 오버로딩
    void draw() {
        System.out.println("도형 그리기");
    }
    void draw(String color) {
        System.out.println("그리기 " + color + " 도형");
    }
}
class Circle extends Shape { # 오버리이딩
    void draw() {
        System.out.println("원 그리기");
    }
}
```

Shape클래스에서 draw()메서드는 오버로딩을 통하여 두가지 형태로 정의되어 있다. Circle클래스에서는 draw()메서드는 오버라이딩하여 '원 그리기' 출력되도록 재정의한 것이다.

다음은 오버로딩을 사용한 예제 프로그램을 작성하자.

〈표 10-15〉 오버로딩 사용한 예제

```
1  ## 오버로딩 프로그램 소스
2
3  class Tennis : # 슈퍼 클래스 생성
4      def single_tennis(self) :    # 슈퍼 클래스 메서드 선언
5          print("▶우승")
6
7  class SubTennis(Tennis):       # 서브 크래스 생성
8      def single_tennis(self) :    # 서브 클래스 메서드 선언
9          print("▶준우승")
10 # main program
11
12 print("=" * 40)
13 print("오버로딩 프로그램")
14 print("-" * 60)
15
16 print("->슈퍼 클래스 메서드 호출")
17 game1 = Tennis()
18 game1.single_tennis()
19
20 print("-" * 60)
21 print("->서브 클래스 메서드 호출")
22
23 game2 = SubTennis()
24 game2.single_tennis()
25
26 print("-" * 60)
27 print("== 프로그램 종료")
28 print("-" * 60)
```

3행에서 슈퍼 클래스를 생성하고, 7행에서 서브 클래스를 생성하였다. 4행과 8행이 def single_tennis(self)로 같은 메서드를 정의하였다. 메서드가 같은 이름으로 중복하여 정의 된 것이므로 18행과 24행에서 어떤 메서드가 사용된 것인지 혼동이 있을 수 있다. 그러나 17행

에서 슈퍼 클래스를 사용하여 game1이라는 인스턴스를 선언하여 game1.single_tennis() 처럼 슈퍼 클래스에서 재정의한 인스턴스인 game1이 있으므로 슈퍼 클래스의 메서드를 사용한 것임을 알수 있다. 23행은 서브 클래스로 앞에 game2 인스턴스로 재정의하였고. 24행은 game2.single_tennis()로서 앞에 서브 클래스 인스턴스로 재정의한 game2가 사용되었으므로 문제가 되지 않는다. 그러므로 18행의 결과는 '우승', 24행은 '준우승' 으로 출력 결과가 나오게 된다.

다음은 오버로딩 프로그램 결과화면이다.

```
========================================
오버로딩 프로그램
----------------------------------------
->슈퍼 클래스 메서드 호출
▶ 우승

----------------------------------------
->서브 클래스 메서드 호출
▶ 준우승

----------------------------------------
== 프로그램 종료
----------------------------------------
```

〈그림 10-6〉 오버로딩 프로그램 결과

다음은 오버라이딩을 사용한 예제 프로그램을 작성하자.

〈표 10-16〉 오버라이딩 사용한 예제

```
1  ## 오버라이딩 프로그램 소스
2
3  class Tennis : # 슈퍼 클래스 생성
4      def single_tennis(self) :   # 슈퍼 클래스 메서드 정의
5          print("▶ 우승")
6
7  class SubTennis(Tennis):      # 서브 클래스 생성
8      def single_tennis(self) :   # 서브 클래스 메서드 재정의
9          super().single_tennis() # 슈퍼 클래스 메서드 호출
10         print("▶ 준우승")
11 # main program
12
13 print("=" * 40)
```

```
14  print("오버라이딩 프로그램 시작")
15  print("-" * 60)
16
17  game1 =  SubTennis()   # 오버라이딩 인스턴스 생성
18  game1.single_tennis()    # 오버라이딩
19
20  print("-" * 60)
21  print("== 프로그램 종료")
22  print("-" * 60)
```

3행은 슈퍼 클래스를 생성한 것이고, 4행은 슈퍼 클래스 메서드를 정의하였다. 7행은 서브 클래스를 생성하였으며, 8행에서 서브 클래스를 재정의하였는데 9행에서 슈퍼 클래스에서 정의한 메서드를 호출하여 서브 클래스를 재정의하였다. 17행에서 서브 클래스의 속성을 가진 오버라이딩 인스턴스를 생성하고 18행에서 오버라이딩을 수행하였다.

그러므르 18행에서 먼저 super().single_tennis()메서드로 '우승'이 먼저 출력되고 나서 '준우승'이 출력이 된 것이다.

다음은 오버라이딩 예제 프로그램 결과화면이다.

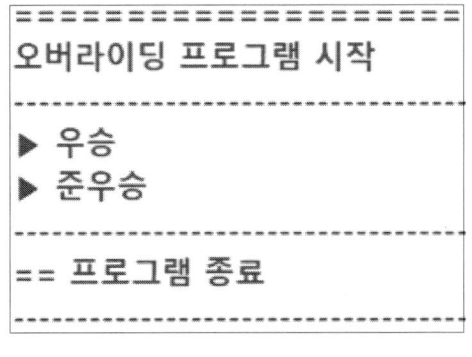

〈그림 10-7〉 오버라이딩 예제 출력

다음은 터틀 그래픽 화면에서 마우스 왼쪽를 클릭하면 클릭한 곳을 시작으로 거북이가 사각형을 그리는 예제 프로그램을 작성하자. 사각형의 두께, 폭, 넓이, 색상은 랜덤하게 설정되도록 한다. 슈퍼 클래스에서 만들어진 사각형을 서브 클래스인 사각형 클래스가 상속을 받아서 처리하도록 한다.

〈표 10-17〉 상속 클래스와 오버라이딩 사용한 예제

```
1   ## 상속 클래스와 오버라이딩을 사용한 사각형 그리기 소스1
2
3   import turtle
4   import random
5
6   class RShape : # 슈퍼 클래스 생성
7       basicTurtle = None
8       rx, ry = 0, 0 # 사각형 중심점 x, y 좌표
9
10      def __init__(self) :        # 기본 생성자 선언
11          self.basicTurtle = turtle.Turtle('turtle') # 거북이 생성함
12
13      def setupPen(self): # 펜 색상 무작위로 설정
14          r = random.random()
15          g = random.random()
16          b = random.random()
17          self.basicTurtle.pencolor((r, g, b)) # 펜 색상 랜덤 설정
18          penSize1 = random.randrange(1, 10) # 펜 크기 랜덤 설정
19          self.basicTurtle.pensize(penSize1)
20
21      def drawShape(self) : # 서브 클래스에서 상속받아 오버라이딩 사용
22          pass
```

6행~11행은 슈퍼 클래스 생성으로 도형(RShape)를 선언하였다. 7행~8행은 슈퍼 클래스에서 사용한 필드를 설정하였다. basicTurtle은 거북이 도형을 의미하며, rx, ry는 도형의 중심 좌표를 설정한다. 13행~19행은 도형을 그릴 펜이 색상과 펜의 크기를 랜덤하게 설정하였다.

21행의 drawShape() 메서드는 서브 클래스에서 오버라이딩한다. 서브 클래스가 될 수 있는 원 등은 사각형을 그리는 방법이 다르므로 서브 클래스에서 오버라이딩하여 사용한다. 여기서는 사각형 만을 그리는 것으로 한다.

<표 10-18> 상속 클래스 변수 사용한 예제

```
23  ## 상속 클래스와 오버라이딩을 사용한 사각형 그리기 소스2
24  class Rectangle(RShape) : #서브 클래스
25      width, height = [0] * 2
26      def __init__(self, x, y) :        # 생성자 선언
27          RShape.__init__(self)
28          self.rx = x # 사각형 도형의 중심 x좌표
29          self.ry = y # 사각형 도형의 중심 y좌표
30          self.width = random.randrange(20, 100) # 사각형 넓이 랜덤 설정
31          self.height = random.randrange(20, 100) # 사각형 높이 랜덤 설정
32
33      def drawShape(self): # 서브 클래스 메소드
34          #사각형 그리기
35          x1, y1, s2, y2 = [0]*4 # 왼쪽 위 x, y좌표, 오른쪽 아래 x, y좌표
36          x1 = self.rx - self.width / 2 # 왼쪽 위 x 좌표
37          y1 = self.ry - self.height / 2 # 왼쪽 위 y 좌표
38          x2 = self.rx + self.width / 2 # 오른쪽 아래 x 좌표
39          y2 = self.ry + self.height / 2 # 오른쪽 아래 y 좌표
40
41          self.setupPen()   # 부모 클래스 메서드
42          self.basicTurtle.penup()
43          self.basicTurtle.goto(x1, y1)
44          self.basicTurtle.pendown()
45          self.basicTurtle.goto(x1, y2)
46          self.basicTurtle.goto(x2, y2)
47          self.basicTurtle.goto(x2, y1)
48          self.basicTurtle.goto(x1, y1)
49
50  ## 함수 선언
51  def screenLeftClick(x, y) :
52      rect = Rectangle(x, y)
53      rect.drawShape()
54
55  ## main() 코드
56  turtle.title('거북이 객체지향 그리기')
57  turtle.onscreenclick(screenLeftClick, 1)
58  turtle.done()
```

24행~48행은 서브 클래스의 사각형을 정의하였는데 슈퍼 클래스를 RShape로 지정한다. 25행에서는 사각형을 그리기 위한 넓이와 높이를 설정한다. 26행~31행은 생성자로서 27행에서 슈퍼 클래스의 생성자를 호출하게 된다. 28행~29행은 사각형의 중심 좌표 x, y좌표를 설정한다. 30행~31행은 넓이와 높이를 무작위로 설정하게 된다. 33행~48행은 슈퍼 클래스의 drawShape()메서드를 오버라이드 한 것이다. 36행~39행은 왼쪽 마우스를 클릭한 현재 좌표의 왼쪽 위, 오른쪽 아래의 위치를 계산한 것이다. 41행~48행은 사각형을 그린다. 51행~53행은 마우스 왼쪽을 클릭할 때에 클릭한 위치의 좌표를 가지고 사각형 인스턴스를 생성하고, drawShape() 메서드를 실행하여 새로운 사각형을 그리게 된다. 57행에서는 마우스 클릭하면 screenLeftClick() 메서드를 실행한다.

다음은 상속 클래스를 사용하여 사각형 그리기 결과 화면을 나타내고 있다.

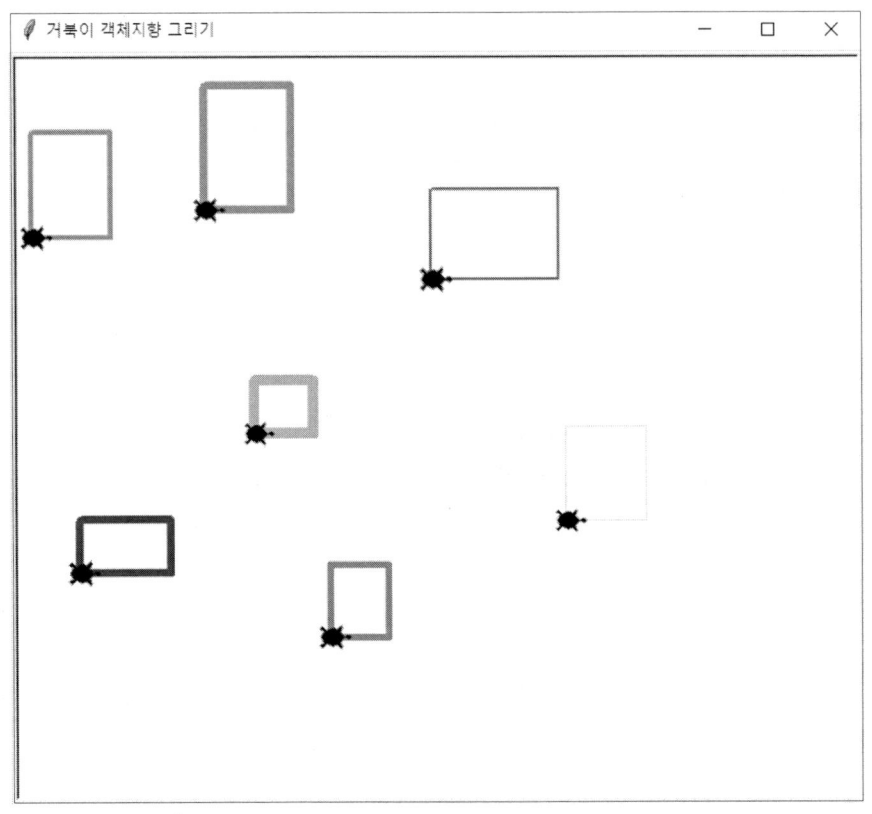

〈그림 10-8〉 상속 클래스를 사용한 사각형 그리기 결과 화면

다음은 터틀 그래픽 화면에서 마우스를 클릭하면 클릭한 점을 시작으로 거북이가 사각형을 6개 그리는 예제를 작성하자. 사각형의 두께, 폭, 넓이, 색상은 랜덤하게 설정되도록 한다. 슈퍼 클래스에서 만들어진 사각형을 서브 클래스인 사각형 클래스가 상속을 받아서 처리하도록 한다. 다만 6개의 사각형을 그리는데 마우스를 클릭한 곳에서 20픽셀씩 x, y좌표를

증가하여 도형을 그리도록 한다.

〈표 19〉 상속 클래스 변수 사용한 예제

```
1  ## 상속 클래스를 사용한 사각형 6개 그리기 소스1
2
3  import turtle
4  import random
5
6  class RShape :  # 슈퍼 클래스 생성
7      basicTurtle = None
8      rx, ry = 0, 0 # 사각형 중심점 x, y 좌표
9
10     def __init__(self) :        # 기본 생성자 선언
11         self.basicTurtle = turtle.Turtle('turtle') # 거북이 생성함
12
13     def setupPen(self): # 펜 색상 무작위로 설정
14         r = random.random()
15         g = random.random()
16         b = random.random()
17         self.basicTurtle.pencolor((r, g, b)) # 펜 색상 랜덤 설정
18         penSize1 = random.randrange(1, 10) # 펜 크기 랜덤 설정
19         self.basicTurtle.pensize(penSize1)
20
21     def drawShape(self) : # 서브 클래스에서 상속받아 오버라이딩 사용
22         pass
23
```

6행~11행은 슈퍼 클래스 생성으로 도형(RShape)를 선언하였다. 7행~8행은 슈퍼 클래스에서 사용한 필드를 설정하였다. basicTurtle은 거북이 도형을 의미하며, rx, ry는 도형의 중심 좌표를 설정한다. 13행~19행은 도형을 그릴 펜이 색상과 펜의 크기를 랜덤하게 설정하였다.

21행의 drawShape() 메서드는 서브 클래스에서 오버라이딩한다. 서브 클래스가 될수 있는 사각형 등이 그리는 방법이 다르므로 서브 클래스에서 오버라이딩하여 사용한다.

25행~53행은 서브 클래스의 사각형을 정의하였는데 슈퍼 클래스를 RShape로 지정한다. 26행에서는 사각형을 그리기 위한 넓이와 높이를 설정한다. 27행~32행은 생성자로서 28

행에서 슈퍼 클래스의 생성자를 호출하게 된다. 29행~30행은 사각형의 중심 좌표 x, y좌표를 설정한다. 31행~32행은 넓이와 높이를 무작위로 설정하게 된다. 34행~49행은 슈퍼 클래스의 drawShape()메서드를 오버라이드 한 것이다. 37행~40행은 왼쪽 마우스를 클릭한 현재 좌표의 왼쪽 위, 오른쪽 아래의 위치를 계산한 것이다. 42행~49행은 사각형을 그린다. 50행~53행은 기존의 좌표에서 x, y좌표에 20픽셀씩 증가시키는 역할을 한다. 56행~58행은 마우스 왼쪽을 클릭할 때에 클릭한 위치의 좌표를 가지고 사각형 인스턴스를 생성하고, drawShape() 메서드를 실행하여 새로운 사각형을 그리게 된다. 62행에서는 마우스 클릭하면 screenLeftClick() 메서드를 실행한다.

〈표 10-20〉 상속 클래스 변수 사용한 예제

```
24      ## 상속 클래스를 사용한 사각형 6개 그리기 소스2
25   class Rectangle(RShape) : #서브 클래스
26       width, height = [0] * 2
27       def __init__(self, x, y) :         # 생성자 선언
28           RShape.__init__(self)
29           self.rx = x
30           self.ry = y
31           self.width = random.randrange(20, 100)
32           self.height = random.randrange(20, 100)
33
34       def drawShape(self):
35           #사각형 그리기
36           x1, y1, s2, y2 = [0]*4 # 왼쪽 위 x, y좌표, 오른쪽 아래 x, y좌표
37           x1 = self.rx - self.width / 2
38           y1 = self.ry - self.height / 2
39           x2 = self.rx + self.width / 2
40           y2 = self.ry + self.height / 2
41           for i in range(6) : # 6개의 사각형 그리기
42               self.setupPen()  # 부모 클래스 메서드ba
43               self.basicTurtle.penup()
44               self.basicTurtle.goto(x1, y1)
45               self.basicTurtle.pendown()
46               self.basicTurtle.goto(x1, y2)
47               self.basicTurtle.goto(x2, y2)
48               self.basicTurtle.goto(x2, y1)
49               self.basicTurtle.goto(x1, y1)
```

```
50            x1 = x1 + 20 # x1좌표에 20픽셀 증가
51            y1 = y1 + 20 # y1좌표에 20픽셀 증가
52            x2 = x2 + 20 # x2좌표에 20픽셀 증가
53            y2 = y2 + 20 # y2좌표에 20픽셀 증가
54
55 ## 함수 선언
56 def screenLeftClick(x, y) :
57      rect = Rectangle(x, y)
58      rect.drawShape()
59
60 ## main() 코드
61 turtle.title('거북이 객체지향 사각형 그리기')
62 turtle.onscreenclick(screenLeftClick, 1)
63 turtle.done()
```

다음은 상속 클래스를 사용하여 6개 사각형 그리기 결과 화면을 나타내고 있다.

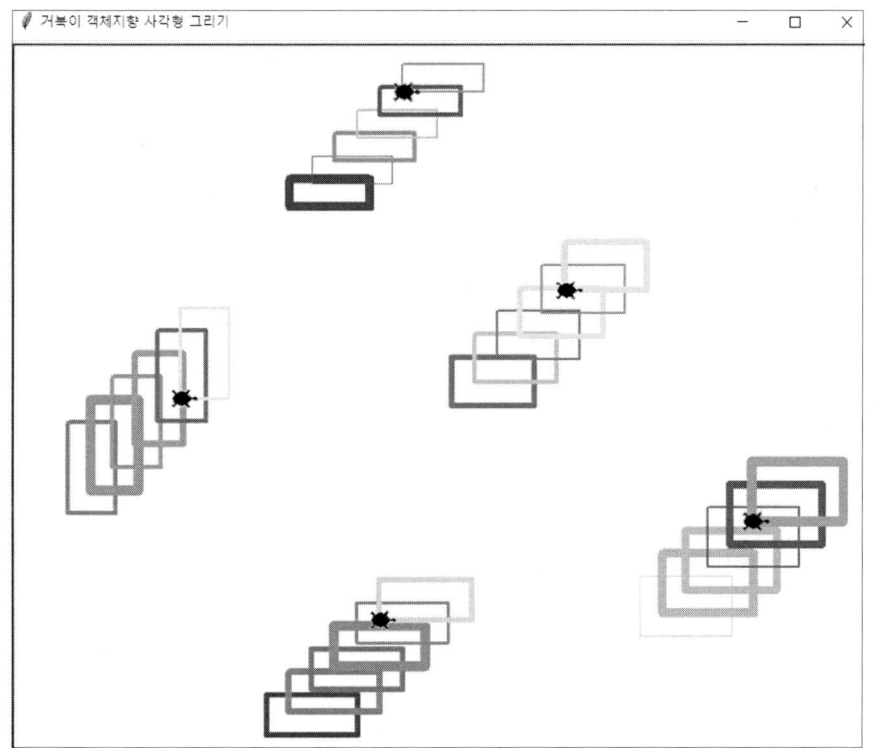

〈그림 10-9〉 사각형 6개 그리기 결과 화면

제10장 연습문제

1. 객체지향 프로그램의 장점과 단점에 대하여 기술하시오.

2. 클래스의 의미에 대하여 기술하시오.

3. 객체의 의미에 대하여 기술하시오.

4. 메서드에 대하여 기술하시오.

5. 생성자에 대하여 기술하시오.

6. 클래스 상속에 대하여 기술하시오.

7. 오버로딩에 대하여 기술하시오.

8. 오버라이딩에 대하여 기술하시오.

9. 상속 클래스를 사용하여 마우스를 클릭하면 5개 원 그리기가 되도록 프로그램을 작성하시오.

10. 다음 프로그램의 결과값을 쓰시오.

```python
## 테니스 클래스 정의 소스

class Tennis :   # 클래스 생성
    game_choice = ""        # 필드 선언
    apply_cnt = 0

    def __init__(self, single, apply) :    # 매개변수가 있는 기본 생성자 선언
        self.game_choice = single
        self.apply_cnt = apply
    def get_single(self):
        return self.game_choice
    def get_apply(self):
        return self.apply_cnt
# main program

print("=" * 40)
print("객체지향 구성요소를 적용한 프로그램 ")
print("-" * 60)

print("1. 클래스 생성완료 : Tennis")
print("-" * 60)
print("2. 인스턴스 생성 : _init__(self, 매개변수) ")
print("-" * 60)
print("3. 클래스에서 선언한 메서드 호출 인스턴스 출력")
print("-" * 60)
mySelf1 = Tennis("단식", 15)      # 인스턴스명 = 클래스명()
mySelf2 = Tennis("복식", 20)      # 인스턴스명 = 클래스명()

print(" => %s종목에 %d명이 출전." % (mySelf1.get_single(), mySelf1.get_apply()))
print(" => %s종목에 %d명이 출전." % (mySelf2.get_single(), mySelf2.get_apply()))
print("-" * 60)
print("== 프로그램 종료")
print("-" * 60)
```

제11장

파일처리

1. 텍스트 파일 입출력
   연습문제

제11장

파일 입출력

학습목표

- 메모장으로 저장된 텍스트 파일을 읽어 출력하는 프로그램을 작성하여 보자.
- 반복문을 사용하여 파일 입출력 프로그램을 작성하자.
- 프로그램 수행 중에 텍스트 파일을 입력받아서 파일에 저장하는 프로그램을 작성하여 보자.

1 텍스트 파일 입출력

텍스트 파일을 한 행씩 읽어 들이는 함수는 readline()를 사용한다.
먼저 텍스트 파일을 읽어 들이기 위해서 메모장에 간단한 텍스트를 입력하여 저장한 후에 프로그램을 이용하여 읽어 들인 후에 출력하는 것으로 예제 프로그램을 합니다.

1) 파일 한줄씩 읽어서 출력중 오류 발생

〈표 11-1〉 메모장에 간단한 텍스트 저장

```
안녕하세요!
오늘 파이썬 프로그램을 공부합니다.
모두 메모장에 간단한 이야기를 작성하고 나서
python_memo.txt로 저장하겠습니다.
```

⟨표 11-2⟩ 파일입출력 예제1

```
1   # 입력 후 출력하는 예제
2   inputFp = None # 입력파일
3   inputStr ="" # 읽어온 문자열
4   inputFp = open("E:\개인자료\교재개발\파이썬\python_memo.txt", "r")
5   inputStr = inputFp.readline()
6   print(inputStr, end="")
7   inputStr = inputFp.readline()
8   print(inputStr, end="")
9   inputStr = inputFp.readline()
10  print(inputStr, end="")
11  inputStr = inputFp.readline()
12  print(inputStr, end="")
13
14  inputFp.close()
```

```
Traceback (most recent call last):
  File "E:/개인자료/교재개발/파이썬/fileinout1.py", line 5, in <module>
    inputStr = inputFp.readline()
UnicodeDecodeError: 'cp949' codec can't decode byte 0xec in position 0: illegal multibyte sequence
```

⟨그림 11-1⟩ 오류 메세지

실행을 하면 위와 같이 'cp949' codec can't decode byte 0xec in position 0'로서 오류가 발생합니다.

수정해야 할 사항은 4행을

inputFp = open("E:\개인자료\교재개발\파이썬\python_memo.txt", "r", encoding= "utf=8")로 수정해야 합니다.

2) 파일 한줄씩 읽어서 출력하기

⟨표 11-3⟩ 파일입출력 예제2

```
1   # 입력 후 출력하는 예제
2   inputFp = None # 입력파일
3   inputStr ="" # 읽어온 문자열
4   inputFp    =    open("E:\개인자료\교재개발\파이썬\python_memo.txt",    "r",
```

```
 5    encoding="utf-8")
 6    inputStr = inputFp.readline()
 7    print(inputStr, end="")
 8    inputStr = inputFp.readline()
 9    print(inputStr, end="")
10    inputStr = inputFp.readline()
11    print(inputStr, end="")
12    inputStr = inputFp.readline()
13    print(inputStr, end="")
14
15    inputFp.close()
```

6행 inputStr = inputFp.readline() 한행을 읽어 들여 inputStr에 저장하는 기능입니다.
11행 print(inputStr, end="") 저장된 inputStr의 내용을 출력하는 기능입니다.

> 안녕하세요!
> 오늘 파이썬 프로그램을 공부합니다.
> 모두 메모장에 간단한 이야기를 작성하고 나서
> python_memo.txt로 저장하겠습니다.

〈그림 11-2〉 파일 읽고 출력

3) 반복문을 사용한 파일 읽어서 출력하기

이제 한행씩 읽는 것에서 반복문으로 프로그램을 수정하여 실행하겠습니다.

〈표 11-4〉 파일입출력 예제3

```
1  # 반복문을 사용한 입력 후 출력하는 예제
2  inputFp = None # 입력파일
3  inputStr ="" # 읽어온 문자열
4  inputFp = open("E:\개인자료\교재개발\파이썬\python_memo.txt", "r",
   encoding="utf-8")
5  while True:
6      inputStr = inputFp.readline()
7      if inputStr == "":
```

```
8        break;
9        print(inputStr, end=" ")
10
11 inputFp.close()
```

반복문 while문을 사용하여 한행씩 읽어 들여 저장하고 마지막 라인이면 반복문을 탈출하고 출력하는 예제입니다.

> 안녕하세요!
> 오늘 파이썬 프로그램을 공부합니다.
> 모두 메모장에 간단한 이야기를 작성하고 나서
> python_memo.txt로 저장하겠습니다.

〈그림 11-3〉 반복문을 사용하여 파일 읽고 출력

4) 한꺼번에 파일 읽어서 출력하기

이제 한행씩 읽는 것이 아니고 한꺼번에 모두 읽어서 저장하고 출력하는 예제 프로그램을 작성하겠습니다.

〈표 11-5〉 파일입출력 예제4

```
1 # 파일에서 한꺼번에 여러 행을 읽어서 출력하는 예제
2 inputFp = None # 입력파일
3 inputStr ="" # 읽어온 문자열
4 inputFp = open("E:\개인자료\교재개발\파이썬\python_memo.txt",  "r", encoding="utf-8")
5 inputStr = inputFp.readlines()
6 print(inputStr)
7
8 inputFp.close()
```

5행 inputStr = inputFp.readlines()는 readlines() 함수가 여러줄을 한꺼번에 읽어서 inputStr에 저장하는 기능입니다.

['안녕하세요!\n', '오늘 파이썬 프로그램을 공부합니다.\n', '모두 메모장에 간단한 이야기를 작성하고 나서\n', 'python_memo.txt로 저장하겠습니다.']

〈그림 11-4〉 여러행을 한꺼번에 읽어서 출력하기

5) 실행중에 파일명을 입력 받아서 파일 읽어서 출력하기

프로그램 수행 중에서 파일명을 입력하고 읽어서 출력하는 프로그램을 작성하여 보자.

〈표 11-6〉 파일입출력 예제5

```
1  # 파일명을 입력 받아서 한꺼번에 여러 행을 읽어서 출력하는 예제
2  inputFp = None # 입력파일
3  fileName = "" # 파일이름
4
5  inputStr ="" # 읽어온 문자열
6  fileName = input("읽어올 파일명을 입력하세요 : ")
7  inputFp = open(fileName, "r")
8  inputStr = inputFp.readlines()
9  print(inputStr)
10
11 inputFp.close()
```

8행 inputStr = inputFp.readlines()에서 아래와 같은 오류가 발생하면 수정해야 한다.
inputFp = open(fileName, "r", encoding="utf-8")

```
File "E:/개인자료/교재개발/파이썬/fileinout4.py", line 8, in <module>
  inputStr = inputFp.readlines()
UnicodeDecodeError: 'cp949' codec can't decode byte 0xec in position 0: illegal multibyte sequence
```

〈그림 11-5〉 파일 읽어 오는 오류 발생 메시지

```
읽어올 파일명을 입력하세요 : python_memo.txt
['안녕하세요!\n', '오늘 파이썬 프로그램을 공부합니다.\n', '모두 메모장에 간단한 이야기를 작성하고 나서\n', 'python_memo.txt로 저장하겠습니다.']
```

〈그림 11-6〉 실행중 파일명을 입력받아 출력하기

6) 존재하지 않는 파일명을 입력 받아서 파일 읽어서 출력하기

프로그램 수행 중에서 존재하지 않는 파일명을 입력하고 읽어서 출력하는 프로그램을 작성하여 보자.

〈표 11-7〉 파일입출력 예제6

```
1   # 파일명을 입력 받아서 한꺼번에 여러 행을 읽어서 출력하는 예제
2   inputFp = None  # 입력파일
3   fileName = ""   # 파일이름
4
5   inputStr =""    # 읽어온 문자열
6   fileName = input("읽어올 파일명을 입력하세요 : ")
7   if os.path.exists(fileName):
8       inputFp = open(fileName, "r", encoding="utf-8")
9       inputStr = inputFp.readlines()
10      print(inputStr)
11
12      inputFp.close()
13  else :
14      print("%s 파일이 존재하지 않습니다." % fileName)
```

7행 if os.path.exists(fileName): 은 파일명을 읽어서 오류가 존재하지 않으면 정상적으로 읽어서 출력하지만 존재하지 않으면 파일이 존재하지 않는다는 메시지를 출력한다.

```
읽어올 파일명을 입력하세요 : python_memo
Traceback (most recent call last):
  File "E:/개인자료/교재개발/파이썬/fileinout6.py", line 7, in <module>
    if os.path.exists(fileName):
NameError: name 'os' is not defined. Did you forget to import 'os'?
```

〈그림 11-7〉 읽어 들일 파일이 존재하지 않는 경우 오류 메시지 출력

7) 프로그램 수행중에 파일명을 입력 받아서 출력하기

프로그램 수행 중에 파일명을 입력 받아서 파일의 내용을 출력하는 프로그램을 작성하여 보자.

〈표 11-8〉 파일입출력 예제7

```
1  # 파일명을 입력 받아서 한꺼번에 여러 행을 읽어서 출력하는 예제
2  inputFp = None # 입력파일
3  fileName = "" # 파일이름
4
5  inputStr ="" # 읽어온 문자열
6  fileName = input("읽어올 파일명을 입력하세요 : ")
7  if os.path.exists(fileName):
8      inputFp = open(fileName, "r", encoding="utf-8")
9      inputStr = inputFp.readlines()
10     print(inputStr)
11
12     inputFp.close()
13 else :
14     print("%s 파일이 존재하지 않습니다." % fileName)
```

7행 if os.path.exists(fileName): 은 파일명을 읽어서 오류가 존재하지 않으면 정상적으로 읽어서 출력하지만 존재하지 않으면 파일이 존재하지 않는다는 메시지를 출력한다.

```
읽어올 파일명을 입력하세요 : python_memo
Traceback (most recent call last):
  File "E:/개인자료/교재개발/파이썬/fileinout6.py", line 7, in <module>
    if os.path.exists(fileName):
NameError: name 'os' is not defined. Did you forget to import 'os'?
```

〈그림 11-8〉 읽어 들일 파일이 존재하지 않는 경우 오류 메시지 출력

8) 프로그램 수행중에 텍스트 입력 받아서 파일 저장하기

다음은 프로그램 수행 중에 텍스트를 입력하고 텍스트 내용을 파일에 저장하는 프로그램 예제입니다.

〈표 11-9〉 파일입출력 예제8

```
1  # 프로그램 수행 중에 텍스트를 입력하여 저장하는 예제
2  outputFp = None # 입력파일
3  fileName = "E:\개인자료\교재개발\파이썬\outdata.txt" # 파일이름
4  outputStr = "" # 텍스트 저장
5
6  outputFp = open(fileName, "w")
7  while True:
8      outputStr = input("내용을 입력하세요 : ")
9      if outputStr != "" :
10         outputFp.writelines(outputStr + "\n")
11     else :
12         break
13
14 outputFp.close()
15 print("파일쓰기 성공")
```

```
내용을 입력하세요 : python을 공부
내용을 입력하세요 : 하고 있습니다.
내용을 입력하세요 :

파일쓰기 성공
```

〈그림 11-9〉 실행중에 텍스트 입력 저장하기

outdata.txt를 메모장을 열어보자. 정상적으로 텍스트가 입력되어 있는 것을 확인할 수 있다.

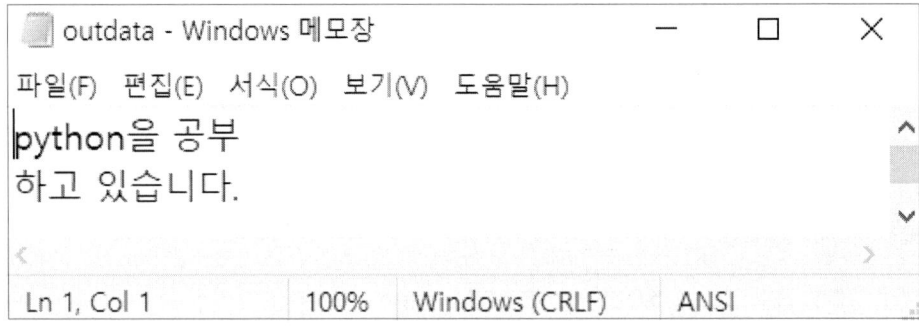

〈그림 11-10〉 outdata.txt 파일 열기

9) with 키워드 사용하여 파일 입출력 프로그램

다음은 with 키워드 이용하여 파일을 처리하여 보는 프로그램을 작성하여 보자.

파일을 처리 할 때 with 키워드를 사용하면 파일이나 리소스를 열고 나서 프로그램 종료시에 자동으로 닫아주는 기능이 들어 있어서 소스코드가 더 간결하게 작성할 수 있습니다.

〈표 11-10〉 파일입출력 예제9

```
1  # 리스트를 파일에 쓰고 읽어서 출력하기 예제
2  list_txt = ['안녕하세요!!\n', 'python study\n', '열심히 하세요\n']
3
4  # 'outdata2.txt' 파일을 쓰기 모드('w')로 열어서, 파일 객체를 변수 f에 할당
5  with open('outdata2.txt','w') as file:
6      file.writelines(list_txt)  # 리스트를 파일에 씁니다.
7      file.write('Python은 간결하고 쉬운 프로그램 언어,\n')  # 텍스트 추가1
8      file.write('IT관련 학과의 기초 언어 프로그램 입니다.\n')  # 텍스트 추가2
9
10 # 'outdata2.txt' 파일을 읽기 모드('r')로 열고, 파일 객체를 변수 f에 할당
11 with open('outdata2.txt','r') as file:
12     temp_str = file.read()  # 파일에 저장되어 있는 텍스트를 읽고 temp_str에 저장
13
14 print(temp_str) # 파일 내용 출력
```

```
안녕하세요!!
python study
열심히 하세요
Python은 간결하고 쉬운 프로그램 언어,
IT관련 학과의 기초 언어 프로그램 입니다.
```

〈그림 11-11〉 실행 결과 화면

10) 파일을 복사하는 프로그램

다음은 파일 입출력을 활용하여 파일을 복사할 수 있습니다. 파이썬에서 파일 복사를 수행하는 가장 간단한 방법은 바이너리 파일을 읽고 쓰는 것인데 이와 같은 예제 프로그램을 작성하여 보자.

〈표 11-11〉 파일입출력 예제10

```
1  buffer_size = 512   # 한 번에 읽어들이는 데이터의 크기
2
3  # 텍스트 원본 파일을 바이너리 모드로 열기 수행
4  with open('outdata2.txt', 'rb') as source:
5      # 복사할 파일을 바이너리 모드로 열기.
6      with open('outdata3.txt', 'wb') as copy:
7          while True:
8              buffer = source.read(buffer_size)  # 버퍼 크기만큼 데이터를 읽기.
9              if not buffer:   # 읽어들인 데이터가 없다면 반복문을 종료.
10                 break
11             copy.write(buffer)   # 읽어들인 데이터를 복사본 파일에 쓰기.
12
13 print('파일 복사 성공!!!')
```

파일 복사 성공!!!

〈그림 11-12〉 파일 복사 후 실행 결과

11) 파일을 읽어서 특정 한글 단어가 몇 개 인지 세는 프로그램

파일 입출력 활용법을 예제를 통해 살펴봅시다. 첫 번째 예제는 오늘의 스케줄을 파일에 기록하는 프로그램이며, 두 번째 예제는 "루돌프 사슴코" 노래의 가사가 적힌 파일을 읽어서 특정 문자열이 몇 번 등장하는지를 세는 프로그램입니다.

〈표 11-12〉 파일입출력 예제11

```
1  # "루돌프 사슴코" 노래의 가사가 적힌 파일을 읽어서 '루돌프'이란 글자가 몇 개인지 세는 프로그램
2
3  f = open("루돌프2.txt" , 'r', encoding='utf-8') #파일 오픈
4  data = f.read() #f.read()로 루돌프2.txt의 내용전체를 읽기
5  print("루돌프 글자 숫자 : ")
6  print(data.count("루돌프")) #data 변수에 count를 활용하여 루돌프 갯수 세기.
7  f.close()
```

```
루돌프 글자 숫자 :
4
```

〈그림 11-13〉 실행 결과

제11장　　연습문제

1. 메모장에 간단한 텍스트를 저장하는 프로그램을 작성하시오.

2. 메모장에 있는 데이터를 읽어 들여서 출력하는 프로그램을 작성하시오.

3. 반복문을 사용하여 1개의 파일을 읽어들여서 출력하는 프로그램을 작성하시오.

4. 프로그램 실행 중에서 파일명을 입력받아서 파일을 읽어서 출력하는 프로그램을 작성하시오.

5. 프로그램 수행 중에서 키보드로부터 텍스트를 입력하여 파일에 쓰기를 하는 프로그램을 작성하시오.

6. with 키워드를 사용하여 파일 입출력이 되는 프로그램을 작성하시오.

7. 파일이 복사되어 다른 이름으로 저장되도록 하는 프로그램을 작성하시오.

제12장

시각화

1. 기초 시각화
2. 데이터 시각화
   연습문제

제12장

시각화

학습목표

- 충주시의 기온 데이터를 이용하여 가장 더운날과 가장 추운날과 기온을 출력하는 프로그램을 작성하여 보자.
- 광역시와 도의 인구그래프 프로그램을 작성하고 시각화 하여 보자.
- 전국의 인구수를 통계자료를 확보하여 출력 프로그램을 하여 보자.
- 종합 응용 프로그램을 작성하여 보자.

1 기초 시각화

1) 기본 대각선 그래프 그리기

파이썬 프로그램에서 시각화를 하기 위해서는 matplotlib 패키지를 사용하게 된다.
챠트(chart)나 플롯(plot)으로 시각화의 결과로서 출력하게 된다.
다음 소스는 가장 기초적인 대각선 그래프를 그리는 프로그램이다.
matplotlib를 import를 하고 이름을 plt로 정의하고 plt.plot()를 사용하고, plt.show()에서 그래프를 출력하게 된다.

〈표 12-1〉 예제1

```
1 import matplotlib.pyplot as plt
2
3 plt.plot([10, 30, 50, 70])
4 plt.show()
```

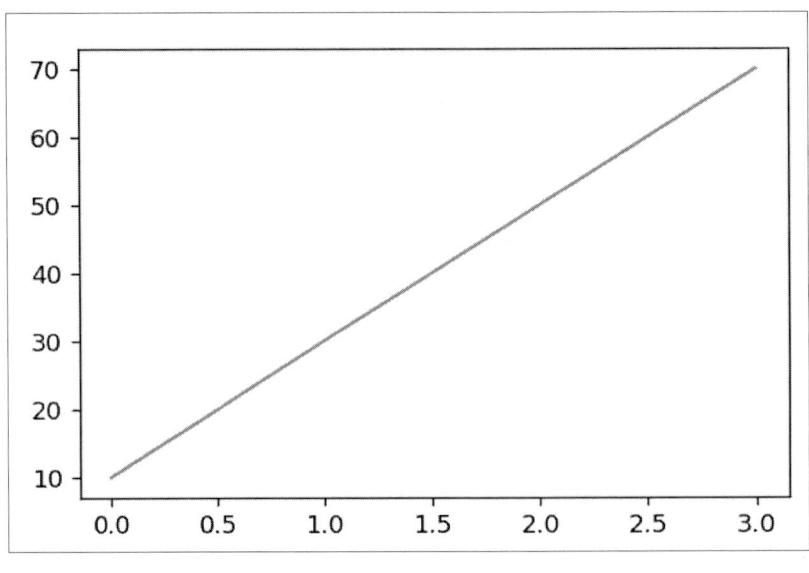

〈그림 12-1〉 대각선 그래프 결과 화면

다음 소스는 그래프에 제목을 넣고자 한다. plt.title()함수를 사용하여 그래프 제목을 넣어서 출력하게 된다.

〈표 12-2〉 예제2

```
1  import matplotlib.pyplot as plt
2  plt.title("diagonal graph") # 제목 출력
3  plt.plot([10, 30, 50, 70])
4  plt.show() # 그래프 출력
```

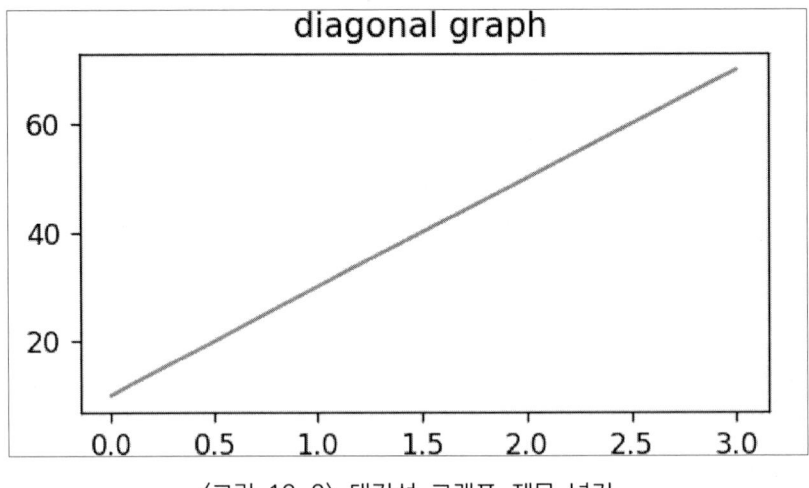

〈그림 12-2〉 대각선 그래프 제목 넣기

2) 상호 대각선 그래프 그리기

다음 프로그램은 2개의 대각선 그래프를 출력하고자 하는 예제이다.

plt.legend() 함수를 사용하여 범례를 출력하고, plt.title()함수를 사용하여 그래프 제목을 넣어서 출력하게 된다. 범례의 위치를 조정할 수 있다. plt.legend(loc=5) 함수

〈표 12-3〉 예제3

```
1  import matplotlib.pyplot as plt
2  plt.rc('font',family='Malgun Gothic')
3  plt.title("상호 대각선 및 범례") # 제목 출력
4  plt.plot([10, 30, 50, 70], label='증가')
5  plt.plot([70, 50, 30, 10], label='감소')
6  plt.legend(loc=5) #범례 우측
7  plt.show() # 그래프 출력
```

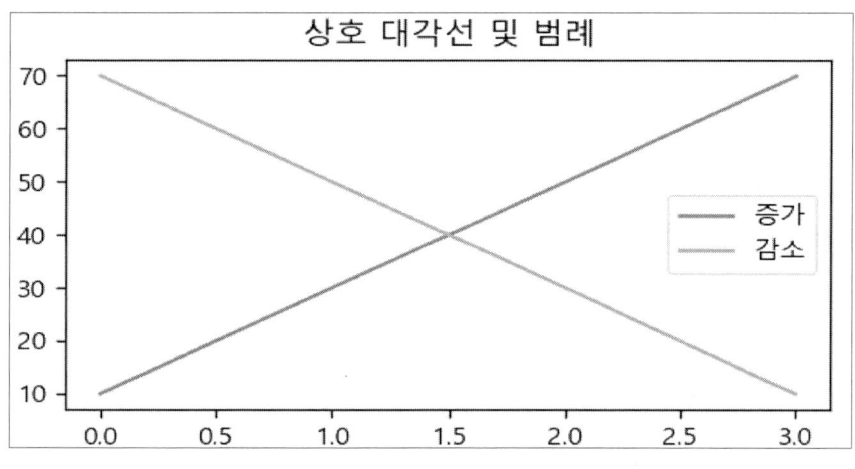

〈그림 12-3〉 상호대각선 및 범례 출력

다음 예제는 2개의 대각선 그래프를 출력하고자 하는 예제이다.

plt.legend() 함수를 사용하여 범례를 출력하고, plt.title()함수를 사용하여 그래프 제목을 넣어서 출력하게 된다. 범례의 위치를 조정할 수 있다. plt.legend(loc=5)는 오른쪽, plt.legend(loc=2는)좌측상단에 출력을 하게 됩니다.

〈표 12-4〉 범례 위치

2	9	1
6	10	5, 7
3	8	4

⟨표 12-5⟩ 예제4

```
1  import matplotlib.pyplot as plt
2  plt.rc('font',family='Malgun Gothic')
3  plt.title("상호 대각선 및 범례") # 제목 출력
4  plt.plot([10, 30, 50, 70], label='증가')
5  plt.plot([70, 50, 30, 10], label='감소')
6  plt.legend(loc=2) #범례 좌측 상단
7  plt.show() # 그래프 출력
```

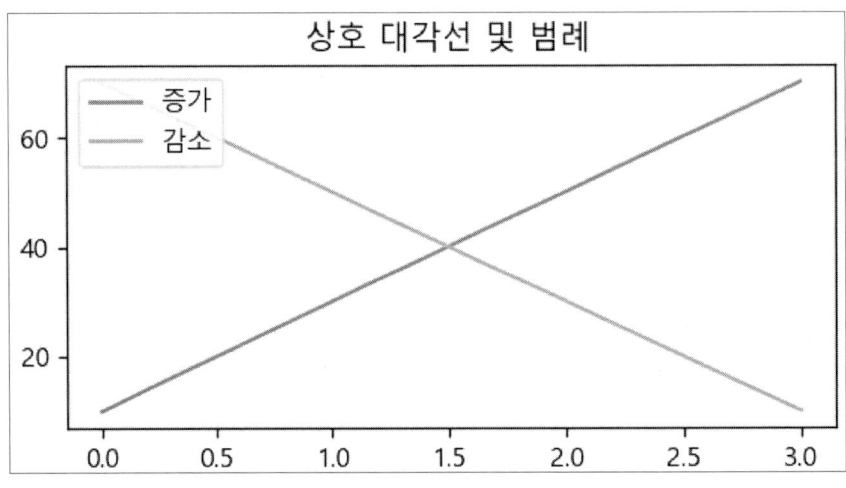

⟨그림 12-4⟩ 상호 대각선 및 좌측 상단 범례 출력

3) 파이(pie) 그래프 그리기

다음은 동그란 원을 그리기 위해 pie() 함수를 사용한 예제이다.

⟨표 12-6⟩ 예제5

```
1  import matplotlib.pyplot as plt
2  size= [ 1200, 1150, 800, 900]
3  plt.axis('equal')
4  plt.pie(size) # 파이 그래프
5  plt.show()   # 그래프 출력
```

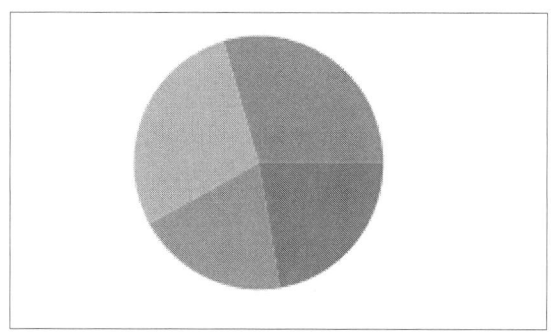

〈그림 12-5〉 파이 그래프 출력 화면

다음은 동그란 원을 그리기 위해 pie() 함수와 비율 및 범례를 표시하는 예제이다.

〈표 12-7〉 예제6

```
1 import matplotlib.pyplot as plt
2 plt.rc('font',family='Malgun Gothic')
3 size= [ 40, 30, 25, 10]
4 label = ['축구', '탁구', '볼링', '당구']
5 plt.axis("equal")
6 plt.pie(size, labels=label, autopct="%.1f%%") # 파이 그래프
7 plt.legend() # 범례
8 plt.show()    # 그래프 출력
```

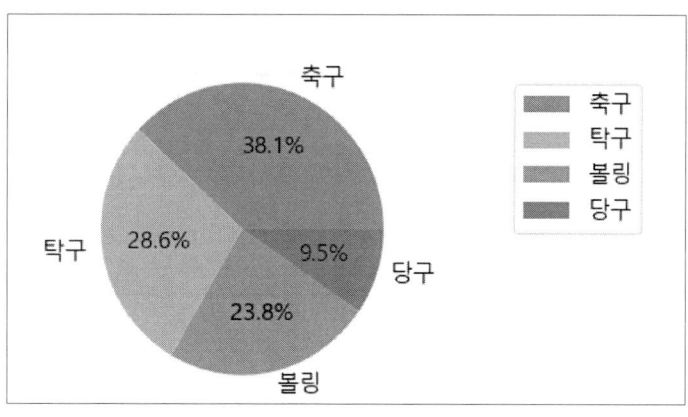

〈그림 12-6〉 파이 그래프 범례 출력

다음은 벗어난 파이 그래프 그리기 위해 pie() 함수와 비율 및 범례를 표시하는 예제이다.

〈표 12-8〉 예제7

```
1  #벗어난 파이 그래프 그리기
2  import matplotlib.pyplot as plt
3  plt.rc('font',family='Malgun Gothic')
4  size= [ 40, 30, 25, 10]
5  label = ['축구', '탁구', '볼링', '당구']
6  explode = [0, 0.10, 0, 0.10]
7  # 파이 그래프
8  plt.pie(size, labels=label, autopct='%.1f%%', startangle=260, counterclock
   =False, explode=explode)
9  plt.legend() # 범례
10 plt.show() # 그래프 출력
```

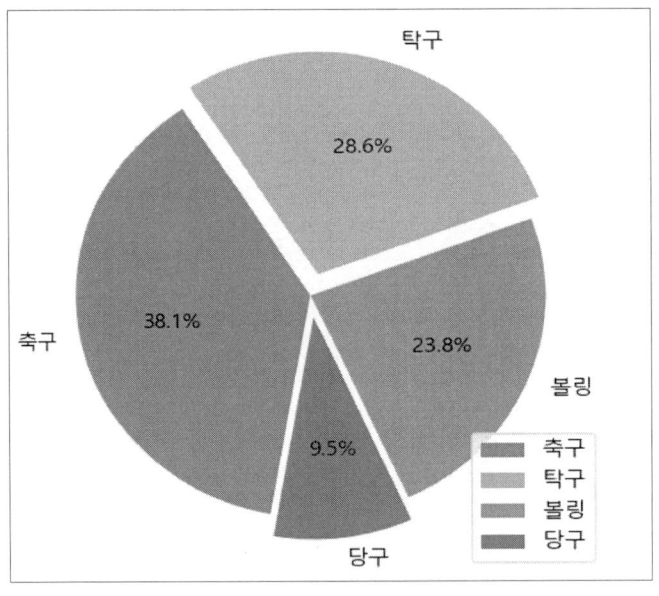

〈그림 12-7〉 벗어나는 파이 그래프

4) 막대(bar) 그래프 그리기

다음 프로그램은 한글 폰트를 사용하여 막대 그래프에 X축, Y축 제목을 넣어서 6개 지역의 인구수를 출력하고자 하는 예제이다.

〈표 12-9〉 예제8

```
1  import matplotlib.pyplot as plt
2  # 기본 데이터 삽입 처리
3  cities = ['경기', '강원', '충북', '충남', '전북', '전남']
4  population = [13690645, 1518700, 1591100, 2136632, 1739751,1789610]
5  # 한글 폰트 처리
6  plt.rc('font', family='Malgun Gothic')
7  plt.bar(cities, population)   # 막대 그래프 그리기
8  plt.title('도 인구 수')   # 그래프 제목 넣기
9  # x축, y축 레이블 넣기
10 plt.xlabel('전국도')
11 plt.ylabel('인구 수')
12
13 plt.show()    # 그래프 출력
```

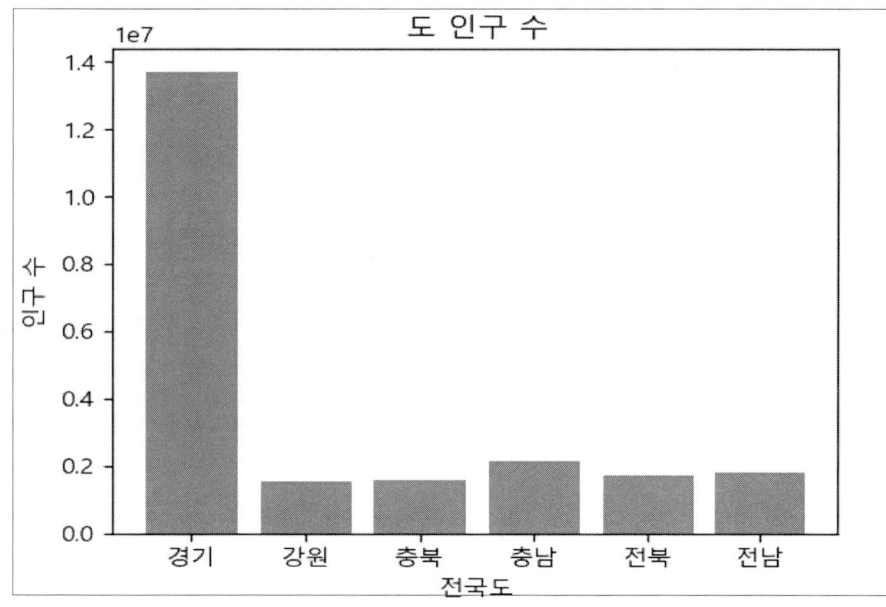

〈그림 12-8〉 막대 그래프 출력 화면

다음 소스는 수평 막대그래프를 출력하는 예제이다.

연도별로 값을 출력하고자 데이터를 수평 막대 그래프로 표시됩니다.

years는 Y축에 표시될 연도이고, values는 막대 그래프의 너비로 표시될 x 값 입니다. 먼저 barh() 함수에 NumPy 어레이와 x 값에 해당하는 리스트 [75.2, 78.5, 81.3] 값을 삽입합니다.

다음, yticks()에 y와 years를 입력해주면, Y축의 눈금 레이블에 값인 '2022', '2023', '2024'이 순서대로 출력됩니다. plt.barh() 함수의 height 파라미터는 막대의 높이를 지정합니다.

plt.barh(y, values, color=colors, height=0.4)에서 막대 높이는 0.4로 지정하였으며, 디폴트는 0.8입니다. 결과 화면은 다음과 같습니다.

〈표 12-10〉 예제9

```
1  import matplotlib.pyplot as plt
2  import numpy as np
3  # 한글 폰트 처리
4  plt.rc('font', family='Malgun Gothic')
5  y = np.arange(3)
6  years = ['2022', '2023', '2024']
7  values = [75.2, 78.5, 81.3]
8  colors = ['y', 'r', 'C2'] # 색상 : 노란색, 빨간색, 초록색
9
10 plt.barh(y, values, color=colors, height=0.4)
11 plt.yticks(y, years)
12 plt.title('AI반도체융합과 취업률')  # 그래프 제목 넣기
13 plt.show()
```

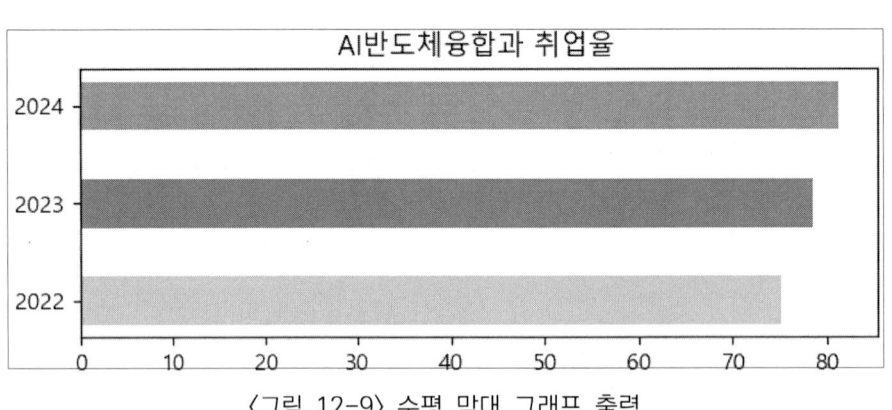

〈그림 12-9〉 수평 막대 그래프 출력

5) 마커(marker) 그래프 그리기

다음은 그래프를 그릴 때 마커 모양을 바꾸어서 출력 할 수 있다. plt.plot([5, 10, 15, 20], 'r.', label='circle')은 마커모양이 점 모양으로 출력되고, plt.plot([5, 10, 15, 20], 'g^.', label='triangle up')은 삼각형 모양의 마커를 출력할 수 있다.

〈표 12-11〉 예제10

```
1  import matplotlib.pyplot as plt
2  plt.rc('font',family='Gulim') # 한글 굴림체 출력
3  plt.title("마커 출력") # 제목 출력
4  plt.plot([5, 10, 15, 20], 'r.', label='점') #빨간색 점 마커
5  plt.plot([20, 15, 10, 5], 'g^', label='삼각형') # 초록색 삼각형 마커
6  plt.legend(loc=6) #범례 #좌측
7  plt.show() # 그래프 출력
```

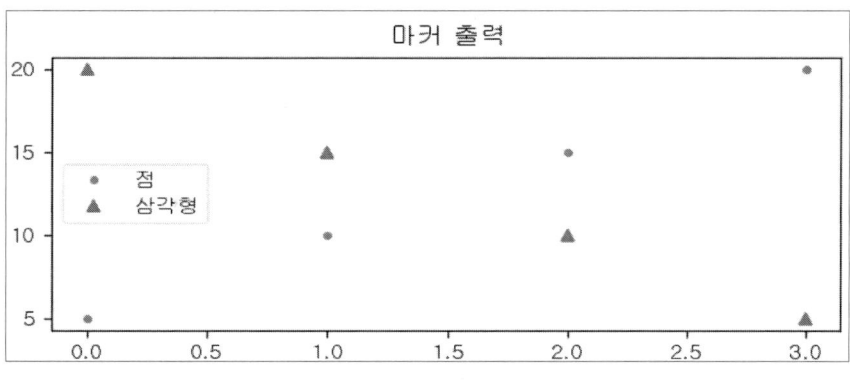

〈그림 12-10〉 마커 출력

6) 히스토그램 (Histogram) 그리기

히스토그램 (Histogram)은 도수분포표를 그래프로 나타낸 것으로서, 가로축은 계급, 세로축은 도수 (횟수나 개수 등)를 나타냅니다.

이번에는 matplotlib.pyplot 모듈의 hist() 함수를 이용해서 여러가지 히스토그램을 출력하는 예제를 프로그램 합니다.

〈표 12-12〉 예제11

```
1  import matplotlib.pyplot as plt
2  plt.rc('font',family='Gulim') # 한글 굴림체 출력
```

```
3  plt.title("몸무게 출력 그래프") # 제목 출력
4  weight = [55, 81, 64, 60, 78, 74, 67, 75, 62, 68, 59, 73,
5             85, 59, 67, 81, 69, 70]
6
7  plt.hist(weight)
8  plt.show()
```

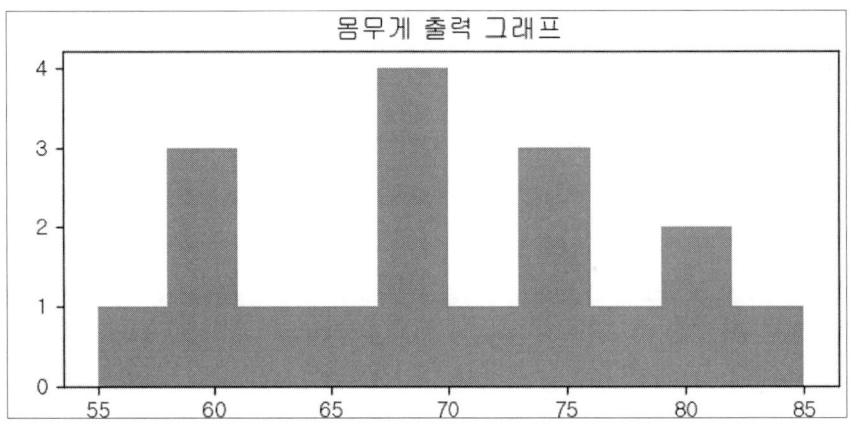

〈그림 12-11〉 히스토그램 출력

hist() 함수의 bins 파라미터는 히스토그램의 가로축 구간의 개수를 지정 할 수 있습니다. 첫번째 히스토그램은 bins 값을 지정하지 않아서 기본값인 10으로 지정되었습니다. 두번째 히스토그램은 bins 값을 30으로 지정했습니다.
아래와 같이 다른 분포를 나타냅니다.

〈표 12-13〉 예제12

```
1  import matplotlib.pyplot as plt
2  plt.rc('font',family='Gulim') # 한글 굴림체 출력
3  plt.title("몸무게 출력 그래프") # 제목 출력
4  weight = [55, 81, 64, 60, 78, 74, 67, 75, 62, 68, 59, 73,
5             85, 59, 67, 81, 69, 70]
6
7  plt.hist(weight, label='bins=10')
8  plt.hist(weight, bins=30, label='bins=30')
9  plt.legend() # 범례
10 plt.show()
```

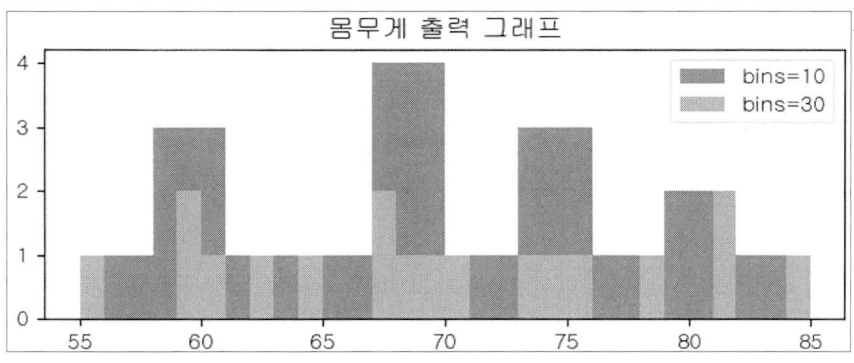

〈그림 12-12〉 히스토그램 출력

7) 히트맵 (Heatmap) 그리기

히트맵 (Heatmap)은 다양한 값을 갖는 숫자 데이터를 열분포 형태와 같이 색상을 이용해서 시각화할 때 사용합니다.

np.random.standard_normal() 로 만들어진 2차원 어레이 arr는 표준정규분포를 갖는 (20, 30) 형태의 2차원 어레이 입니다.

matshow() 함수에 어레이의 형태로 값들을 직접 입력하면 아래와 같은 그래프가 표시됩니다.

〈표 12-14〉 예제13

```
1  #히트맵에서 기본 그리기 출력 예제
2  import matplotlib.pyplot as plt
3  import numpy as np
4  arr = np.random.standard_normal((20,30))
5  plt.matshow(arr) #히트맵 출력
6  plt.show()
```

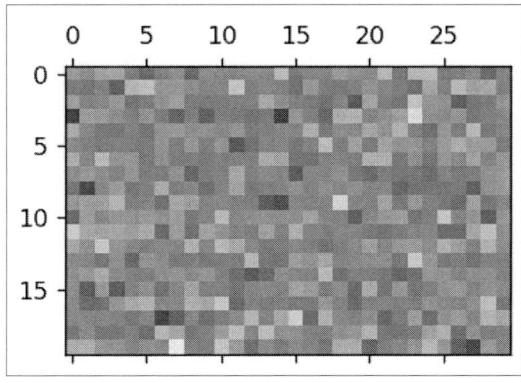

〈그림 12-13〉 히트맵(Heatmap) 기본 출력

다음은 히트맵 기본에서 컬러바를 포함하여 출력하는 예제를 나타내고 있습니다. 히트맵에 컬러바를 함께 나타내기 위해서 colorbar() 함수를 사용합니다.

〈표 12-15〉 예제14

```
1  #히드맵에서 칼라바 출력 예제
2  import matplotlib.pyplot as plt
3  import numpy as np
4  arr = np.random.standard_normal((20,30))
5  plt.matshow(arr)
6  plt.colorbar()
7  plt.show()
```

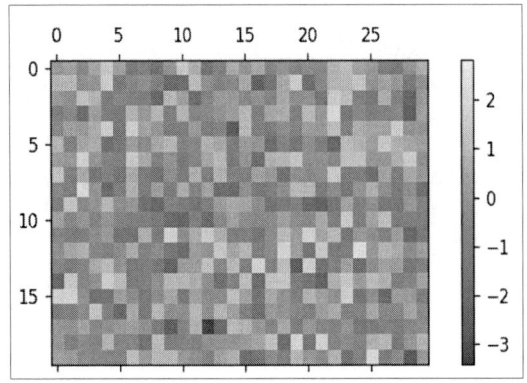

〈그림 12-14〉 히트맵 칼라바 출력

2 데이터 시각화

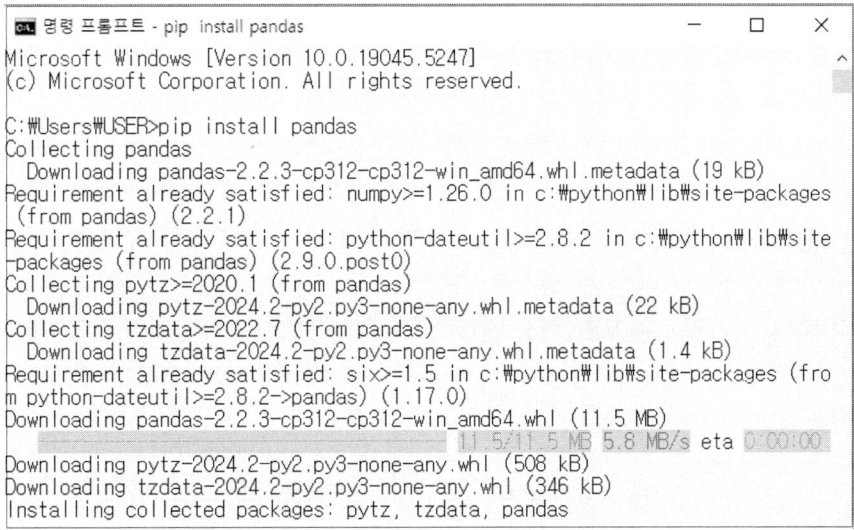

〈그림 12-15〉 pandas 설치화면

다음은 pandas 패키지를 사용하고자 하면 명령프롬프트에서 pip install pandas를 실행해야 한다.

1) 데이터 출력

다음 예제는 3명의 학생에 대한 국어, 영어, 수학 점수를 랜덤하게 값을 출력되도록 하는 프로그램이다.

〈표 12-16〉 예제15

```
1  import pandas as pd
2  import numpy as np
3  np.random.seed(77)
4  names=['이순신','강감찬','손흥민']
5  data=np.random.randint(0, 101, 9).reshape(3,3)
6  df = pd.DataFrame(data, columns=['국어','영어','수학'])
7  df.insert(0,'이름',names)
8  print(df)
```

```
   이름  국어 영어 수학
0  이순신  87  95  84
1  강감찬  84  37  24
2  손흥민  31  96  57
```

〈그림 12-16〉 실행 결과 화면

2) 산점도(Scatter plot) 그리기

다음은 산점도 그리기에 대한 예제를 나타내고 있습니다.

산점도 (Scatter plot)는 두 변수의 상관 관계를 직교 좌표계의 평면에 점으로 표현하는 그래프입니다.

matplotlib.pyplot 모듈의 scatter() 함수를 이용하면 산점도를 그릴 수 있습니다.
scatter() 함수의 s, c 파라미터는 각각 마커의 크기와 색상을 지정합니다.
마커의 크기는 size**2 의 형태로 지정합니다.

예를 들어 plot() 함수에 markersize=20으로 지정하는 것과 scatter() 함수에 s=20**2으로 지정하는 것은 같은 크기의 마커를 표시하도록 합니다.

마커의 색상은 데이터의 길이와 같은 크기의 숫자 시퀀스 또는 rgb, 그리고 Hex code 색상을 입력해서 지정합니다.

마커에 random.rand()함수를 사용하여 임의의 크기와 색상을 지정했습니다. 결과는 아래와 같습니다.

〈표 12-17〉 예제16

```
1  #산점도 그리기 예제
2  import matplotlib.pyplot as plt
3  import numpy as np
4
5  np.random.seed(0)
6
7  n = 30
8  x = np.random.rand(n)
9  y = np.random.rand(n)
10 area = (20 * np.random.rand(n))**2
```

```
11  colors = np.random.rand(n)
12
13  plt.scatter(x, y, s=area, c=colors)
14  plt.show()
```

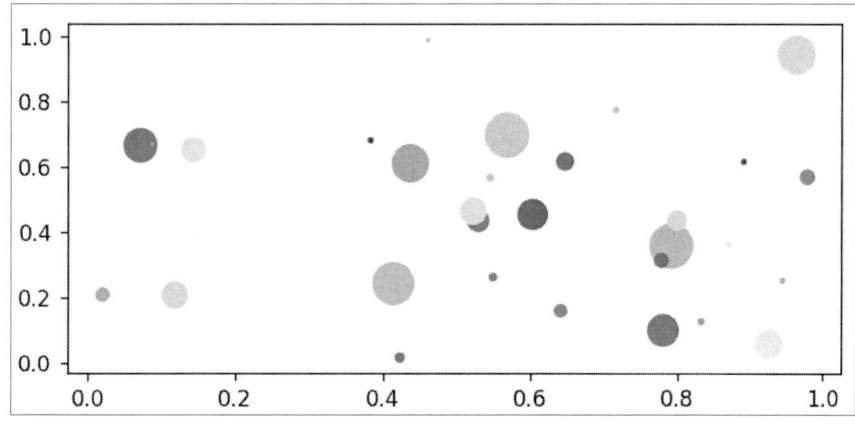

〈그림 12-17〉 산점도 그리기 출력

3) 에러바(error bar) 그리기

다음은 에러바 그리기에 대한 예제를 나타내고 있습니다.

에러바 (Errorbar, 오차막대)는 데이터의 편차를 표시하기 위한 그래프 형태입니다.

matplotlib.pyplot 모듈의 errorbar() 함수를 이용해서 그래프에 에러바를 나타낼 수 있습니다.

〈표 12-18〉 예제17

```
1  #에러바 그리기 예제
2  import matplotlib.pyplot as plt
3
4  x = [1, 2, 3, 4]
5  y = [1, 5, 10, 15]
6  value = [2.1, 3.2, 1.9, 2.7]
7
8  plt.errorbar(x, y, yerr=value)
9  plt.show() # 그래프 출력
```

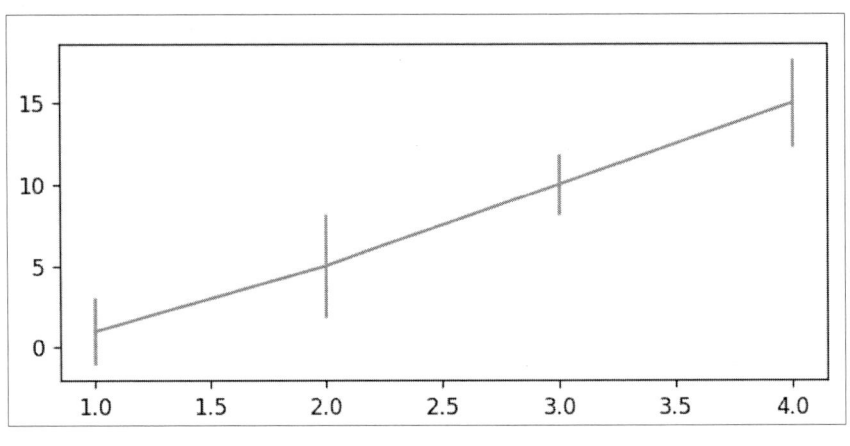

〈그림 12-18〉 기본 에러바 그리기

4) 이미지 저장하여 그리기

다음은 matplotlib.pyplot 모듈의 savefig() 함수를 사용해서 그래프를 이미지 파일 등으로 저장하는 예제 프로그램입니다.

plt.savefig('savefile.png') 함수에 파일 이름을 'savefile.png' 입력해주면 savefile.png 라는 이미지 파일이 저장됩니다.

〈표 12-19〉 예제18

```
1  #이미지 저장 예제
2  import numpy as np
3  import matplotlib.pyplot as plt
4  plt.rc('font',family='Gulim') # 한글 굴림체 출력
5  x1 = np.linspace(0.0, 3.0)
6  x2 = np.linspace(0.0, 2.0)
7
8  y1 = np.cos(2 * np.pi * x1) * np.exp(-x1)
9  y2 = np.cos(2 * np.pi * x2)
10
11 plt.subplot(2, 1, 1)                # nrows=2, ncols=1, index=1
12 plt.plot(x1, y1, 'o-')
13 plt.title('1차 그래프')
14 plt.ylabel('감쇠진동')
15
```

```
16  plt.tight_layout()
17  plt.show()
18  plt.savefig('save그래프1.png')  # 이미지 저장 이름
```

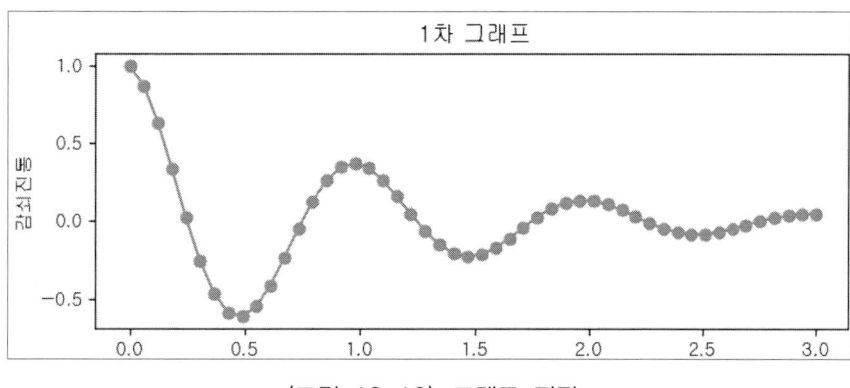

〈그림 12-19〉 그래프 저장

제12장   연습문제

1. 상호대각선이 출력되도록 하는 프로그램을 작성하시오.

2. 상호대각선이 출력되도록 하되 범례가 좌측 중앙에 출력되도록 프로그램 하시오.

3. 파이함수를 이용하여 과일 5종류(딸기 12%, 바나나 8%, 사과 35%, 배15%, 포도 30%)가 적절한 표시되도록 하고, 범례를 우측에 출력되도록 하시오.

4. 3번의 과일 5종류에서 사과가 파이를 벗어 나도록 프로그램 하시오.

5. 세로 막대그래프의 예제를 5개의 그래프를 출력하는 프로그램을 작성하시오.

6. 가로 막대그래프의 예제를 5개의 그래프를 출력하는 프로그램을 작성하시오.

7. 마커가 적절히 출력되도록 하는 프로그램을 작성하시오.

8. 히트맵이 출력되도록 하는 예제 프로그램을 작성하시오.

9. 5명의 학생에 대하여 DB, 파이썬, C언어 과목에 대하여 점수가 랜덤하게 출력되도록 하는 프로그램을 작성하시오.

10. 산점도가 출력되도록 하는 프로그램을 작성하시오.

제13장

GUI 프로그램

1. tkinter 기본 윈도우창 생성하기
2. 위젯(widget)
3. 체크버튼
4. 라디오버튼
5. 메뉴
6. 폰트 크기 조절하기
   연습문제

제13장

GUI 프로그램

학습목표

- 윈도우 프로그램을 위한 기본 윈도우 창에 대하여 알아보고, 기본 적인 tkinter 라이브러리 구조에 대하여 알아본다.
- 위젯의 개념과 위젯의 종류에 대하여 알아본다.
- 라벨, 버튼, 라디오버튼, 체크박스, 메시지 박스에 대하여 알아보고 응용프로그램을 하여 보자.
- 서브 메뉴 프로그램 작성하고, 연습문제를 스스로 풀어보자.

1 tkinter 기본 윈도우창 생성하기

tkinter는 파이썬에서 기본으로 사용되는 그래픽 모듈이라 할 수 있다. tkinter는 윈도우(window)를 생성하고 버튼(Button)과 레이블(Label) 같은 위젯을 이용하여 사용자와 인퍼페이스(Interface)를 할 수 있는 그래픽 도구라고 할 수 있다. 다음은 가장 기본이 되는 기본 윈도우창을 만드는 소스코드이다.

〈표 13-1〉 예제1

```
1  from tkinter import*
2
3  window = Tk()
4
5  label = Label(window, text="안녕하세요!!")
6  label.pack()
7
8  window.mainloop()
```

1행은 GUI 모듈을 제공해 주는 표준 윈도우 라이브러리이다. 윈도우창에서는 반드시 있어야 한다. tkinter 모듈에 있는 모든 함수를 포함시키게 된다. 3행은 Tk()는 기본이 되는 윈도우를 반환하는 베이스 윈도우(Base Window)라고 한다. 이 윈도우 안에 여러 가지 위젯을 추가할 수 있다.

5행은 Label() 함수가 레이블을 만들어 주고 윈도우에 텍스트 글자를 설정하도록 해준다. 6행에서 레이블을 화면에서 표시하게 된다. 버튼에 대하여 pack() 메소드를 호출한다. 호출하지 않으면 화면에 버튼이 출력되지 않는다. 8행은 window.mainloop() 함수를 실행한다. 윈도우에서 발생하는 여러 이벤트를 처리하는 함수라고 할 수 있다.

다음 그림은 윈도우 창이 실행된 결과를 나타내고 있다.

〈그림 13-1〉 실행화면

다음은 윈도우 창을 하나 만들고, 'AI반도체융합학부' 라벨을 출력하고, '어서오세요' 버튼을 설정한다. 14행은 윈도우 창의 크기는 500x200크기로 설정하여 출력하게 된다.

〈표 13-2〉 예제2

```
1  from tkinter import*
2
3  window = Tk()
4
5  #텍스트
6  label = Label(window, text="AI반도체융합학부")
7  label.pack()
8
9  #버튼
10 button = Button(window, text="어서오세요")
11 button.pack()
12
13 #윈도우 사이즈 설정
14 window.geometry("500x200")
```

```
15
16  #기본 루프
17  window.mainloop()
```

다음은 실행 결과를 보여주고 있다.

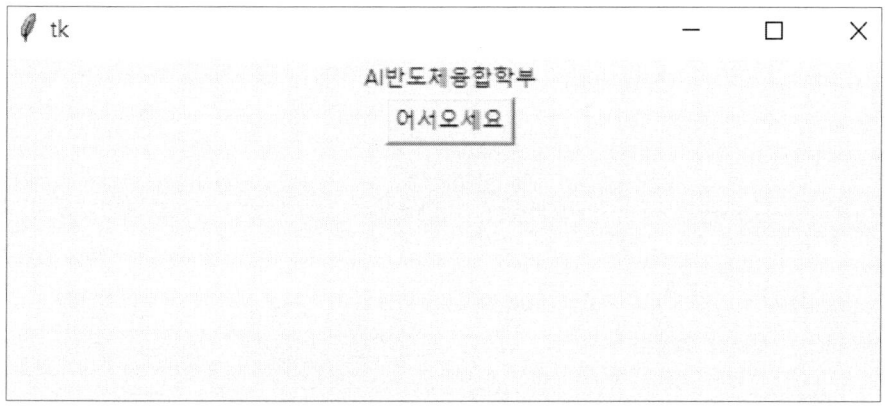

〈그림 13-2〉 윈도우 창 실행 화면

2 위젯(widget)

위젯은 Python 설치할 때에 기본적으로 내장되어 있는 파이썬 표준 라이브러리이기 때문에 쉽고 간단한 GUI 프로그램을 만들 때 활용될 수 있다. 파이썬에서 제공하는 위젯은 크게 단순 위젯과 컨테이너 위젯으로 나뉜다.
컨테이너 위젯은 다른 위젯을 내부에 넣을 수 있는 위젯이다.

1) 단순 위젯

Button, Canvas, Checkbutton, Entry, Label, Message 등

2) 컨테이너 위젯

다른 컴포넌트를 안에 포함할 수 있는 위젯 Frame, Toplevel, Label, Frame, PanedWindow 등

3) tkinter 라이브러리 구조

Tk에는 18개의 위젯이 있으며, 그중 12개는 tkinter에 이미 존재합니다: Button, Checkbutton, Entry, Frame, Label, LabelFrame, Menubutton, PanedWindow, Radiobutton, Scale, Scrollbar 및 Spinbox. 다른 6개는 Combobox, Notebook, Progressbar, Separator, Sizegrip 및 Treeview입니다. 그리고 이들은 모두 Widget의 서브 클래스입니다.

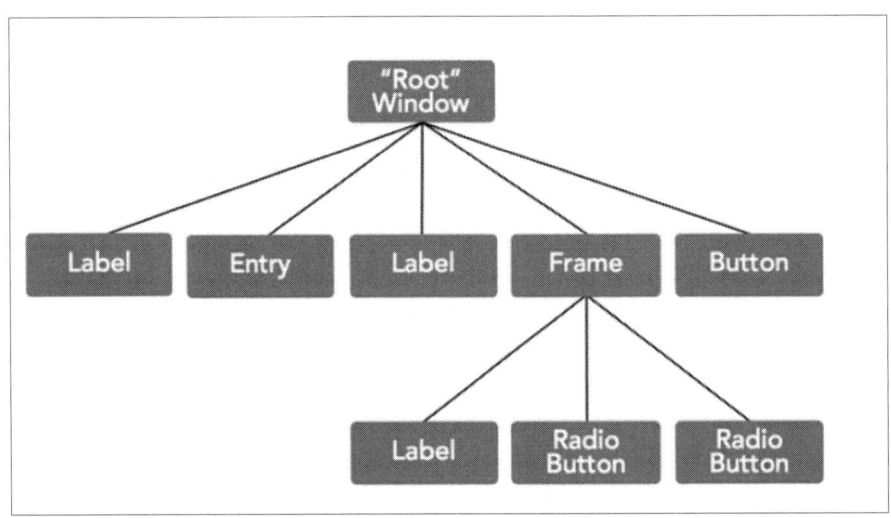

〈그림 13-3〉. tkinter 라이브러리 구조

다음은 윈도우 처리를 위한 기본적인 위젯과 기능 설명을 나타내고 있다.

기본적인 위젯과 설정

플래그	설명
Button	기본 버튼
Canvas	화면에 그릴때 사용
Checkbutton	체크 버튼
Entry	한 줄의 텍스트를 입력받는데 사용하는 필드
Frame	컨테이너 클래스이며 경계선과 배경을 가짐
Label	텍스트나 이미지 표시
Listbox	선택 사항 표시
Menu	메뉴 표시
Menubutton	메뉴 버튼, 풀다운 메뉴 가능
Scale	슬라이더 수치값을 입력하는데 사용

Scrollbar	엔트리, 캔버스, 리스트박스, 텍스트 위젯을 위한 스크롤바 제공
Text	텍스트를 표시하고, 여러 가지 스타일과 속성이 있음
Toplevel	최상위 윈도우로 표시되는 독립적인 컨테이너 위젯
LabelFrame	경계선과 제목을 가지는 프레임 위젯의 변형
PanedWindow	자식 위젯들을 크기조절이 가능한 패널로 관리하는 컨테이터 위젯
Spinbox	특정한 범위에서 값을 선택하는 엔트리 위젯의 변형이다.

다음은 위젯 상태는 독립 상태 플래그의 비트 맵에 대한 설명을 나타내고 있다.

플래그	설명
active	마우스 커서가 위젯 위에 있으며 마우스 버튼을 누르면 어떤 동작을 일으킵니다
disabled	프로그램 제어 하에 위젯이 비활성화되었습니다
focus	위젯에 키보드 포커스가 있습니다
pressed	위젯을 누르고 있습니다
selected	체크 버튼과 라디오 버튼과 같은 항목의 경우 "On", "true" 또는 "current"
background	윈도우와 맥에는 "활성(active)"이나 전경(foreground) 창이라는 개념이 있습니다. background 상태는 배경 창의 위젯에 대해 설정되고, 전경 창의 위젯에서는 지워집니다.
readonly	위젯이 사용자 수정을 허용하지 않습니다
alternate	위젯 별 대체 디스플레이 포맷
invalid	위젯 값이 유효하지 않습니다

이젠 입력 값을 추가하고 입력한 텍스트 버튼을 누르면 하단에 출력하는 예제 프로그램을 작성하여 보자.

〈표 13-3〉 예제3

```
1  from tkinter import*
2
3  window = Tk()
4
5  def returnValue(arg=None): ##함수 정의- 텍스트를 가져와서 기존 텍스트 삭제하고
   출력한다.
6      result=myValue.get()
7      resultLabel.config(text=result)
```

```
 8      myValue.delete(0, END)
 9
10 #텍스트 설정
11 label = Label(window, text="AI반도체융합학부")
12 label.pack()
13
14 #사용자 입력 값
15 myValue = Entry(window, width=20)
16 myValue.focus()
17 myValue.bind("<Return>", returnValue)
18 myValue.pack()
19
20 #버튼 클릭 - 함수 실행
21 button = Button(window, text="환영", command=returnValue)
22 button.pack()
23
24 #result 결과
25 resultLabel = Label(window, text="")
26 resultLabel.pack(fill=X)
27
28 window.geometry("500x300") #윈도우 크기 설정
29
30 #기본 루프
31 window.mainloop()
```

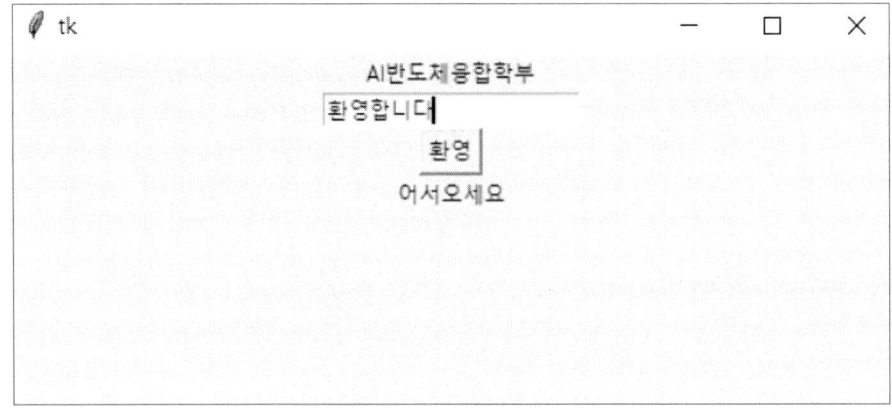

〈그림 13-4〉 실행결과 화면

다음은 단순 위젯을 사용한 프로그램을 하여 보자. 단순 위젯은 Button, Canvas, Checkbutton, Entry, Label, Message가 있다.

다음은 레이블 옵션에 대한 설명을 나타내고 있다.

옵션	설명
text	위젯 안에 표시할 텍스트 문자열을 지정합니다.
textvariable	text 옵션 자원 대신 그 값이 사용될 이름을 지정합니다.
underline	설정되면, 텍스트 문자열에서 밑줄 그을 문자의 인덱스(0에서 시작)를 지정합니다. 밑줄 있는 문자는 니모닉 활성화(mnemonic activation)에 사용됩니다.
image	표시할 이미지를 지정합니다. 이것은 하나 이상의 요소로 구성된 리스트입니다. 첫 번째 요소는 기본 이미지 이름입니다. 리스트의 나머지가 Style.map()에 의해 정의된 대로 statespec/value 쌍의 시퀀스면, 위젯이 특정 상태나 상태의 조합에 있을 때 사용할 다른 이미지를 지정합니다. 리스트의 모든 이미지는 크기가 같아야 합니다.
compound	텍스트와 이미지 옵션이 모두 있을 때, 텍스트를 기준으로 이미지를 표시하는 방법을 지정합니다. 유효한 값은 다음과 같습니다: text: 텍스트만 표시합니다. image: 이미지만 표시합니다. top, bottom, left, right: 각각 이미지를 텍스트 위, 아래, 왼쪽 또는 오른쪽에 표시합니다. none: 기본값입니다. 있으면 이미지를 표시하고, 그렇지 않으면 텍스트를 표시합니다.
width	0보다 크면, 문자 너비 단위로, 텍스트 레이블에 할당할 공간의 크기를 지정합니다, 0보다 작으면, 최소 너비를 지정합니다. 0으로 지정하거나 지정하지 않으면, 텍스트 레이블의 자연 너비가 사용됩니다.

다음은 이미지를 화면에 출력하는 예제 프로그램을 작성하여 보자.

〈표 13-4〉 예제4

```
1  from tkinter import *
2
3  class MyFrame(Frame):
4      def __init__(self, master):
5          img = PhotoImage(file='rabbit.png') # 원하는 이미지
```

```
 6          lbl = Label(image=img)
 7          lbl.image = img
 8          lbl.place(x=30, y=20) # 이미지 출력 좌표
 9
10 def main():
11     window = Tk()
12     window.title('이미지 출력') # 타이틀 제목 표시
13     window.geometry('500x300') # 윈도우 크기 설정
14     myframe = MyFrame(window)
15     window.mainloop()
16
17 if __name__ == '__main__':
18     main()
```

소스코드에서 5행은 원하는 이미지 불러오기, 8행은 이미지 출력 x,y좌표를 설정, 12행은 윈도우 제목, 13행은 윈도우 크기 설정한다.

〈그림 13-5〉 이미지 출력 결과 화면

3 체크버튼

체크버튼(Checkbutton)은 여러 가지 선택하는 버튼이다. 한 가지만이 아니고 한꺼번에 여러 개를 선택하고자 할 때 사용한다. Checkbutton(부모윈도우, 옵션) 형식으로 사용하게 된다.

다음은 체크 박스를 사용하여 본인이 좋아하는 과일을 선택하여 선택한 과일이 무엇이었는지 결과를 출력하는 예제 프로그램을 작성하자.

〈표 13-5〉 예제5

```
1  from tkinter import *
2  from tkinter import messagebox
3
4  def myCheck() :
5      str = " "
6      if chk1.get() == 1:
7          str = str + "사과 "
8      if chk2.get() == 1:
9          str = str + "수박 "
10     if chk3.get() == 1:
11         str = str + "딸기 "
12     if chk4.get() == 1:
13         str = str + "포도 "
14     if str =='':
15         show1.config(text = "모두 좋아하지 않아요!")
16     else :
17         show1.config(text =  str + "를 좋아합니다.")
18         messagebox.showinfo("과일선택", str + "를 선택하셨습니다.")
19
20 def endFuction():
21     window.destroy()
```

4행은 myCheck() 함수로서 과일이 무엇이 선택되었는지를 확인하는 함수를 정의하였다. 6행에서 13행은 선택된 과일이 무엇이었는지 str변수에 저장하였다.

14행~15행은 선택이 아무것도 되지 않았다면 '모두 좋아하지 않아요!'를 출력한다..
17행은 선택이 되었다면 선택된 과일을 라벨에 출력합니다,
18행은 메시지 박스에 선택된 과일을 출력합니다.
20행~21행은 종료 버튼을 눌렀을 경우에 윈도우를 종료하는 함수를 정의하였습니다.

〈표 13-6〉 예제5

```
22
23 window = Tk()
24 window.title('체크 박스 출력')
25 window.geometry('500x300')
26 chk1=IntVar()
27 chk2=IntVar()
28 chk3=IntVar()
29 chk4=IntVar()
30 label1 = Label(window, text = "당신이 좋아하는 과일을 선택하세요 ")
31 label1.pack()
32 cb1 = Checkbutton(window, text="1. 사과", variable =chk1)
33 cb1.pack()
34 cb2 = Checkbutton(window, text="2. 수박", variable = chk2)
35 cb2.pack()
36 cb3 = Checkbutton(window, text="3. 딸기", variable = chk3)
37 cb3.pack()
38 cb4 = Checkbutton(window, text="4. 포도", variable = chk4)
39 cb4.pack()
40 show1 = Label(window, text="선택결과가 출력됩니다.")
41 show1.pack()
42 chkbutton1 = Button(window, text="확 인", width= 15, command=myCheck)
43 chkbutton1.pack()
44 end = Button(window, text="종료 ", width=15, command=endFuction)
45 end.pack()
46 window.mainloop()
```

23행은 윈도우 창을 시작하며, 24행은 윈도우 참에 제목을 출력, 25행은 윈도우 크기 설정한다.
26행~29행은 체크박스가 선택된 값을 저장하는 변수이다.

30행~31행은 '당신이 좋아하는 과일을 선택하세요'를 라벨로 출력하기 위함이다.

32행~39행까지 체크박스로서 4가지 과일을 화면에 출력한다.

40행~41행은 선택된 과일을 '확인' 버튼을 누르면 출력하기 위한 라벨입니다.

42행~43행은 '확인' 버튼을 화면에 출력하고, 버튼을 눌려지면 myCheck()함수가 호출된다.

44행~45행은 '종료' 버튼을 화면에 출력하고, 버튼이 눌려지면 endFuntion() 함수를 호출한다.

다음 그림은 실행결과 화면을 나타내고 있다.

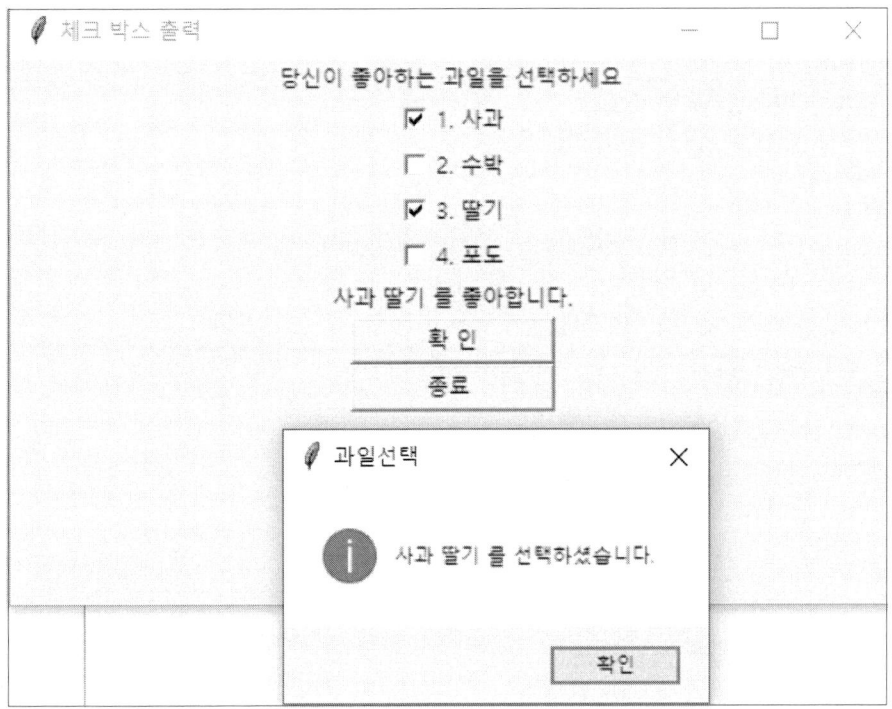

〈그림 13-6〉 체크박스 선택 결과

다음은 체크버튼(Checkbutton)에서 이미지를 출력하는 방법을 알아보고, 이미지를 선택하여 프로그램을 작성하여 보자. 체크 박스를 사용하여 본인이 좋아하는 음식을 선택하여 선택한 음식이 무엇이었는지 결과를 출력하는 예제 프로그램을 작성하자.

〈표 13-7〉 예제6

```
1  from tkinter import *
2  from tkinter import messagebox
3
4  def  myCheck() :
5      str = ""
6      if chk1.get() == 1:
7          str = str + "짜장면 "
8      if chk2.get() == 1:
9          str = str + "짬뽕 "
10     if chk3.get() == 1:
11         str = str + "탕수육 "
12     if chk4.get() == 1:
13         str = str + "볶음밥 "
14     if str =='':
15         show1.config(text = "타이어트 중입니다!")
16     else :
17         show1.config(text =  str + "를 좋아합니다.")
18         messagebox.showinfo("음식선택", str + "를 선택하셨습니다.")
19
20 def endFuction():
21     window.destroy()
```

4행은 myCheck() 함수로서 음식이 무엇이 선택되었는지를 확인하는 함수를 정의하였다.
6행에서 13행은 선택된 음식이 무엇이었는지 str변수에 저장하였다.
14행~15행은 선택이 아무것도 되지 않았다면 '다이어트 중입니다!'를 출력한다.
17행은 선택이 되었다면 선택된 음식을 라벨에 출력합니다,
18행은 메시지 박스에 선택된 음식을 출력합니다.
20행~21행은 종료 버튼을 눌렀을 경우에 윈도우를 종료하는 함수를 정의하였습니다.

<표 13-8> 예제6

```
22  window = Tk()
23  window.title('체크 박스 출력')
24  window.geometry('500x400')
25  chk1=IntVar()
26  chk2=IntVar()
27  chk3=IntVar()
28  chk4=IntVar()
29  label1 = Label(window, text = "먹고싶은 음식을 모두 선택하세요 ")
30  label1.pack()
31  photo1 = PhotoImage(file="짜장면.png")
32  photo2 = PhotoImage(file="짬뽕.png")
33  photo3 = PhotoImage(file="탕수육.png")
34  photo4 = PhotoImage(file="볶음밥.png")
35
36  cb1 = Checkbutton(window, image=photo1, variable =chk1)
37  cb1.pack(side=TOP)
38  cb2 = Checkbutton(window, image=photo2, variable = chk2)
39  cb2.pack(side=TOP)
40  cb3 = Checkbutton(window, image=photo3, variable = chk3)
41  cb3.pack(side=TOP)
42  cb4 = Checkbutton(window, image=photo4, variable = chk4)
43  cb4.pack(side=TOP)
44  show1 = Label(window, text="선택결과가 출력됩니다.")
45  show1.pack()
46  chkbutton1 = Button(window, text="확 인", width= 15, command=myCheck)
47  chkbutton1.pack()
48  end = Button(window, text="종료 ", width=15, command=endFuction)
49  end.pack()
50  window.mainloop()
```

22행은 윈도우 창을 시작하며, 23행은 윈도우 참에 제목을 출력, 24행은 윈도우 크기 설정한다.

25행~28행은 체크박스가 선택된 값을 저장하는 변수이다.

29행~30행은 '먹고 싶은 음식을 모두 선택하세요'를 라벨로 출력하기 위함이다.

31행~34행은 음식 이미지를 설정한다. 36행~43행까지 체크박스로서 4가지 과일을 화면에 출력한다.

37행, 39행, 41행, 43행은 체크버튼을 수직으로 출력하기 위함이다.

44행~45행은 선택된 과일을 '확인' 버튼을 누르면 출력하기 위한 라벨입니다.

46행~47행은 '확인' 버튼을 화면에 출력하고, 버튼을 눌려지면 myCheck()함수가 호출된다.

48행~49행은 '종료' 버튼을 화면에 출력하고, 버튼이 눌려지면 endFuntion() 함수를 호출한다.

다음 그림은 실행결과 화면을 나타내고 있다.

〈그림 13-7〉 체크박스를 이미지로 표현 결과

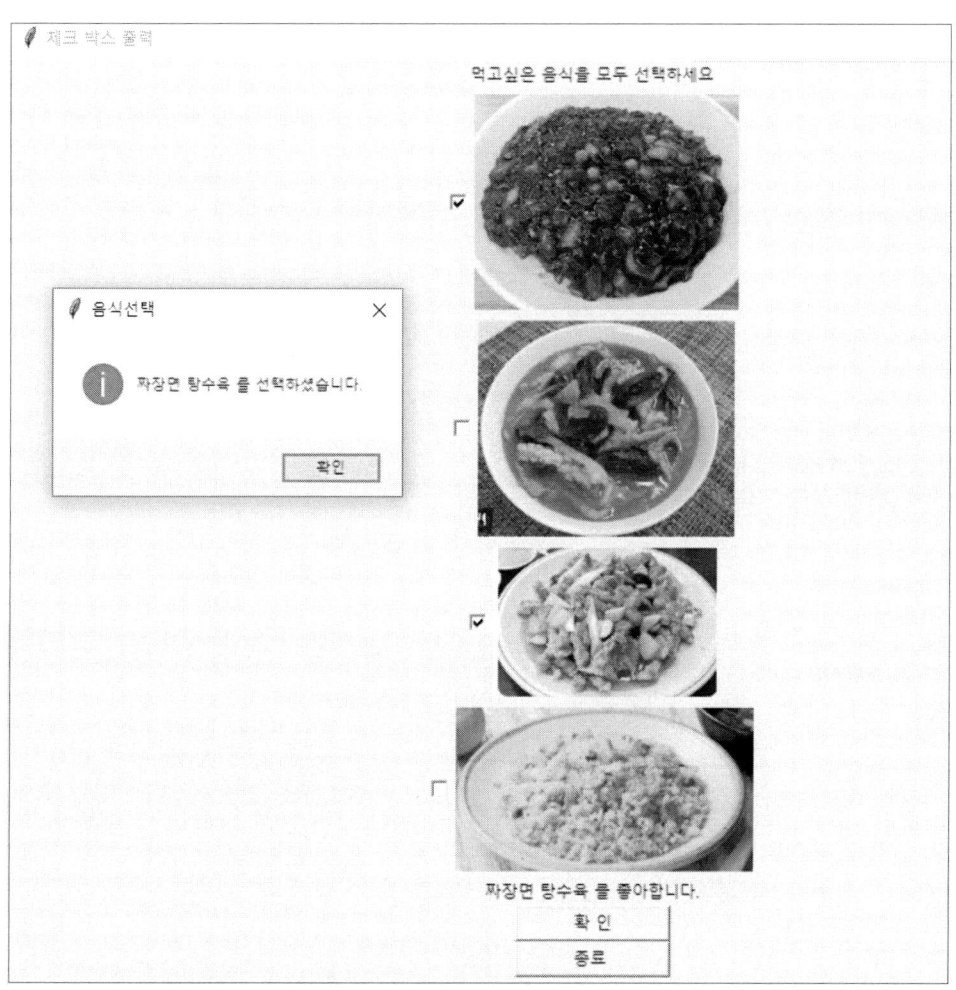

〈그림 13-8〉 체크 박스를 이미지로 출력하여 선택 후 화면 결과

4 라디오버튼

라디오버튼(Radiobutton)은 여러 가지 중에 1가지만을 선택할 수 있는 버튼이다. Radiobutton(부모윈도우, 옵션) 형식으로 사용하게 된다.

다음은 라디오 버튼을 사용하여 본인의 종료를 선택하고, 선택한 종교가 무엇이었는지 결과를 출력하는 예제 프로그램을 작성하자.

〈표 13-9〉 예제7

```
1  from tkinter import *
2  from tkinter import messagebox
3
4  def  myCheck() :
5      str = " "
6      if chk1.get() == 1:
7          show1.configure(text="천주교")
8          str = "천주교"
9      elif chk1.get() == 2:
10         show1.configure(text="기독교")
11         str = "기독교"
12     elif chk1.get() == 3:
13         show1.configure(text="불교")
14         str = "불교"
15     elif chk1.get() == 4:
16         show1.configure(text="통일교")
17         str = "통일교"
18     else:
19         show1.configure(text="무교")
20         str = "무교"
21     messagebox.showinfo("종교선택", str + "를 선택하셨습니다.")
22
23 def endFuction():
24     window.destroy()
```

4행은 myCheck() 함수로서 종교가 무엇이 선택되었는지를 확인하는 함수를 정의하였다. 6행에서 20행은 선택된 종교가 무엇이었는지 str변수에 저장하였다.

13행은 선택이 되었다면 선택된 종교를 라벨에 출력합니다.

21행은 메시지 박스에 선택된 종교를 출력합니다.

23행~24행은 종료 버튼을 눌렀을 경우에 윈도우를 종료하는 함수를 정의하였습니다.

〈표 13-10〉 예제7

```
25  window = Tk()
26  window.title('라디오버튼  출력')
27  window.geometry('500x300')
28  chk1=IntVar()
29
30  label1 = Label(window, text = "당신이 믿는 종교를 선택하세요 ")
31  label1.pack()
32  rb1 = Radiobutton(window, text="1. 천주교", variable =chk1, value=1)
33  rb1.pack()
34  rb2 = Radiobutton(window, text="2. 기독교", variable = chk1, value=2)
35  rb2.pack()
36  rb3 = Radiobutton(window, text="3. 불교", variable = chk1, value=3)
37  rb3.pack()
38  rb4 = Radiobutton(window, text="4. 통일교", variable = chk1, value=4)
39  rb4.pack()
40  show1 = Label(window, text="선택결과가 출력됩니다.")
41  show1.pack()
42  chkbutton1 = Button(window, text="확 인", width= 15, command=myCheck)
43  chkbutton1.pack()
44  end = Button(window, text="종 료 ", width=15, command=endFuction)
45  end.pack()
46  window.mainloop()
```

25행은 윈도우 창을 시작하며, 26행은 윈도우 참에 제목을 출력, 27행은 윈도우 크기 설정한다.

28행은 라디오버튼이 선택된 값을 저장하는 변수이다.

30행~31행은 '당신이 믿는 종교를 선택하세요'를 라벨로 출력하기 위함이다.

32행~39행까지 라디오버튼으로 4가지 종교를 화면에 출력한다.

40행~41행은 선택된 종교를 '확인' 버튼을 누르면 출력하기 위한 라벨입니다.

42행~43행은 '확인' 버튼을 화면에 출력하고, 버튼을 눌려지면 myCheck()함수가 호출된다.
44행~45행은 '종료' 버튼을 화면에 출력하고, 버튼이 눌려지면 endFuntion() 함수를 호출한다.

다음 그림은 실행결과 화면을 나타내고 있다.

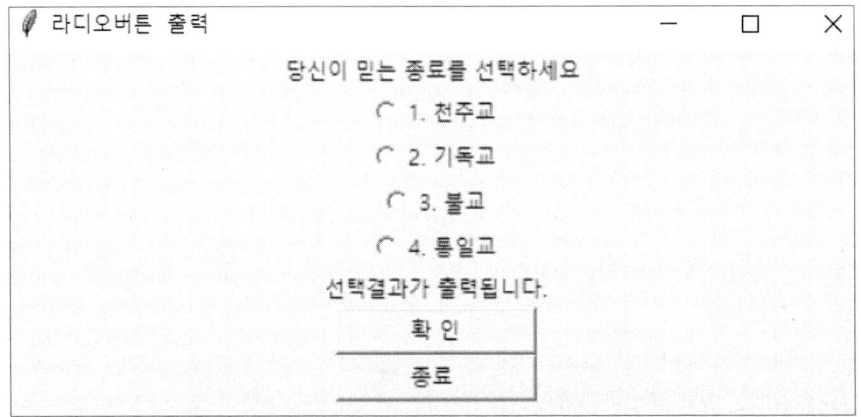

〈그림 13-9〉 라디오 버튼 실행화면

라디오 버튼 실행 결과 화면을 나타내고 있다.

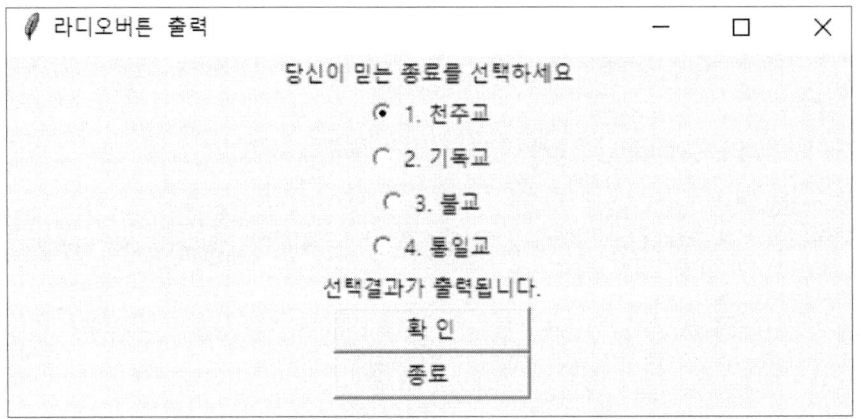

〈그림 13-10〉 라디오 버튼 실행화면 1개를 선택된 화면

라디오 버튼에서 하나의 버튼을 선택하고 난 후 결과 화면이다.

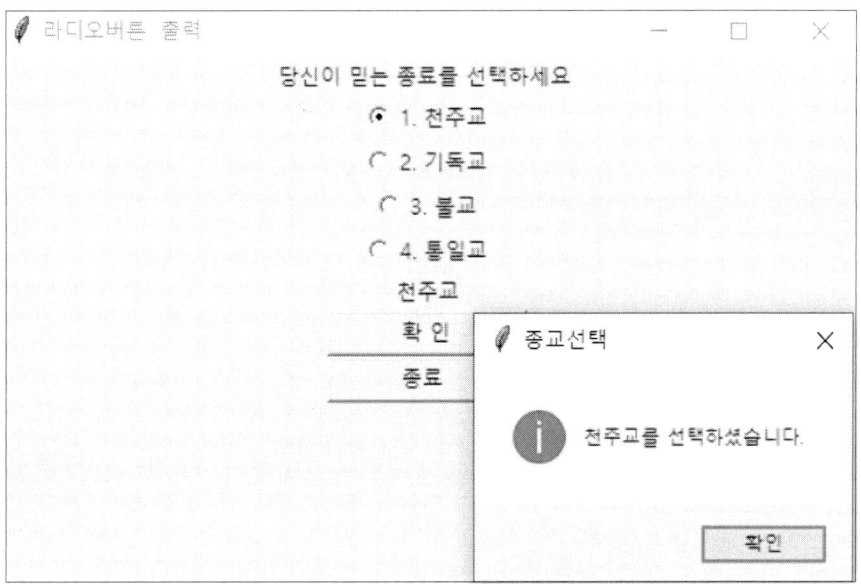

〈그림 13-11〉 확인 버튼을 클릭 후 실행 결과 화면

라디오 버튼을 선택하고 확인 버튼을 누른 후의 결과 화면을 나타내고 있다. 선택된 결과를 메시지 박스로 출력하는 것을 보여주고 있다.

5 메뉴

메뉴 위젯(Menu widget)은 사용자가 프로그램의 정해진 기능을 수행시킬 수 있도록 도와주는 위젯입니다.

"메뉴 위젯"은 "위젯"이란 단어 없이 "메뉴"로 많이 불리워서 사용합니다.

메뉴는 파일을 읽어 오거나 프로그램을 종료시키는 것과 같이 프로그램 기능을 사용자가 수행시키기 위해 많이 사용되어지고 있다. 다음은 기본적인 메뉴 윈도우 예제를 작성하여 보자.

〈표 13-11〉 예제8

```
1  import tkinter as tk
2
3  window = tk.Tk()
4  window.title("메뉴")
5
6  topMenu = tk.Menu(window)
7  window.configure(menu=topMenu)
8
9  window.mainloop()
```

6행은 메뉴 객체를 만든다.
7행은 윈도우에 메뉴 객체를 연결한다.

다음은 실행 결과 화면을 나타내고 있다.

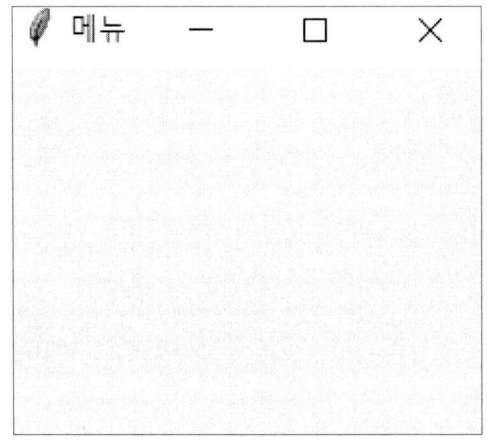

〈그림 13-12〉 기본 메뉴 창

특정 기능 수행이나 변수 수정이 아닌, 관련된 다수의 메뉴들을 모아놓을 목적으로 사용하는 메뉴를 묶음 메뉴(컨테이너 메뉴; container menu)라고 한다.
묶음 메뉴는 다른 묶음 메뉴를 하위 메뉴(sub-menu)로 포함할 수 있다.

〈표 13-12〉 예제9

```
1  import tkinter as tk
2  from tkinter import messagebox
3
4  def function_exit():
5      messagebox.showinfo("메뉴선택", "종료메뉴를 선택함")
6      window.quit()
7      window.destory()
8
9  def function_open():
10     messagebox.showinfo("메뉴선택", "열기메뉴를 선택함")
11
12 window = tk.Tk()
13 mainMenu = tk.Menu(window)
14 window.configure(menu=mainMenu)
15 window.title("메뉴")
16 fileMenu=tk.Menu(mainMenu)
17 mainMenu.add_cascade(label="파일", menu=fileMenu)
18 fileMenu.add_command(label="열기", command=function_open)
19 fileMenu.add_separator()
20 fileMenu.add_command(label="종료", command= function_exit)
21
22 window.mainloop()
```

13행은 메뉴 객체를 만든다.

18행은 '열기' 버튼을 누르면 command()함수를 사용하여 function_open()함수를 호출하여 실행하게 된다.

19행은 add_separator()로 분리자를 추가한다.

20행은 add_command()함수로 서브 메뉴를 생성한다.

다음은 실행 결과 화면을 나타내고 있다. 열기 메뉴를 선택하면 열기 메뉴를 선택함이 팝업되어 출력된다.

<그림 13-13> 메뉴 실행 하면

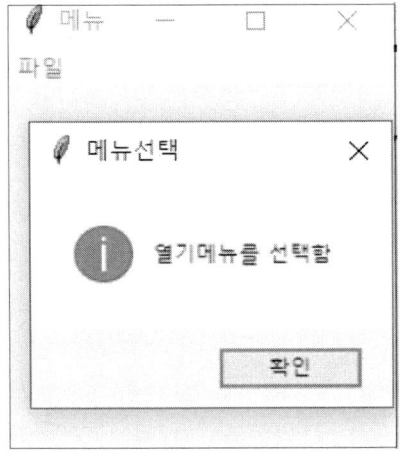
<그림 13-14> 메뉴 팝업 결과

다음은 서브 메뉴에 대한 예제를 작성하여 보자.

<표 13-13> 예제10

```
1  import tkinter as tk
2
3  window = tk.Tk()
4  window.title("메뉴")
5
6  topMenu = tk.Menu(window)
7  window.configure(menu=topMenu)
8
9  cMenu = tk.Menu(topMenu)
10 topMenu.add_cascade(label="메뉴", menu=cMenu)
11
12 cMenu.add_command(label="메뉴1")
13 cMenu.add_command(label="메뉴2")
14 cMenu.add_command(label="메뉴3")
15 cMenu.add_separator()
16 cMenu.add_command(label="메뉴4")
17
18 window.mainloop()
```

12행~16행 add_command()함수로 서브 메뉴를 생성한다.
15행은 add_separator()로 분리자를 추가한다.

다음은 서브 메뉴 실행 결과 화면을 나타내고 있다.

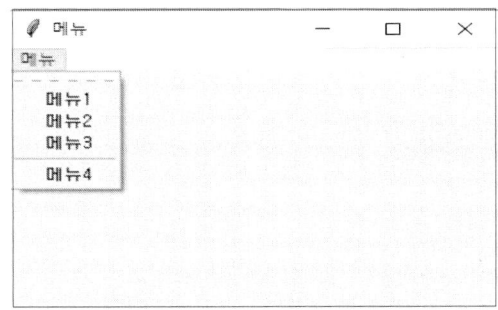

〈그림 13-15〉 서브 메뉴 결과

6 폰트 크기 조절하기

다음은 폰트 크기를 조절하는 프로그램을 작성하자.

다음 버튼 2개 '폰트를 크게하기', '폰트를 작게하기'를 만들고, 버튼을 눌렀을 때 폰트가 크게 되고, 작게 되는 프로그램을 작성한다.

〈표 13-14〉 예제11

```
1  # 폰트 크기 제어하기 프로그램
2  import tkinter as tk
3  import tkinter.font as font
4  class myFuction:
5      def __init__(self):
6          window = tk.Tk() # Tkinter 윈도우 생성
7          self.myFont = font.Font(family='굴림체', size=12) # 굴림체 폰트 설정
8          buttonframe=tk.Frame()
9          label = tk.Label(window, text='한경국립대학교', font=self.myFont)
10         buttonframe.pack()
11         label.pack()
12
13         bigger=tk.Button(window, text='폰트를 크게하기', command=self.BigFont)
```

```
14      smaller=tk.Button(window, text='폰트를 작게하기',command=self.
        SmallFont)
15      bigger.pack()
16      smaller.pack()
17
18      def BigFont(self):
19          size = self.myFont['size']
20          self.myFont.configure(size = size + 2)
21
22      def SmallFont(self):
23          size = self.myFont['size']
24          self.myFont.configure(size = size - 2)
25
26 app=myFuction()
```

3행은 tkinter.font를 가져와서 다시 font라는 이름으로 사용한다.

7행은 font.Font(family='굴림체', size=12) # 굴림체 폰트로 설정한다.

13행과 14행은 버튼 2개를 만들고 버튼을 눌렀을 경우 command=self.BigFont(), command=self.SmallFont() 함수를 호출한다.

18행~20행은 폰트를 더 크게 하기 위해 size=size + 2로 하여 크기를 2씩 증가 한다.

22행~24행은 폰트를 더 작게 하기 위해 size=size - 2로 하여 크기를 2씩 감소 한다.

다음은 실행 결과 화면을 나타내고 있다.

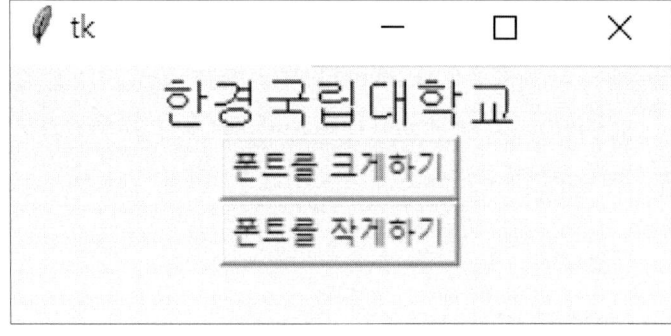

〈그림 13-16〉 폰트 크기 조절 하기

다음은 윈도우에서 값을 3개 입력받아서 출력하는 예제를 작성하자.

이름, 전공학과, 전화번호를 입력받는 그리드를 만들고, '그만하기', '보이기' 버튼을 만들어서 '보이기' 버튼을 누르면 입력받은 데이터를 출력하고 메시지 박스로 보여주도록 하며, '그만하기' 버튼을 클릭하면 프로그램을 종료하도록 한다.

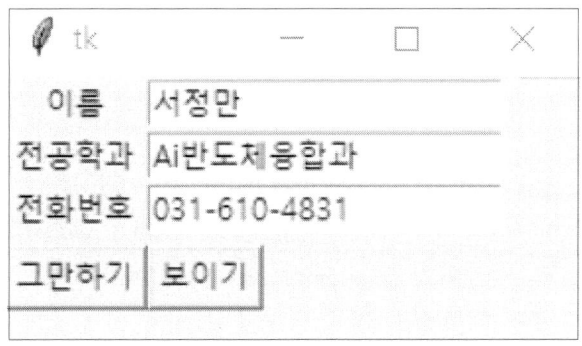

〈그림 13-17〉 입력결과 화면

이름: 서정만
전공학과: AI반도체융합과
전화번호: 031-610-4831

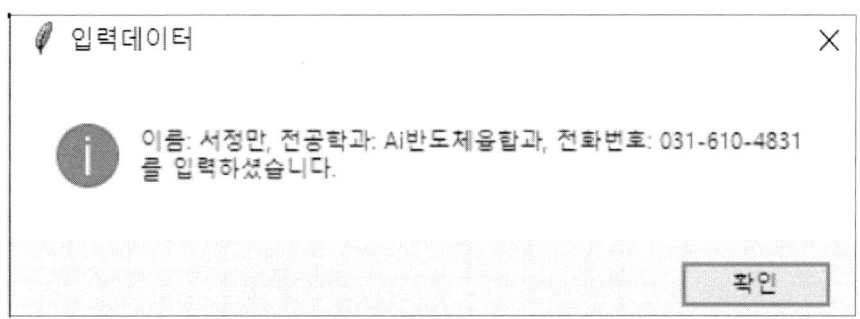

〈그림 13-18〉 메시지 박스 출력 결과

〈표 13-15〉 예제11

```
1  # 글자 입력받아 출력하기 프로그램
2  from tkinter import *
3  from tkinter import messagebox
4
5  def result_list():
```

```
 6      print('이름: %s \n전공학과: %s \n전화번호: %s' %(Ent1.get(), Ent2.get(),
        Ent3.get()))
 7      str = "이름: " + Ent1.get() + "전공학과: " + Ent2.get() + "전화번호: " +
        Ent3.get()
 8      messagebox.showinfo("입력데이터", str + "를 입력하셨습니다.")
 9
10 window = Tk()
11
12 Label(window, text='이름').grid(row=0)
13 Label(window, text='전공학과').grid(row=1)
14 Label(window, text='전화번호').grid(row=2)
15
16 Ent1 = Entry(window)
17 Ent2 = Entry(window)
18 Ent3 = Entry(window)
19
20 Ent1.grid(row=0, column=1)
21 Ent2.grid(row=1, column=1)
22 Ent3.grid(row=2, column=1)
23
24 Button(window, text='보이기', command=result_list).grid(row=4, column=1,
   sticky=W, pady=4)
25 Button(window, text='그만하기', command=window.destroy).grid(row=4, column=0,
   sticky=W, pady=4)
26 window.mainloop()
```

5행~8행은 결과를 출력하며, 메시지 박스로 출력하는 기능을 수행한다.

12행~14행은 라벨과 그리드를 만든다.

16행~18행은 엔트리를 생성한다.

20행~22행은 엔트리에 그리드 적용한다.

24행~25행은 버튼 2개를 만들고, 버튼을 클릭하면 command=result_list(), command=window.destroy() 함수를 실행한다.

제13장 연습문제

1. 단순위젯 6개를 쓰시오.

2. 컨테이너 위젯이 무엇이 있는지 쓰시오.

3. 다음 위젯에 해당하는 설명을 쓰시오.

플래그	설명
Button	기본 버튼
Canvas	
Checkbutton	체크 버튼
Entry	
Frame	컨테이너 클래스이며 경계선과 배경을 가짐
Label	텍스트나 이미지 표시
Listbox	선택 사항 표시
Menu	메뉴 표시
Menubutton	메뉴 버튼, 풀다운 메뉴 가능
Scale	
Scrollbar	엔트리, 캔버스, 리스트박스, 텍스트 위젯을 위한 스크롤바 제공

4. 다음 프로그램 (1),(2),(3)에 들어가야 할 적당한 단어를 쓰시오.

```
from tkinter import *
window = Tk()
button1 = Button(window, text="버튼1")
button2 = Button(window, text="버튼2")
button3 = Button(window, text="버튼3")

button1.pack( (1) )
button2.pack( (2) )
button3.pack( (3) )

window.mainloop()
```

5. 다음과 같은 결과가 출력되도록 프로그램 하시오.

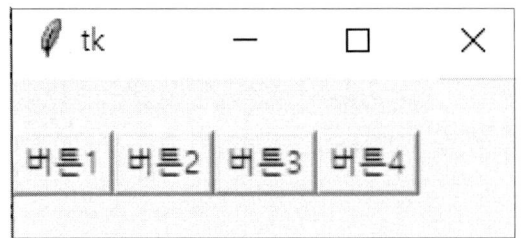

6. 다음과 같이 4계절을 선택하는 프로그램을 작성하시오.

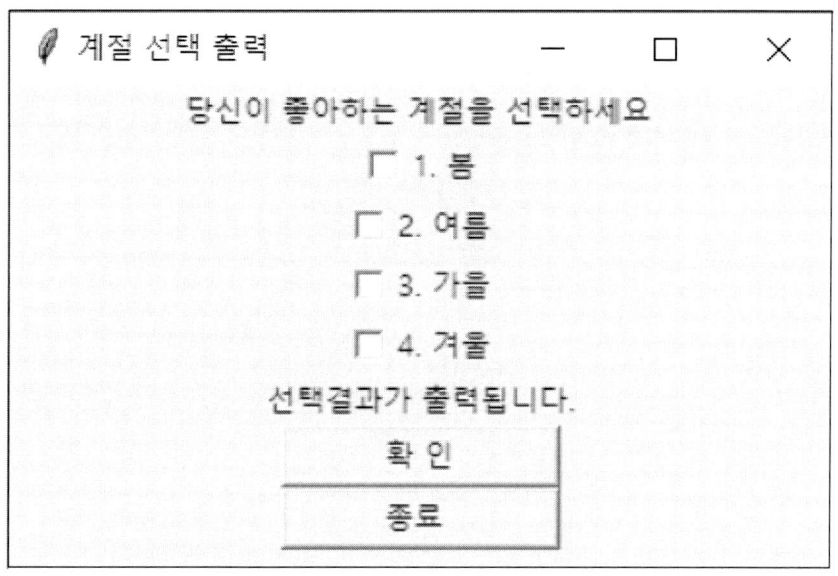

7. 다음과 같이 서브메뉴가 출력되도록 프로그램을 작성 하시오.

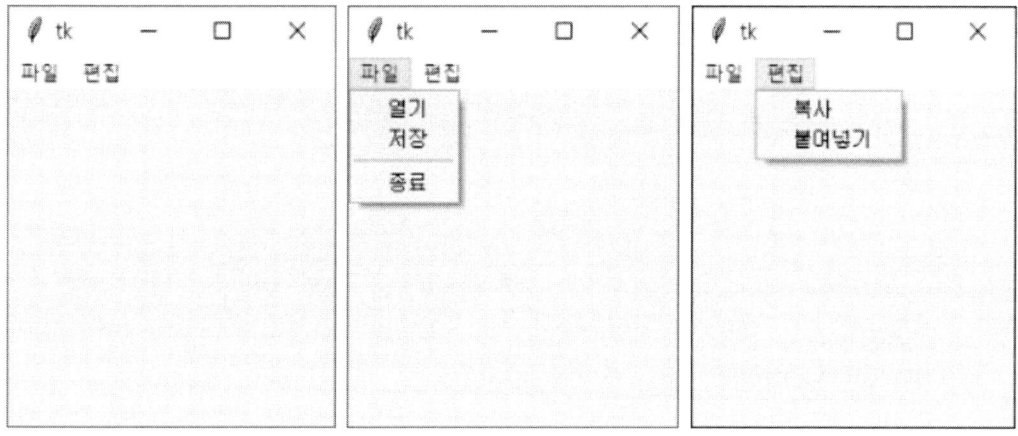

8. 다음과 같이 서브 메뉴가 되도록 하고, 복사를 눌렀을 경우 '텍스트 복사를 선택하셨습니다.'가 메시지박스로 출력되도록 하시오.

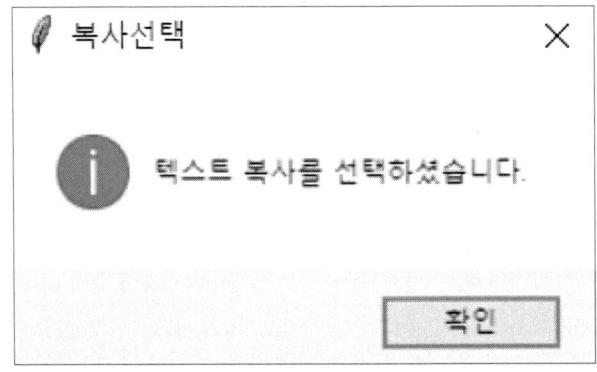

9. 다음과 같이 출력되도록 프로그램을 작성하시오.

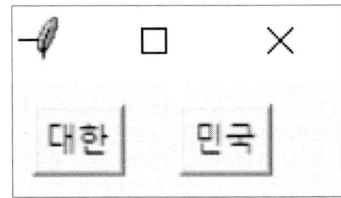

10. 다음과 같이 출력되도록 하는 프로그램을 작성하시오.

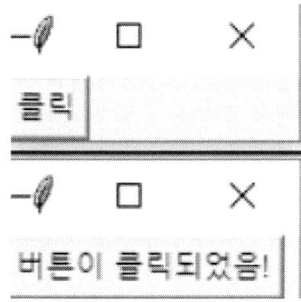

11. 다음과 같이 프로그램을 작성하시오.

사랑합니다 버튼이 클릭되었음!
정말 버튼이 클릭되었음!

제14장

종합프로그램

1. 기후 공동 데이터를 확보하기
2. 인구 공공 데이터를 확보하기

제14장

종합프로그램

학습목표

- 충주시의 기온 데이터를 이용하여 가장 더운날과 가장 추운날과 기온을 출력하는 프로그램을 작성하여 보자.
- 광역시와 도의 인구그래프 프로그램을 작성하고 시각화 하여 보자.
- 전국의 인구수를 통계자료를 확보하여 출력 프로그램을 하여 보자.
- 지하철역의 승차와 하차인원을 구하여 출근시간과 퇴근시간에 가장 많이 이용하는 역과 인원을 구하는 응용 프로그램을 작성하여 보자.

1 기후 공동 데이터를 확보하기

기상자료개방포털[기후통계분석]->통계분석->기온분석 메뉴를 선택한다.

검색조건에서는 지역은 '충주', 기간은 '19040101 ~ 20241127'로 선택하고 검색 버튼을 누르고 csv버튼을 눌러서 다운로드 한다. 파일이름은 chungju.csv로 저장한다.

저장한 후에 파일을 열어보면 1행에서 7번행은 필요 없으므로 삭제하고 나서 저장을 다시 한다.

1	기온분석				
2	[검색조건]				
3	자료구분 : 일				
4	자료형태 : 기본				
5	지역/지점 : 충주				
6	기간 : 19040101~20241227				
7					
8	날짜	지점	평균기온(℃	최저기온(℃	최고기온(℃)
9	1972-01-0	127			
10	1972-01-0	127			
11	1972-01-0	127			
12	1972-01-0	127			
13	1972-01-0	127			
14	1972-01-0	127			
15	1972-01-0	127			
16	1972-01-0	127			
17	1972-01-0	127			

1) 엑셀 데이터 읽어서 출력 프로그램

다음은 엑셀 데이터를 읽어서 출력하는 소스코드를 작성한다.

〈표 14-1〉 예제1

```
1 import csv
2 f = open('chungju.csv','r', encoding='cp949')
3 data = csv.reader(f, delimiter=',')
4 for row in data :
5     print(row)
6 f.close()
```

소스코드를 작성하고 나서 실행한 결과 화면은 충주시 기온 데이터가 순서대로 출력하게 된다.

```
['₩t1973-12-28', '127', '-2.9', '-8.4', '2.2']
['₩t1973-12-29', '127', '-8.4', '-15.6', '-1.5']
['₩t1973-12-30', '127', '-5', '-12', '-0.7']
['₩t1973-12-31', '127', '-3.7', '-10', '2.9']
['₩t1974-01-01', '127', '-5', '-11.7', '5.5']
['₩t1974-01-02', '127', '-2.1', '-8.9', '8.3']
['₩t1974-01-03', '127', '-1.9', '-7.2', '8']
['₩t1974-01-04', '127', '-3.2', '-6.4', '2']
```

〈그림 14-1〉 실행 결과 화면

2) 충주시의 가장 더웠던 날 구하기 프로그램

다음은 기상관측 이래 충주의 가장 더웠던 날은 언제 인지 알아보는 프로그램을 작성하여 보자.

〈표 14-2〉 예제2

```
1  import csv
2  f = open('chungju.csv')
3  data = csv.reader(f)
4  header = next(data)
5  max_temp = -999
6  max_date =''
7  for row in data :
8      if row[-1] == '':
9          row[-1]=-999
10     row[-1]=float(row[-1])
11     if max_temp < row[-1]:
12         max_date = row[0]
13         max_temp = row[-1]
14 f.close()
15 print('기상 관측 이래 충주의 최고 기온이 가장 높았던 날은 ', max_date+'로',
   max_temp, '도 였습니다.')
```

프로그램을 실행한 결과 충주에서 기온이 가장 높았던 날은 2018-08-01로 40.0도로 결과 화면이 출력되었다.

```
========================= RESTART: E:/강의자료/2024-2/딥러닝/ondo2.py =========
=========
기상 관측 이래 충주의 최고 기온이 가장 높았던 날은         2018-08-01로 40.0 도 였습니다.
```

<그림 14-2> 실행 결과 화면

3) 충주시의 가장 추웠던 날 구하기 프로그램

다음은 기상관측 이래 충주의 가장 추웠던 날은 언제 인지 알아보는 프로그램을 작성하여 보자.

소스코드에서 row[3]은 엑셀에서 최저기온 데이터가 들어있는 셀이 되므로 row[3]의 데이터를 비교하여 프로그램을 작성한다. min_temp = 100으로 설정하고, 만약 row[3]의 값이 min_temp보다 더 크면 min_temp = row[3]으로 값을 대입하여 가장 추웠던 날을 선별할 수 있게 된다.

<표 14-3> 예제3

```
1  import csv
2  f = open('chungju.csv')
3  data = csv.reader(f)
4  header = next(data)
5  min_temp = 100
6  min_date =''
7  for row in data :
8      if row[3] == '':
9          row[3]=100
10     row[3]=float(row[3])
11     if min_temp > row[3]:
12         min_date = row[0]
13         min_temp = row[3]
14 f.close()
15 print('기상 관측 이래 충주의 가장 추웠던 날은 ', min_date+'로', min_temp,
   '도 였습니다.')
```

프로그램을 실행한 결과 충주에서 기온이 가장 높았던 날은 1981-01-05로 -28.5도로 결과 화면이 출력되었다.

```
====================== RESTART: E:/강의자료/2024-2/딥러닝/ondo3.py ==
=========
기상 관측 이래 충주의 가장 추웠던 날은         1981-01-05로 -28.5 도 였습니다.
```

<그림 14-3> 충주시의 가장 추웠던 날과 온도 결과 화면

2 인구 공공 데이터를 확보하기

　인구 공공 데이터를 수집하기 위하여 행정안정부(https://www.mois.go.kr/frt/a01/frtMain.do) 사이트에 접속하여 정책자료->통계->주민등록 인구통계(https://jumin.mois.go.kr/ index.jsp) 메뉴를 클릭한다.

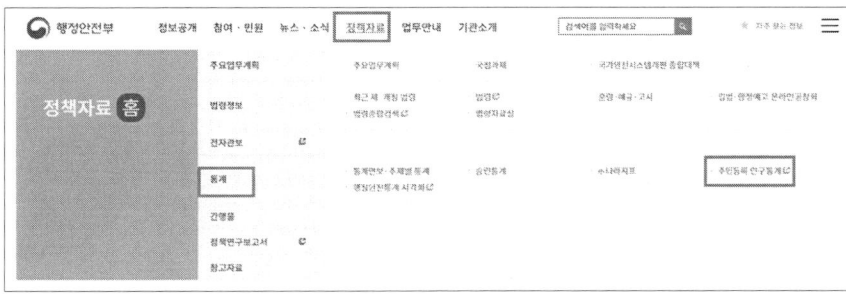

〈그림 14-4〉 행정안전부 주민등록 인구통계 선택 화면

　연령별 인구현황에서 연령 구분 단위는 1세, 월간은 2024년 11월을 선택한다. 검색을 누른다.
　csv파일 다운로드를 누른다. '통계자료의 양에 따라 소요시간이 10~30초 소요됩니다.' 라는 내용이 팝업되고 파일이 다운로드 되어 저장된다.

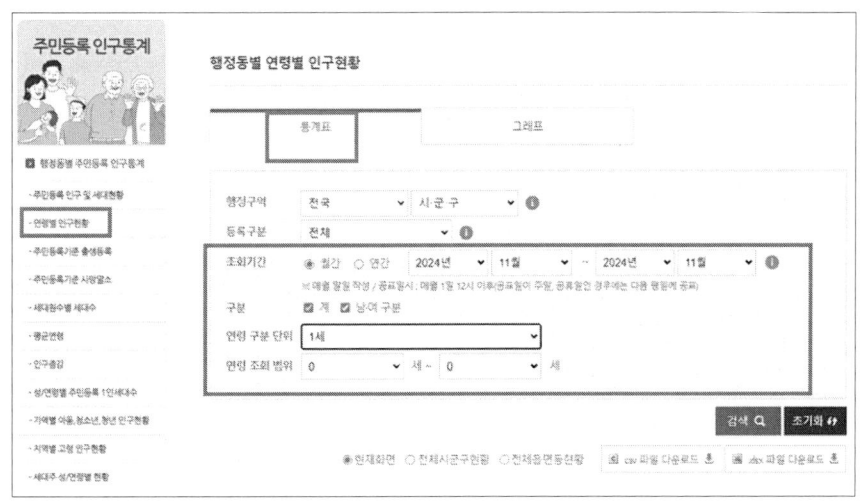

〈그림 14-5〉 연령별 인구현황 선택화면

　검색 후에 파일이 저장되면 기본적으로 202411_202411_연령별인구현황_월간으로 엑셀 파일로 저장하게 된다.

엑셀파일을 열어보면 다음과 같이 행정구역별로 서울특별시, 부산광역시, 제주특별자치도까지 현재 인구수가 있음을 확인할 수 있다. 인구수를 소스코드에 삽입하여 프로그램을 작성한다.

행정구역	2024년11월_계_총인구수
전국 (0000000000)	51,226,757
서울특별시 (1100000000)	9,335,495
부산광역시 (2600000000)	3,268,993
대구광역시 (2700000000)	2,364,334
인천광역시 (2800000000)	3,018,589
광주광역시 (2900000000)	1,409,624
대전광역시 (3000000000)	1,439,687
울산광역시 (3100000000)	1,098,312
세종특별자치시 (3600000000)	390,603
경기도 (4100000000)	13,690,645
강원특별자치도 (5100000000)	1,518,700
충청북도 (4300000000)	1,591,100
충청남도 (4400000000)	2,136,632
전북특별자치도 (5200000000)	1,739,751
전라남도 (4600000000)	1,789,610
경상북도 (4700000000)	2,533,979
경상남도 (4800000000)	3,230,071
제주특별자치도 (5000000000)	670,632

〈그림 14-6〉 광역시도별 인구수

1) 광역시와 도의 인구 그래프 프로그램

다음은 광역시와 도의 인구 그래프를 출력하는 프로그램 예제를 작성하자.

〈표 14-4〉 예제4

```
1  import matplotlib.pyplot as plt
2
3  plt.rc('font', family = 'Malgun Gothic') # mac
4  # plt.rc('font', family = 'Malgun Gothic') # window
5  plt.rc('font', size = 8)
6  plt.rc('axes', unicode_minus = False) # -표시 오류 잡아줌
7  k = 0
8  science = ['서울특별시', '부산광역시', '대구광역시', '인천광역시', '광주광역시', '대전광역시',
9  '울산광역시', '세종특별시', '경기도', '강원도', '충청북도', '충청남도', '전라북도', '전라남도',
10 '경상북도', '경상남도', '제주특별시']
11 people =[940.0, 329.8, 237.6, 299.0,142.1,144.3,110.4,38.6,1362.7,152.9,159.4,212.8,
12 175.7,180.5,255.8,325.5,67.6]# 단위 : 만명
13 colors = ['red', 'blue', 'aqua', 'pink']
14 bar1 = plt.barh(science, people, color = colors)
15 print('1:광역시도 그래프, 2:특정광역시도, 3:전국인구수, 4: 전국파이챠트 10:종료')
16 print('')
```

〈표 14-5〉 예제4

```
17 while k < 5:
18     value = input('광역시와 도의 인구그래프 :1, 특정광역시나 도의인구: 2, 전국인구수 :3, 종료 :10을 입력하세요: ')
19     if value == "1" :
20         plt.figure(figsize = (10, 5))
21         bar1 = plt.barh(science, people, color = colors)
22 #bar1 = plt.barh(science, people, color = colors, alpha = 0.4)
23         plt.xticks(rotation = 45)
24 #       plt.ylim(0, 18)
25         plt.show()
```

```
26      elif value == "4" :
27          plt.pie(people, labels=science, autopct='%.1f%%', startangle=260, counterclock=False)
28          plt.show()
29      elif value == "2" :
14          city= input('인구를 알고 싶은 광역시 또는 도를 입력하세요(예:서울특별시, 인천광역시, 충청북도): ')
30          if city in science :
31              print(people[science.index(city)])
32              print(city+' 인구수 : ',people[science.index(city)],'만명')
33  #           plt.show()
34          else:
35              print('원하는 도시가 없습니다.')
36      elif value == "3" :
37          for i, j in enumerate(bar1) :
38              plt.text(i, j.get_height() + 0.3, people[i], ha = 'center')
39              plt.text(i, j.get_height() + 0.3,1 , ha = 'center')
40              print(science[i]+'인구수 : ',people[i],'만명')
41
42      elif value=="10":
43          break
44
45      else:
46          print("잘못입력하였습니다. : 1 ~ 3 입력하세요")
47
48      k = k + 1
```

다음은 소스코드 작성을 완성한 후에 실행한 화면을 나타내고 있다.

```
Python 3.12.1 (tags/v3.12.1:2305ca5, Dec  7 2023, 22:03:25) [MSC v.1937 64 bit (AMD64)] on win32
Type "help", "copyright", "credits" or "license()" for more information.
= RESTART: E:₩강의자료₩2023-2₩bigdata₩ingu4.py
1:광역시도 그래프, 2:특정광역시도, 3:전국인구수, 4: 전국파이챠트 10:종료

광역시와 도의 인구그래프 :1, 특정광역시나 도의인구: 2, 전국인구수 :3, 종료 :10을 입력하세요:
```

〈그림 14-7〉 실행화면 1

실행화면에서처럼 1. 광역시도 그래프를 선택하여 1을 입력하게 되면 다음과 같은 결과 광역시도의 그래프가 출력된다.

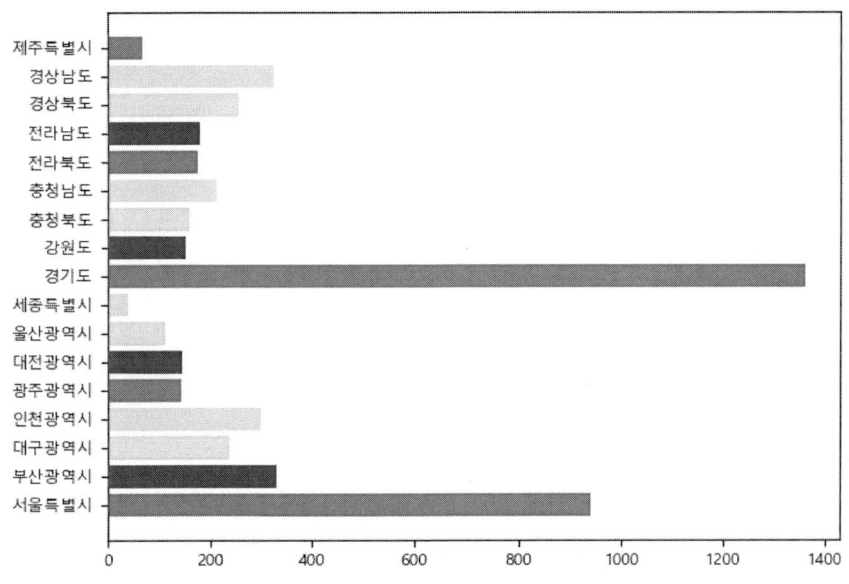

〈그림 14-8〉 광역시도 그래프 결과 화면

실행화면에서 처럼 2. 특정 광역시도를 선택하여 2를 입력하고 '경기도'를 입력하면 다음과 같은 결과 경기도 인구수가 출력된다.

```
광역시와 도의 인구그래프 :1, 특정광역시나 도의인구: 2, 전국인구수 :3, 종료 :10을 입력하세요: 2
인구를 알고 싶은 광역시 또는 도를 입력하세요(예:서울특별시, 인천광역시, 충청북도): 경기도
1362.7
경기도 인구수 :  1362.7 만명
```

〈그림 14-9〉 광역시도 인구 현황 화면

실행화면에서 처럼 3. 전국인구수를 선택하여 3을 입력하면 다음과 같은 결과 전국 인구수가 출력된다.

```
광역시와 도의 인구그래프 :1, 특정광역시나 도의인구: 2, 전국인구수 :3, 종료 :10을 입력하세요: 3
서울특별시 인구수 :  940.0 만명
부산광역시 인구수 :  329.8 만명
대구광역시 인구수 :  237.6 만명
인천광역시 인구수 :  299.0 만명
광주광역시 인구수 :  142.1 만명
대전광역시 인구수 :  144.3 만명
울산광역시 인구수 :  110.4 만명
세종특별시 인구수 :  38.6 만명
경기도 인구수 :  1362.7 만명
강원도 인구수 :  152.9 만명
충청북도 인구수 :  159.4 만명
충청남도 인구수 :  212.8 만명
전라북도 인구수 :  175.7 만명
전라남도 인구수 :  180.5 만명
경상북도 인구수 :  255.8 만명
경상남도 인구수 :  325.5 만명
제주특별시 인구수 :  67.6 만명
```

교통카드 통계자료 데이터를 확보하기

교통카드 통계자료를 이용하기 위하여 티머니카드&페이 홈사이트에서 검색합니다.
https://www.t-money.co.kr/ncs/pct/ugd/ReadTrcrStstList.dev

〈그림 14-10〉. 교통카드 통계자료 다운로드

〈그림 14-11〉 2024년 교통카드 통계자료 다운로드

2024년 교통카드 통계자료를 눌러서 다운로드 한다.

〈그림 14-12〉 첨부파일 다운로드

	A	B	C	D	E	F	G	H	I
1	사용월	노선ID	노선번호	노선명	ㅐ스정류장	스정류장	승차승객수	하차승객수	작업일시
2	2024-12	11110897	0017	0017번(용	8503228	용산차고	61	3	2025-01-03 09:52:31
3	2024-12	11110897	0017	0017번(용	8503189	신용산지	722	22	2025-01-03 09:52:31
4	2024-12	11110897	0017	0017번(용	0072992	용산역	26,581	385	2025-01-03 09:52:31
5	2024-12	11110897	0017	0017번(용	0072314	용산푸르	1,638	390	2025-01-03 09:52:31
6	2024-12	11110897	0017	0017번(용	0072993	한강대교	7,598	2,229	2025-01-03 09:52:31
7	2024-12	11110897	0017	0017번(용	0072994	서부이촌	2,529	9,691	2025-01-03 09:52:31
8	2024-12	11110897	0017	0017번(용	0072995	이촌2동대	1,539	8,529	2025-01-03 09:52:31
9	2024-12	11110897	0017	0017번(용	0072996	이촌2동주	1,411	5,641	2025-01-03 09:52:31
10	2024-12	11110897	0017	0017번(용	0072997	성촌공원.	391	1,792	2025-01-03 09:52:31
11	2024-12	11110897	0017	0017번(용	0073000	이촌119안	427	1,765	2025-01-03 09:52:31
12	2024-12	11110897	0017	0017번(용	0072998	원효2동산	236	2,408	2025-01-03 09:52:31
13	2024-12	11110897	0017	0017번(용	9003185	청암동강	1,883	4,102	2025-01-03 09:52:31
14	2024-12	11110897	0017	0017번(용	0072983	청심경로	3,013	1,220	2025-01-03 09:52:31
15	2024-12	11110897	0017	0017번(용	0072984	원효2동주	5,131	1,140	2025-01-03 09:52:31
16	2024-12	11110897	0017	0017번(용	0072985	산천동	6,160	1,402	2025-01-03 09:52:31
17	2024-12	11110897	0017	0017번(용	0072986	신창동세	5,354	663	2025-01-03 09:52:31
18	2024-12	11110897	0017	0017번(용	0072987	남이장군	1,174	1,959	2025-01-03 09:52:31
19	2024-12	11110897	0017	0017번(용	0072988	새마을금	3,047	4,710	2025-01-03 09:52:31
20	2024-12	11110897	0017	0017번(용	0033066	용문시장	3,485	1,735	2025-01-03 09:52:31
21	2024-12	11110897	0017	0017번(용	0072990	용산전자	2,173	1,275	2025-01-03 09:52:31
22	2024-12	11110897	0017	0017번(용	0072991	신용산지	490	2,776	2025-01-03 09:52:31
23	2024-12	11110897	0017	0017번(용	0008599	신용산역3	20,917	19,956	2025-01-03 09:52:31
24	2024-12	11110897	0017	0017번(용	0072973	신용산지	1,131	1,160	2025-01-03 09:52:31
25	2024-12	11110897	0017	0017번(용	0072974	용산전자	886	2,093	2025-01-03 09:52:31
26	2024-12	11110897	0017	0017번(용	0008523	용문시장	2,310	2,782	2025-01-03 09:52:31
27	2024-12	11110897	0017	0017번(용	0072976	새마을금	7,953	3,510	2025-01-03 09:52:31
28	2024-12	11110897	0017	0017번(용	0072977	남이장군	542	2,040	2025-01-03 09:52:31

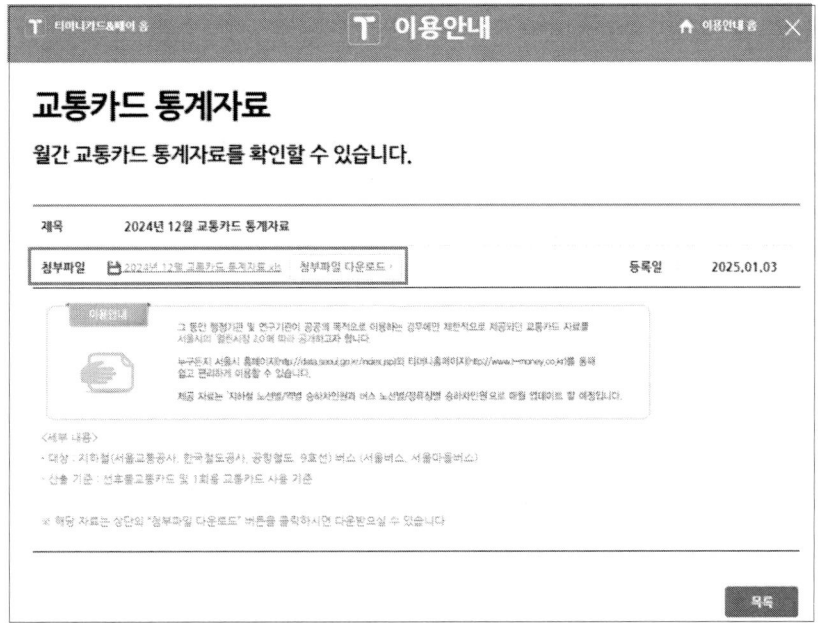

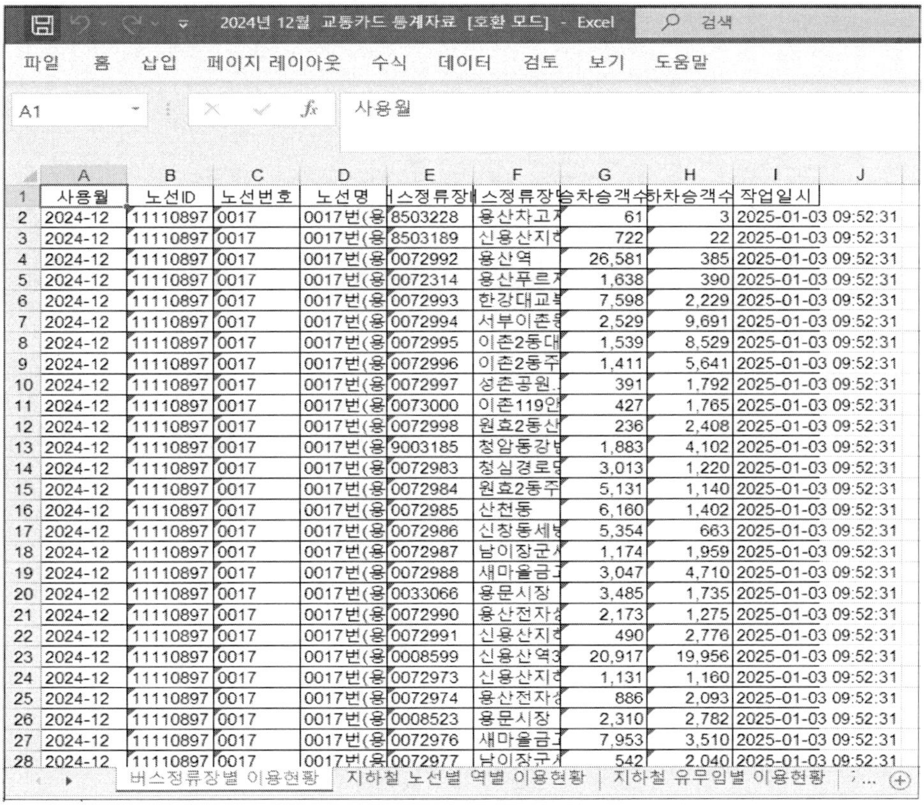

〈그림 14-13〉 엑셀 데이터 열기

	A	B	C	D	E	F	G	H	I	J	K
1	사용월	호선명	역ID	지하철역	04:00:00~04:59:59		05:00:00~05:59:59		06:00:00~06:59:59		07:00:00~
2					승차	하차	승차	하차	승차	하차	승차
3	2024-12	1호선	0150	서울역	622	26	7,885	7,893	13,071	49,941	42,688
4	2024-12	1호선	0151	시청	113	3	1,896	4,707	3,394	23,670	6,858
5	2024-12	1호선	0152	종각	160	10	4,229	5,618	4,107	32,150	6,343
6	2024-12	1호선	0153	종로3가	166	9	3,798	2,858	3,635	11,348	5,410
7	2024-12	1호선	0154	종로5가	46	5	1,776	3,417	2,924	15,615	5,384
8	2024-12	1호선	0155	동대문	614	22	11,250	1,989	9,357	6,086	15,194
9	2024-12	1호선	0156	신설동	460	25	8,611	2,233	9,324	8,137	20,295
10	2024-12	1호선	0157	제기동	422	3	5,053	2,404	8,487	9,230	20,914
11	2024-12	1호선	0158	청량리(서	1,090	36	10,179	2,878	16,774	9,044	46,525
12	2024-12	1호선	0159	동묘앞	182	2	2,636	981	3,637	4,770	8,419
13	2024-12	2호선	0201	시청	22	1	991	1,820	2,338	19,633	4,992
14	2024-12	2호선	0202	을지로입	93	3	2,499	2,679	4,648	31,136	10,604
15	2024-12	2호선	0203	을지로3가	21	1	1,224	2,318	2,786	21,784	6,445
16	2024-12	2호선	0204	을지로4가	11	0	1,084	1,021	2,410	12,967	5,310
17	2024-12	2호선	0205	동대문역사	188	25	4,734	1,152	4,264	8,972	6,864
18	2024-12	2호선	0206	신당	65	3	5,883	1,261	10,765	6,592	29,046
19	2024-12	2호선	0207	상왕십리	8	0	6,023	840	14,173	6,152	39,843
20	2024-12	2호선	0208	왕십리(성	588	6	6,085	853	9,490	7,848	24,210
21	2024-12	2호선	0209	한양대	1	0	1,170	544	2,530	6,052	5,263
22	2024-12	2호선	0210	뚝섬	6	0	2,976	2,485	8,897	19,756	17,513
23	2024-12	2호선	0211	성수	59	7	5,041	4,147	8,057	34,521	20,372
24	2024-12	2호선	0212	건대입구	332	4	15,107	2,055	21,426	15,699	51,909
25	2024-12	2호선	0213	구의(광진	73	5	12,833	1,643	24,618	39,188	67,210
26	2024-12	2호선	0214	강변(동서	23	0	8,648	1,768	22,161	18,966	63,398
27	2024-12	2호선	0215	잠실나루	2	0	3,446	3,133	12,684	17,762	35,574
28	2024-12	2호선	0216	잠실(송파	71	2	12,982	4,903	49,289	34,164	116,725

〈그림 14-14〉 지하철 시간대별 이용현황 선택

엑셀에서 지하철 시간대별 이용현황 시트를 선택하여 메뉴에서 다른이름으로 저장을 선택하고 파일이름은 subway202412.csv로 저장한다.

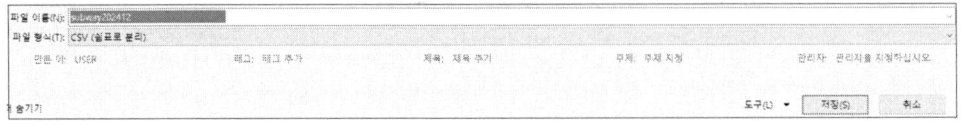

〈그림 14-15〉 subway202412.csv 저장

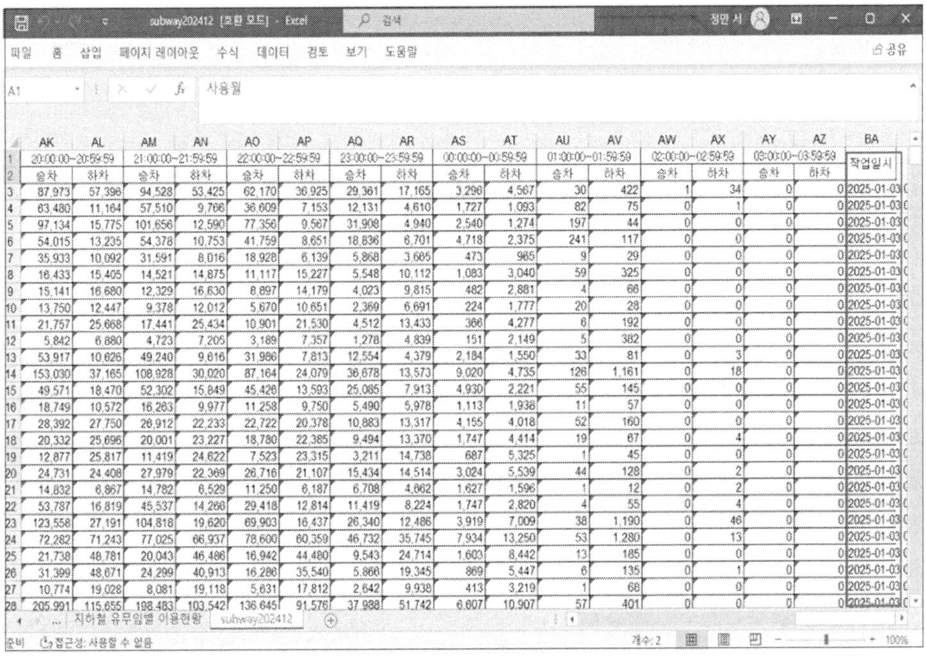

〈그림 14-16〉 작업일시 삭제 화면

엑셀 시트에서 작업일시 열을 불필요하여 삭제하도록 하고 저장합니다. 그런데 데이터를 살펴보면 데이터에 콤마가 들어가 있는 것을 확인할 수 있습니다. 콤마가 들어가 있는 것을 열어서 프로그램 할 때 숫자에 콤마가 들어가 있으면 오류가 발생합니다. 그러므로 콤마를 없애야 합니다.

ctrl+F를 해서 콤마를 모두 빈문자로 변경하여 모두 바꾸기를 하고 저장합니다. 콤마가 삭제되지 않으면 프로그램에서 처리하도록 하겠습니다.

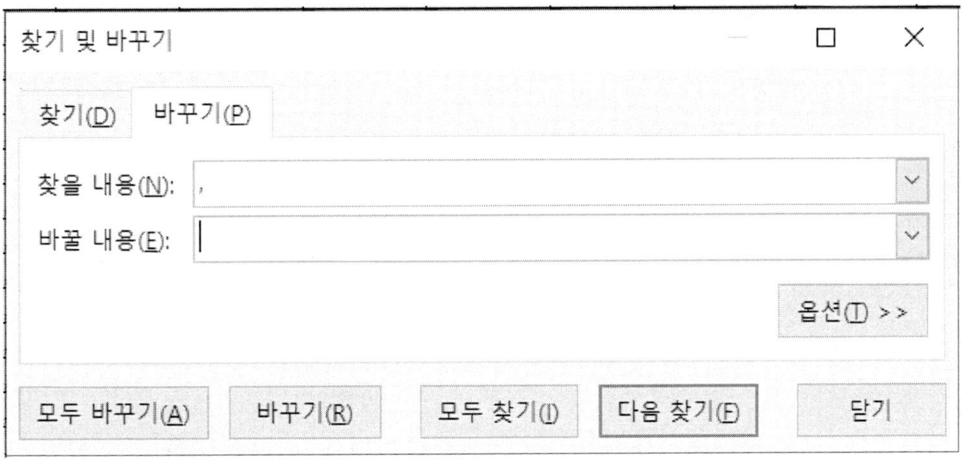

〈그림 14-17〉 콤마 삭제하기

2) 승차인원이 가장 많은 지하철 역 프로그램

다음은 서울 지하철에서 승차인원이 가장 많은 지하철 역과 승차인원을 구하여 출력하는 프로그램을 작성하자.

〈표 14-6〉 예제5

```
1  ## 승차인원이 가장 많은 지하철 역은 어느 역인가?
2  import csv
3  f = open('subway202412.csv')
4  data = csv.reader(f)
5  next(data)
6  next(data)
7  max_value = 0
8  max_station = ''
9  for row in data :
10     row[4:] = map(int , row[4:])
11     if sum(row[10:15:2]) > max_value:
12         max_value = sum(row[10:15:2])
13         max_station = row[3]+'('+row[1]+')'
14 print("승차인원이 가장 많은 지하철 역은 : %s, 승차인원은 %d " % (max_station, max_value) )
```

F5 key 또는 Run Module를 눌러서 실행을 하면 아래와 같은 오류 메시지가 발생합니다. 그것은 데이터에 콤마(,)가 들어 있어서 정수값으로 읽어들일수 없으므로 발생하는 문제입니다.

엑셀 파일에서 해당 필드를 선택하여 데이터 일반으로 설정하면 콤마가 사라집니다.

2행은 엑셀의 csv 모듈을 불러오는 역할을 합니다. 3행은 'subwary202412.csv' 파일을 열기를 하여 파일 핸들러인 f에 저장합니다. 4행은 csv.reader() 함수를 사용하여 읽은 파일을 data 객체를 생성합니다. 5행과 6행은 첫째와 둘째 줄의 데이터는 필요하지 않아서 건너뛰게 되고 3번째 줄의 데이터부터 유효하게 되어 읽어 들인 데이터를 처리하게 됩니다. 9행은 반복문인 for문을 사용하여 데이터를 읽어 들이는 것을 데이터 마지막 까지 처리하게 됩니다.

10행의 row[4:]의 의미는 엑셀의 셀에서 A3~D3까지는 불필요하여 E3부터 승차와 하차 인원에 대한 데이터로서 유효함으로 row[4:]가 된 것입니다. 셀을 읽어 들일 때 0부터 시작해서 3까지 셀의 데이터는 버리고, 셀4부터 데이터가 유효합니다. 11행과 12행은 셀10~셀15까지의 승차와 하차 인원을 합하여 가장 큰 데이터 값을 max_value에 저장하게 됩니다. 13행은 row[3]은 지하철 역이름과 row[1]은 몇 호선인지를 출력하는 역할의 의미입니다.

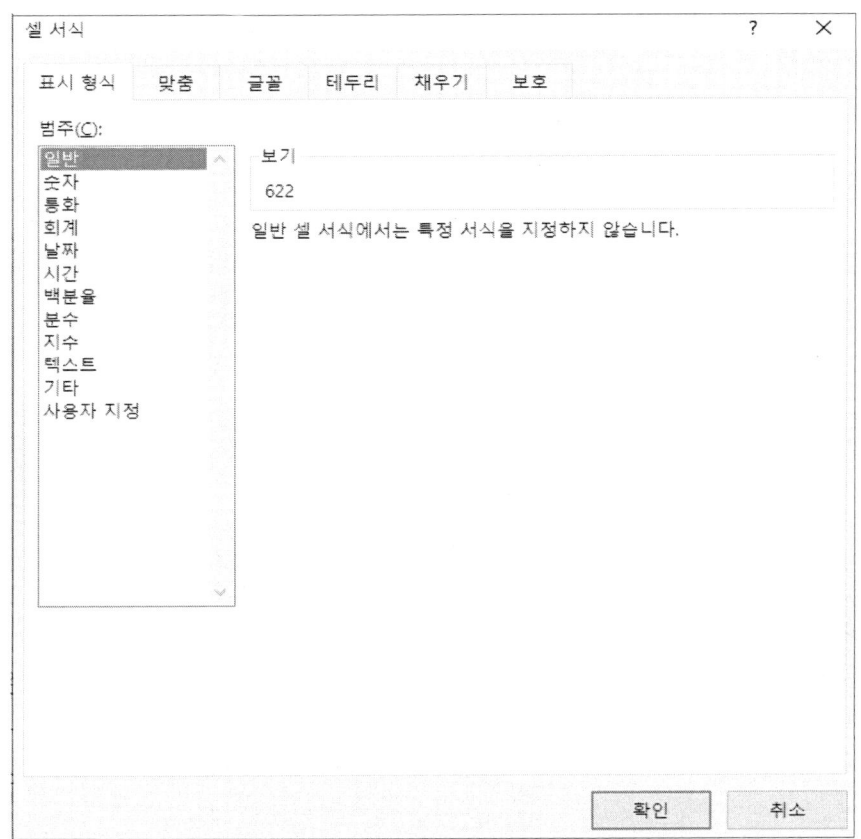

〈그림 14-18〉 셀서식에서 일반으로 설정하기

〈그림 14-19〉 셀서식 일반으로 설정 후 콤마 사라진 데이터 화면

```
= RESTART: E:/개인자료/교재개발/파이썬/project2.py
Traceback (most recent call last):
  File "E:/개인자료/교재개발/파이썬/project2.py", line 10, in <module>
    row[4:] = map(int , row[4:])
ValueError: invalid literal for int() with base 10: '7,885'
```

<그림 14-20> 오류 메시지 발생

3) 출근시간에 승하차 인원이 가장 많은 지하철 역 프로그램

다음은 아침 8시~9시에 지하철역 중에서 승차인원과 하차인원이 가장 많은 역과 인원은 어느 역인지 프로그램을 하여 보도록 하자. 프로그램에서 8시는 row[9]~row[10]이 됨으로 이 셀을 가지고 합계를 구하여 최대값을 구하여 출력하면 됩니다.

실행결과는 역시 강남역 2호선이며, 승하차인원은 54,652명으로 나타나고 있습니다.

<표 14-7> 예제6

```
1  ## 출근시간(8시~9시)에 승하차인원이 가장 많은 지하철 역은 어느 역인가?
2  import csv
3  f = open('subway202412.csv')
4  data = csv.reader(f)
5  next(data)
6  next(data)
7  max_value = 0
8  max_station = ''
9  for row in data :
10     row[4:] = map(int , row[4:])
11     if sum(row[9:10:2]) > max_value:
12         max_value = sum(row[9:10:2])
13         max_station = row[3]+'('+row[1]+')'
14 print("출근시간(8시~9시) 승하와 하차 인원이 가장 많은 지하철 역은 : %s, 승하차인원은 %d " % (max_station, max_value) )
```

출근시간(8시~9시) 승차와 하차 인원이 가장 많은 지하철 역은 : 강남(2호선), 승하차인원은 54652

<그림 14-21> 실행 결과 화면

4) 퇴근시간에 승하차 인원이 가장 많은 지하철 역 프로그램

다음은 퇴근시간인 저녁 7시~8시사이에 승하차 인원이 가장 많은 지하철 역은 어디인지 프로그램하여 보자.

〈표 14-8〉 예제7

```
1  ## 퇴근시간 저녁(7시~8시)에 승하차인원이 가장 많은 지하철 역은 어느 역인가?
2  import csv
3  f = open('subway202412.csv')
4  data = csv.reader(f)
5  next(data)
6  next(data)
7  max_value = 0
8  max_station = ''
9  for row in data :
10     row[4:] = map(int , row[4:])
11     if sum(row[31:32:2]) > max_value:
12         max_value = sum(row[31:32:2])
13         max_station = row[3]+'('+row[1]+')'
14 print("퇴근시간 저녁 (7시~8시) 승차와 하차 인원이 가장 많은 지하철 역은 : %s, 승하차인원은 %d " % (max_station, max_value) )
```

실행 결과는 홍대입구역 2호선이고, 승하차 인원은 229,487명으로 나타나고 있습니다.

```
퇴근시간 저녁 (7시~8시) 승차와 하차 인원이 가장 많은 지하철 역은 : 홍대입구(2호선),
승하차인원은 229487
```

〈그림 14-22〉 퇴근시간 승하차인원 실행 결과

제14장 연습문제

1. 지하철 엑셀 데이터를 가지고 에서 밤11시에 승차인원이 가장 많은 전철역이 어느 역인지 출력하는 프로그램을 작성하시오.

2. 시간대별로 승하차 인원 추이 그래프를 출력하는 프로그램을 작성하시오.

■ 저자소개

• 서 정 만
  - 한경국립대학교 AI반도체융합과 교수
  - 충북대학교 컴퓨터공학과 공학박사
  - 엘지전자 컴퓨터연구소 주임연구원
  - 삼성중앙연구소 선임연구원
  - 이메일 : seojm007@naver.com

친절한
파이썬(PYTHON) 프로그래밍

초 판 인 쇄 2025년 02월 27일
초 판 발 행 2025년 03월 04일

지 은 이   서정만
발 행 처   도서출판 글로벌 필통
발 행 인   신현훈
주   소   서울특별시 중구 충무로 54-10 (을지로 3가)
전   화   02-2269-4913   팩 스 02-2275-1882
출 판 등 록 제2-2545호
홈 페 이 지 http://www.gbbook.com

I S B N   978-89-5502-984-0
가   격   28,000원

이 책은 저작권법에 따라 보호받는 저작물이므로 무단전제와 무단복제를 금지하며,
이 책 내용의 전부 또는 일부를 이용하려면 저작권자의 동의를 받아야 합니다.

잘못 만들어진 책은 구입하신 서점에서 교환해 드립니다.